Jimmy Moore
und Maria Emmerich

Das Keto-Kochbuch

Die besten
Low Carb/High Fat-Rezepte

Bibliografische Information der Deutschen Nationalbibliothek
Die Deutsche Nationalbibliothek verzeichnet diese Publikation in der Deutschen Nationalbibliografie. Detaillierte bibliografische Daten sind im Internet über http://d-nb.de abrufbar.

Für Fragen und Anregungen:
info@rivaverlag.de

Wichtige Hinweise
Sämtliche Inhalte dieses Buches wurden – auf Basis von Quellen, die die Autoren und der Verlag für vertrauenswürdig erachten – nach bestem Wissen und Gewissen recherchiert und sorgfältig geprüft. Trotzdem stellt dieses Buch keinen Ersatz für eine individuelle Fitnessberatung und medizinische Beratung dar. Wenn Sie medizinischen Rat einholen wollen, konsultieren Sie bitte einen qualifizierten Arzt. Der Verlag und die Autoren haften für keine nachteiligen Auswirkungen, die in einem direkten oder indirekten Zusammenhang mit den Informationen stehen, die in diesem Buch enthalten sind.

Ausschließlich zum Zweck der besseren Lesbarkeit wurde auf eine genderspezifische Schreibweise sowie eine Mehrfachbezeichnung verzichtet. Alle personenbezogenen Bezeichnungen sind somit geschlechtsneutral zu verstehen.

3. Auflage 2022

© 2017 by riva Verlag, ein Imprint der Münchner Verlagsgruppe GmbH
Türkenstraße 89
80799 München
Tel.: 089 651285-0
Fax: 089 652096

Die englische Originalausgabe erschien 2015 bei Victory Belt Publishing unter dem Titel
The Ketogenic Cookbook. Nutritious Low-Carb, High-Fat Paleo Meals to Heal Your Body.
Copyright © 2015 by Jimmy Moore and Maria Emmerich
All Rights Reserved.
Published by arrangement with the original publisher, Victory Belt c/o Simon & Schuster, Inc.

Alle Rechte, insbesondere das Recht der Vervielfältigung und Verbreitung sowie der Übersetzung, vorbehalten. Kein Teil des Werkes darf in irgendeiner Form (durch Fotokopie, Mikrofilm oder ein anderes Verfahren) ohne schriftliche Genehmigung des Verlages reproduziert oder unter Verwendung elektronischer Systeme gespeichert, verarbeitet, vervielfältigt oder verbreitet werden.

Übersetzung: Renate Weinberger
Redaktion: Ulrike Gonder und Silke Panten
Speisepläne: Craig Emmerich
Umschlaggestaltung: Kristin Hoffmann
Umschlagabbildung: Hayley und Bill Staley
Layout: Yordan Terziev und Boryana Yordanova
Satz: Satzwerk Huber, Germering
Druck: Florjancic Tisk d.o.o., Slowenien
Printed in the EU

ISBN Print: 978-3-86883-851-0
ISBN E-Book (PDF): 978-3-95971-167-8
ISBN E-Book (EPUB, Mobi): 978-3-95971-168-5

Weitere Informationen zum Verlag finden Sie unter
www.rivaverlag.de
Beachten Sie auch unsere weiteren Verlage unter www.m-vg.de

Inhalt

Einleitung / 5

Was ist ketogene Ernährung? / 14

Die Keto-Geschichte / 17

Warum die ketogene Ernährung heilen kann / 21

Grundlagen der ketogenen Ernährung / 27

Keto und Paläo – ein himmlisches Paar / 32

Kochen auf Keto-Art / 35

Spezielle Zutaten / 39

Rezepte

Würzmittel, Dressings, Brühe und andere Basics / 47

Frühstück / 91

Vorspeisen / 137

Gerichte mit Rind und Lamm / 167

Gerichte mit Schweinefleisch / 199

Gerichte mit Geflügel / 217

Gerichte mit Fisch und Meeresfrüchten / 243

Vegetarische Gerichte / 267

Beilagen / 287

Desserts und andere Leckereien / 315

Informationsquellen / 371

Ernährungspläne / 373

Dank / 379

Rezeptregister / 381

Index / 388

Einleitung

*Man kann nicht gut denken,
gut lieben, gut schlafen,
wenn man nicht gut gegessen hat.*

Virginia Woolf

Der Trend zu einer ketogenen Ernährung, also einer kohlenhydratarmen, aber fettreichen Kost mit maßvoller Eiweißzufuhr, hat sich in den letzten Jahren verstärkt. Nicht ohne Grund, denn immer mehr Menschen suchen nach einer Ernährungsform, die auf natürliche Weise ihre Gesundheit fördert und auf ihre individuellen Bedürfnisse zugeschnitten ist. Tatsächlich zählt der Begriff „ketogen" heutzutage zu den meistgesuchten Schlagwörtern im Internet. Viele Menschen denken bei ihrer Informationssuche erst einmal nur daran, dass eine ernährungsbedingte Ketose eine ideale Möglichkeit ist, um abzunehmen. Doch hinter einer ketogenen Ernährung steckt weit mehr. Über diese spannenden Hintergründe informieren wir Sie in diesem Buch. Außerdem geben wir Ihnen eine Fülle von Rezepten an die Hand, die für eine ketogene Lebensweise maßgeschneidert sind. Damit sind Sie für den Beginn und den weiteren Verlauf Ihrer Low-Carb/High-Fat-Reise in eine bessere Gesundheit gut gerüstet.

Bevor wir tiefer in die ketogene Ernährung einsteigen, möchten wir uns Ihnen vorstellen und erklären, warum wir dieses Buch geschrieben haben. Wir beide kamen auf unterschiedlichen Wegen zu dieser Ernährungsform, sind aber seither mit vereinten Kräften bestrebt, andere Menschen zu bestärken, ebenfalls diesen lebensverändernden Schritt zu gehen.

Jimmys Geschichte

In meiner Schulzeit war ich immer „der Dicke" in der Klasse. Bei sportlichen Aktivitäten war ich stets der Letzte, der in ein Team gewählt wurde, und wegen meines Gewichts wurde ich gnadenlos gehänselt. Fast jeder sah in mir einen Streber und Freak. Ich fühlte mich aus der Gemeinschaft ausgestoßen und musste Wege finden, mit dieser Ablehnung umzugehen. Ironischerweise glaubte ich, Essen könnte mein Leid lindern. Und so aß ich mehr und immer mehr. Meine Mutter war während des größten Teils meiner Kindheit alleinerziehend und wie viele Frauen in ihrer Lage immer knapp bei Kasse. Um den Magen ihrer beiden heranwachsenden Söhne und ihrer kleinen Tochter zu füllen, musste sie beim Einkaufen von Nahrungsmitteln auf jeden Cent achten – und dies bedeutete: kohlenhydratreiche, industriell bearbeitete Kost.

Hamburger, Pommes, Nudeln mit fetten Saucen, Schmelzkäse, billige Süßigkeiten und Knabbereien, Cola-Getränke und andere derart ungesunde Nahrung gehörten für uns Kinder zum Alltag. Es klingt wie ein Witz, wenn ich erzähle, dass meine Mutter damals versuchte, mit einer fettarmen Diät abzunehmen. Während wir Kinder dieses Junkfood futterten, knabberte sie an Reiskeksen, verzehrte Salate mit fettfreiem Dressing und fettfreie Eiscreme. Wir gaben ein wahrhaft merkwürdiges Bild ab, das ich aus heutiger Sicht nur zu gerne in einem Video festgehalten hätte.

Mit zunehmendem Alter konnte ich dann meine eigene Wahl in Sachen Ernährung treffen. Doch ich änderte nichts an dem Essverhalten, das ich von klein auf gelernt hatte. Darüber sollte sich niemand wundern. Manche Leute meinen, als Erwachsener müsse man doch wissen, was eine gesunde Ernährung ist. Das ist lächerlich, solche Erkenntnisse fallen nicht vom Himmel. Man isst einfach so weiter, wie man es von Kindesbeinen an kennt. In meinem Fall hieß das: weiterhin jede Menge Fastfood und anderes Zeug, das sich keineswegs als gesunde Nahrung bezeichnen lässt. Es ist fast schon überflüssig zu erwähnen, dass ich während meiner Studienzeit und bis Ende zwanzig immer dicker und dicker wurde und mein Stoffwechsel immer schlechter und schlechter.

Über Jahre versuchte ich, mein Gewicht zu reduzieren und gesund zu leben. Dabei setzte ich auf eine kalorien- und fettarme Diät und sportliches Ausdauertraining. Mein Versuch, auf diese Weise mein Übergewicht und meine gesundheitlichen Probleme in den Griff zu bekommen, hatte nur einen Haken: Weder meine Gelüste noch mein Hunger wurden befriedigt, ich blieb immer mit der Lust auf mehr zurück. Schließlich probierte ich alles aus, von Formula-Diäten über Abnehmpillen bis hin zu einer extrem fettarmen Diät, die ich machte, als mein ebenfalls übergewichtiger Bruder Kevin 1999 mit 32 Jahren innerhalb einer Woche mehrere Herzinfarkte erlitt, die ihn fast umbrachten. Als der nur vier Jahre Jüngere wusste ich damals, was die Glocke geschlagen hat: Um nicht das gleiche Schicksal wie mein Bruder zu erleiden, musste sich bei mir irgendetwas drastisch ändern. Aber was und wie?

Mit 27 Jahren verzehrte ich so gut wie kein Fett, naschte nur noch Marshmallows, weil dieses Schaumzuckerzeug kein Fett enthält. Ich griff damals nur noch zu Produkten, die sich als „fettarm" oder „fettlos" präsentierten, ohne zu wissen, ob das wirklich stimmte. Seit der fettarmen Diät meiner Mutter in den 1980er-Jahren war ich an den Gedanken gewöhnt: Fett ist dein größter

Feind, für dein Gewicht und deine Gesundheit. In dieser Null-Fett-Phase nahm ich tatsächlich ab, aber eines verdammte mich immer wieder zum Scheitern: der Hunger.

Meine Frau Christine kann Ihnen ein Lied davon singen, dass ich nicht gerade der sympathischste Partner war, wenn mein Magen knurrte und ich einfach etwas essen musste. Wenn man jegliches Fett aus der Ernährung streicht, stellt sich der Hunger unweigerlich ein. Ich dachte, ich werde wahnsinnig. Heute weiß ich, dass mein Gehirn mich förmlich anschrie: Nimm Fett zu dir, sonst funktioniere ich nicht! Stattdessen unterdrückte ich dieses Verlangen und blieb eigensinnig bei der fettarmen Kost, die mir als die fast einzige Lösung für mein Gewichtsproblem erschien. Während ich tatsächlich etliche Pfunde an Gewicht verlor, verkümmerten die nicht in Zahlen messbaren Faktoren, die für den nachhaltigen Erfolg so wichtig sind: das Sättigungsgefühl, ein stabiles Gemüt, ein klarer Kopf sowie die geistige und körperliche Energie.

Nachdem ich mich neun Monate durch meine fettarme Diät gehangelt hatte, kam der Anfang vom Ende: Meine Frau Christine bat mich, ihr einen Hamburger aus einem Schnellrestaurant zu besorgen. Nach dem Motto „Einmal ist keinmal" gönnte ich mir selbst eines der üppigen Exemplare. Nach den Monaten der Fettentbehrung konnte ich meinen Heißhunger einfach nicht mehr bezwingen. Den Rest der Geschichte muss ich Ihnen eigentlich gar nicht erzählen. Bei diesem einen Mal blieb es natürlich nicht. Im Lauf der darauffolgenden fünf Monate nahm meine Rebellion gegen die fettarme Diät Fahrt auf und ich verzehrte alles, was mir unter die Finger kam, ohne Rücksicht auf irgendeinen Nährwert. Wie vorherzusehen war, nahm ich jedes Gramm, das ich verloren hatte, wieder zu und es sattelten sich noch einige Kilos obendrauf. Die ganzen Anstrengungen waren für die Katz und ich stand wieder genau da, wo ich angefangen hatte.

Im Herbst 2003, kurz vor meinem 32. Geburtstag (in dem Alter hatte mein Bruder seine schweren Herzattacken), brachte ich das höchste Körpergewicht meines bisherigen Lebens auf die Waage: 150 Kilogramm. Mit meiner Größe von 1,91 Meter kam ich mit diesem Gewicht ganz gut zurecht, aber mit meiner Gesundheit ging es abwärts. Mein Arzt verschrieb mir Mittel gegen zu hohes Cholesterin, Bluthochdruck und Atembeschwerden. Ich saß ganz schön in der gesundheitlichen Klemme. Christine versuchte ständig, mich zu einer erneuten Diät zu überreden. Doch nach meinen Erfahrungen mit Diäten kam ich zu dem ernüchternden Ergebnis: Wenn Abnehmen und gesundheitliches Wohlbefinden fast ausschließlich Hunger, Entbehrungen und Frust bedeuten, bleibe ich doch lieber fett und glücklich und esse weiterhin, was ich will. Damit schlich sich eine höchst gefährliche Einstellung in meinen Kopf ein, die allerdings sehr viele Menschen haben, wenn es um eine gesunde Lebensweise geht.

Einige Ereignisse veranlassten mich 2003, doch noch einmal mein Gewicht und damit meine Gesundheit in Angriff zu nehmen. Damals gab ich als Aushilfslehrer Englischunterricht in einer Mittelschule. Während ich das Thema der Stunde an die Tafel schrieb, rief ein Junge laut in den Raum: „Mannomann, Herr Moore ist echt fett!" Natürlich brach die ganze Klasse voller angehender Teenager in Lachen aus. Ich drehte mich um und lachte mit – nur um nicht zu weinen. Die unverblümte, schonungslose Bemerkung des Kindes traf ja den Nagel auf Kopf. Ich war wirklich fett, aber was noch viel schlimmer war: Mit einem so hohen Risiko für einen Herzinfarkt, wie mein Bruder ihn hatte, befand mich auf dem besten Weg, meine Gesundheit völlig zu ruinieren. Wenn ich mich nicht selbst frühzeitig ins Grab bringen wollte, musste ich etwas an meiner Lebensweise ändern.

Ein anderes Ereignis führte mir meine schlechte körperliche Verfassung drastisch vor Augen: Beim jährlichen Herbstfest unserer Kirchengemeinde vergnügten sich Kinder und Erwachsene an einer Kletterwand. Geschickt kletterten sie rauf und runter und ich sagte mir: „Das schaffst du mit links." Als ich an der Reihe war, legte man mir einen Sicherheitsgurt um und siegesgewiss machte ich mich an den Aufstieg. Doch meine Sternstunde an der Kletterwand war nur von kurzer Dauer. Schon nach zwei Schritten rutschte ich ab und verstauchte mir den Knöchel. Diese Niederlage vor den Augen so vieler Menschen gehört zu den peinlichsten Momenten meines Lebens. „Was ist bloß los mit dir, dass du noch nicht mal so eine kinderleichte Kletterwand packst?", dachte ich beschämt.

Immer mehr Details beeinträchtigten meine Lebensqualität: Die Nähte meiner Hosen rissen auf. Um aus einem Sessel aufzustehen, brauchte ich Hilfe. Eine Reise mit dem Flugzeug oder ein Kinobesuch waren mir ein Graus, weil mein Hinterteil nicht in die Sitze passte, was mir missbilligende Blicke von wildfremden Menschen bescherte. Ich zerbrach mir den Kopf, wie ich dieses Mal eine Gewichtsabnahme bewerkstelligen könnte. Nach den schlechten Erfahrungen kam eine fettarme Diät nicht mehr infrage. Was könnte ich machen, um glücklich und zufrieden mein Essen zu genießen, abzunehmen und darüber hinaus etwas Gutes für meine Gesundheit zu tun? Solch eine Diät musste es doch geben!

Wie es der Zufall so wollte, schenkte mir meine liebe Schwiegermutter Libby an Weihnachten 2003 einen Diätratgeber, genau in dem Moment, als ich wegen meiner ernsthaften Probleme mehr denn je nach Lösungen suchte. Seit meiner Heirat mit Christine beglückte mich ihre Mutter an jedem Weihnachtsfest mit so einem Buch. Doch in diesem Jahr brachte das Geschenk einen Knalleffekt mit sich. Das Buch unterschied sich von allen anderen Ernährungsratgebern, die ich bis dahin gelesen hatte – und änderte mein Leben für alle Zeiten. Sein Titel lautete *Diät-Revolution. Gut essen, sich wohlfühlen und abnehmen* und der Autor war Dr. Robert C. Atkins!

Manches ist schon merkwürdig. Als ich 1999 während meiner nahezu Null-Fett-Diät abgenommen hatte, fragten mich viele Leute, ob ich die Atkins-Methode anwendete. Meine Antwort lautete immer: „Nein, das ist eine der ungesündesten Methoden zum Abnehmen. So eine Low-Carb-Diät würde ich nie machen." Nur knapp fünf Jahre später las ich Atkins' Buch und fand heraus, worum es bei dieser Diätmethode eigentlich geht. Ehrlich gesagt, ausgehend von meinem Wissen über gesunde Ernährung hielt ich Dr. Atkins anfangs für total verrückt. Was meint er mit „Essen Sie weniger Kohlenhydrate"? Weiß er nicht, dass unser Körper Energie daraus gewinnt? Und was heißt „mehr Fett essen"? Als Kardiologe empfiehlt dieser Mann den Leuten doch allen Ernstes, Butter, fettes Fleisch, Käse, Sahne und andere richtig fettreiche Nahrungsmittel zu verzehren! Will er, dass ihr Cholesterinspiegel steigt, ihre Arterien sich verstopfen und sie einen Herzinfarkt erleiden? Doch je weiter ich in meiner Lektüre voranschritt, desto besser verstand ich den Zweck des Prinzips „Kohlenhydrate verringern, den Anteil an Fett und Eiweiß erhöhen". Ich beschloss, es auf einen Versuch ankommen zu lassen. Letztendlich war es das Einzige, was ich in meiner langen Diätkarriere noch nicht ausprobiert hatte.

Wie so viele Menschen setzte ich das Abnehmen an die oberste Stelle der Liste meiner guten Vorsätze fürs neue Jahr – Start: 1. Januar 2004. Doch wie sah es mit meinem Startgewicht aus? Das musste ich erst einmal herausfinden. Mein letzter bewusst wahrgenommener Stand lag bei 150 Kilogramm, meine Personenwaage im Bad reichte aber nur bis 130 Kilogramm. Ich erinnere mich noch gut, wie ich ein Fitnessstudio nach dem anderen abklapperte, um eine Waage zu finden, die mein genaues Gewicht anzeigen konnte. Nach zahlreichen Versuchen, die alle mit einer Fehlermeldung endeten, fand ich Gold's Fitnessstudio, das eine Waage mit einer Tragkraft von 230 Kilogramm besaß. Man erlaubte mir, sie zu benutzen. Als ich mich darauf stellte, traute ich meinen Augen nicht: Die Skala zeigte 185 Kilogramm an! Mir sank das Herz in die Hose. Wog ich wirklich so viel? Es gab keinen Zweifel. In diesem Moment glotzte mir das morbide Adipositas, das krankhafte Übergewicht, wie ein fürchterliches Gespenst ins Gesicht – ernster konnte meine Lage gar nicht sein. Höchste Zeit, etwas zu tun, und zwar nicht nur für eine kurze Zeit, sondern nachhaltig. Die Idee einer Low-Carb/High-Fat-Ernährung klang verrückt und widersprach eigentlich allem, was ich bisher gelesen oder gehört hatte, doch genau jetzt war der Zeitpunkt, sie auszuprobieren. Adieu Kuchen, Nudeln, Fastfood, gezuckerte Softgetränke und ... und ...! Willkommen Frühstücksspeck, Eier, Käse, Butter, Sahne, Blattgemüse und so weiter. „Friss oder stirb" – das war meine Situation und ich war bereit, die Herausforderung anzunehmen. Von einem Tag auf den anderen legte ich los.

Einige Tage machte mir die Ernährungsumstellung zu schaffen, aber bereits nach zwei Wochen hatte sich mein Körper daran gewöhnt, statt Zucker, Getreide und Stärke nun reines Fett und Eiweiß aufzunehmen. Ich fühlte mich so gut wie vielleicht noch nie in meinem ganzen Leben. Ein Energieschub belebte mich, nachdem ich all den „Ernährungsmüll" gegen eine ursprüngliche, frische Nahrung eingetauscht hatte, nach der mein Körper sich sehnte. Im ersten Monat nahm ich 14 Kilogramm ab. Juhu! Im zweiten Monat besaß ich so viel Energie, dass sie sogar fürs Laufband im Fitnessstudio reichte. Ich schaffte locker 10 bis 15 Minuten bei einer Geschwindigkeit von knapp 5 Stundenkilometern. Vergessen Sie nicht, ich brachte immer noch 171 Kilogramm auf die Waage und fühlte mich wie ein Gewichtheber im Dauereinsatz. Mit all den Kilos, die ich mit mir herumschleppte, hatte ich ja tagtäglich ein wahrhaft schweres Gewicht zu heben. Ende Februar 2004 hatte ich weitere 18 Kilogramm verloren.

Nach 100 Tagen lag meine Gewichtsabnahme bei insgesamt 45 Kilogramm und ich wusste, ich war mittendrin in etwas, das größer und spezieller war als alles, was ich vorher probiert hatte. Meine Gesundheit verbesserte sich – ohne Entbehrungen, Hungergefühl oder Hungerattacken und all die anderen quälenden Begleiterscheinungen meiner bisherigen Abnehmversuche. Endlich hatte ich eine Ernährung entdeckt, die köstlich und nahrhaft war und mir mit durchschlagendem Erfolg meine Gesundheit zurückbrachte. Nach einigen Wochen konnte ich die Mittel gegen meine Atembeschwerden absetzen. Als mir nicht mehr wie bisher schwindelig wurde, wenn ich von der Couch aufstand, waren auch die Bluthochdruckmittel überflüssig. Und mein drittes Medikament, das Mittel gegen einen zu hohen Cholesterinspiegel, brauchte ich nach neun Monaten Low-Carb/High-Fat-Ernährung nicht mehr zu schlucken. Mein nach Zucker und Kohlenhydrate süchtiger Körper durchlief einen Gesundungsprozess und funktionierte endlich so, wie es sein sollte.

Ende 2004 hatte ich insgesamt 82 Kilogramm verloren und mein Leben hatte sich in einer Weise geändert, wie ich es mir nie und nimmer hätte vorstellen können. Die Atkins Nutritionals Company veröffentlichte meine Erfolgsstory auf ihrer Website und ich erhielt E-Mails aus aller Welt mit allen möglichen Fragen. Angefangen von „Wie haben Sie das geschafft?" bis hin zu „Wann schreiben Sie ein Buch über Ihre Erfahrungen?" Meine erste Reaktion auf so viel Beachtung und Anteilnahme war: „Leute, lasst mich doch in Ruhe!". Dann aber überlegte ich mir, dass es durchaus Freude machen könnte, mit anderen meine Erfahrungen zu teilen und Ratschläge zu geben. Vor allem könnte ich andere Menschen inspirieren und ermutigen, selbst den Weg zu einem gesünderen Leben zu beschreiten.

Anfang 2005 schlug mir ein Freund und der Inhaber eines politischen Blogs vor, selbst ein Blog zu starten und über Low-Carb-Diäten zu berichten. Meine erste Frage an ihn lautete: „Was bitte schön ist ein Blog?" Nach seinen Erklärungen gefiel mir die Idee, dort Nachrichten zu verbreiten und Informationen mit anderen zu teilen. Über Ernährung und Gesundheit hatte ich eine Menge gelernt. Zudem hatte mir das Texteschreiben schon während meines Englischstudiums viel Spaß gemacht. Nun bot man mir ein Podium, meine Fähigkeiten für einen guten Zweck zu nutzen. Das war die Geburtsstunde von „Livin' La Vida Low-Carb", eines der weltweit beliebtesten Blogs zum Thema Gesundheit und Ernährung.

Anfang 2006 kam ich zufällig in Kontakt mit Kevin Kennedy-Spaien. Er schickte mir eine E-Mail, in der er schrieb, er sei ein großer Fan meines Blogs und wenn ich nur halb so gut sprechen wie schreiben könnte, würde ich mich auch als Podcaster eignen. Kurzum, ich wurde Mitarbeiter seines inzwischen stillgelegten Health Hacks Podcast. Kurz darauf hoben wir Jimmy Moore's Podcast aus der Taufe und starteten die „The Livin' La Vida Low-Carb Show", die nun als eine der ältesten ihrer Art seit beinahe einem Jahrzehnt Wissen über den Zusammenhang zwischen Ernährung, Gesundheit und Fitness vermittelt. Genauso lange zählt dieser Podcast kontinuierlich zu den 20 besten in diesem Themenbereich. 2015 ging die tausendste Episode auf Sendung! Inzwischen bin ich jeden Freitag mit einem weiteren Podcast im Internet, den „Low-Carb Conversations", in dem unter anderem Experten und Betroffene zu Wort kommen. Auf dem Programm stehen Neuigkeiten über die gesundheitlichen Aspekte der Low-Carb-Ernährung sowie Ansichten und Erfahrungen ihrer Anhänger.

Gemeinsam mit meinem Koautor Dr. Eric C. Westman, Internist und Wissenschaftler an der Duke University, habe ich bis 2013 zwei Bücher geschrieben: *Cholesterol Clarity: What the HDL Is Wrong with My Numbers?* (2013) und *Keto Clarity: Your Definitive Guide to the Benefits of a Low-Carb, High-Fat Diet* (2014), das auch ins Deutsche übersetzt wurde (*Ketogene Ernährung für Einsteiger: Vorteile und Umsetzung von Low-Carb/High-Fat verständlich erklärt*, Riva Verlag, München 2016). Nach dem überwältigenden Erfolg des zweiten Buchs bat mich mein Verleger, ein Kochbuch mit Rezepten für ketogene Gerichte zu schreiben. Mit diesem Wunsch lagen mir meine Fans schon lange in den Ohren. Doch bei der Vorstellung, ein paar Gramm von dieser und ein Teelöffelchen von jener Zutat abzumessen, sträubten sich mir die Haare. Verstehen Sie mich bitte nicht falsch: Ich koche gerne, kreiere aber meine durchaus leckeren Gerichte vorwiegend nach Augenmaß, ohne den Stress mit präzisen Mengen und Garzeiten. In einem Kochbuch sind genaue Angaben natürlich unerlässlich, sonst lassen sich die Rezepte ja nicht nachvollziehen. Daher fragte ich meinen Verleger, ob ich mit jemandem zusammenarbeiten könnte, der sich sowohl mit Rezeptanleitungen als auch mit der ketogenen Ernährung auskennt. So sehr ich meinen Koautor Dr. Eric Westman schätze (und so sehr ich mich auf weitere Zusammenarbeiten mit ihm freue), für diese Aufgabe kam er leider nicht infrage. In der Küche ist er keine Koryphäe, nach meiner Einschätzung würde er wahrscheinlich sogar Wasser anbrennen lassen.

Bei meinen Überlegungen, wer als Koch-/Rezeptpartner zu meiner Philosophie der ketogenen Ernährung passen könnte, stand sofort ein Name an erster Stelle auf meiner Liste: Maria Emmerich, eine talentierte und extrem sachkundige Expertin in Sachen Gesundheit und ketogener Ernährung. Damals hatte sie schon sieben dicke Kochbücher mit Low-Carb-Rezepten veröffentlicht, darunter eines mit ausschließlich ketogenen Gerichten. In dem zuvor erwähnten Buch *Ketogene Ernährung für Einsteiger* kommt sie auch als Expertin zu Wort. Unzählige Menschen schätzen ihre außergewöhnliche Fähigkeit, köstliche Gerichte zu kreieren, die hervorragend in die Low-Carb/High-Fat-Ernährung passen. Also rief ich sie an, um sie zu bitten, den Rezeptteil meines geplanten Buchs zu übernehmen. Ihre Reaktion kann ich nur so beschreiben: Sie reagierte wie ein Teenager, den man eingeladen hat, seine Lieblingsband nach dem Konzert backstage zu treffen. „Oh ja, gerne!", jubelte sie und war ganz aus dem Häuschen über den Plan, mit mir ein Buch zu machen. Mit ihrem ansteckenden Enthusiasmus und ihrer Leidenschaft für die Kreation leckerer ketogener Gerichte eroberte sie auch sofort das berufliche Herz meines Verlegers.

Und nun halten Sie dieses Buch in der Hand und haben Anteil an der von uns sorgfältig erarbeiteten Fülle von Informationen über eine Ernährungsform, die in den letzten Jahren viel Staub aufgewirbelt hat. Alle Gerichte sind auf den Dreiklang „wenig Kohlenhydrate, Eiweiß in Maßen und viel Fett" abgestimmt und enthalten nur reine Zutaten. Maria und ich glauben, dass diese Form der Ernährung ein wichtiger Aspekt für eine gesunde Lebensweise ist und wesentlich zur Abheilung ernährungsbedingter Erkrankungen beiträgt, die unsere moderne Esskultur mit sich bringen kann, wie zum Beispiel Adipositas, Diabetes, Herzerkrankungen und Schlimmeres. Mit seinen vielen Rezepten und Informationen soll Ihnen das vorliegende *Keto-Kochbuch* dabei helfen, die Low-Carb/High-Fat-Ernährung in Ihren Alltag zu integrieren.

EINLEITUNG

Marias Geschichte

Während meiner Kindheit habe ich mir wenig Gedanken über mein Gewicht und meine Gesundheit gemacht. Ich hielt mich für ein völlig normales Kind. Das änderte sich jedoch an einem Tag in der Highschool schlagartig. In der Annahme, wir hätten ungefähr die gleiche Kleidergröße, fragte ich meine Freundin, ob ich mal ihre hübsche Jacke anprobieren dürfte. An meinem Körper saß die Jacke jedoch wesentlich enger, als ich dachte. Noch bevor ich sie wieder ausziehen konnte, begann sich ein Klassenkamerad laut darüber lustig zu machen, indem er rief, ich sei ein fettes Mädchen in einer viel zu kleinen Jacke. Wie Sie sich gewiss vorstellen können, fühlte ich mich gedemütigt, zumal alle lachten und sich über mein Übergewicht lustig machten. Dieser Moment rüttelte mich innerlich wach und spornte mich an, meine Gesundheit mit anderen Augen zu betrachten. Genau genommen bildete dieses Ereignis den Katalysator für mein Interesse an Ernährung und Fitness, das mich später dann auch veranlasste, Ernährungsberaterin zu werden. An dieses peinliche Erlebnis denke ich häufig, wenn ich mich frage, warum ich mache, was ich tue. (Den Jungen, der die Spotttirade anstimmte, sah ich vor einigen Jahren auf einer Hochzeit wieder. Er war geradezu schockiert, um wie viel besser ich aussah als auf der Highschool. Der Punkt ging eindeutig an mich!)

Auf der Highschool rackerte ich mich ab, um meinen Körper genügend zu trainieren und nur das zu essen, was ich für gesund hielt. Damals orientierte ich mich an der Ernährungspyramide und den staatlichen Ernährungsrichtlinien der USA. Und das bedeutete: jede Menge Kohlenhydrate mit einem Schwerpunkt auf Vollkornprodukten. An der Uni wählte ich die Fächerkombination Fitness und Ernährung. Kaum hatte ich die Uni hinter mir, begann ich an einem Reizdarmsyndrom und an Sodbrennen zu leiden. Selbst nach einem Schluck Wasser trat sofort Sodbrennen auf. Allerdings wollte ich die Symptome nicht nur mit Medikamenten bekämpfen, sondern suchte nach einer anderen Lösung. Dabei fiel mir meine Hündin Teva ein. Als ich noch in der Highschool war, war ich mit ihr zum Tierarzt gegangen, weil ihr das Fell büschelweise ausfiel. Seine erste Frage lautete: „Womit wird sie gefüttert?"

Ich überlegte: Hat mich ein Arzt jemals in meinem bisherigen Leben nach meiner Ernährung gefragt? Nein, keiner! Das stimmte mich nachdenklich und ich fragte mich: Warum setzen Ärzte bei einer Behandlung als Erstes auf Medikamente und nicht auf die Ernährung? Ausgehend von meinem damaligen Wissen über Ernährung nahm ich diese Frage genauer unter die Lupe und stieß dabei auf eine Low-Carb-Ernährung, die vor allem auch jegliches Getreide ausschloss. Ab diesem Zeitpunkt strich ich die meisten Kohlenhydrate und vor allem Getreide von meinem Speiseplan. Nahezu umgehend begannen meine Krankheitssymptome sich zu bessern. Das war mein erster Schritt auf dem Weg zur ketogenen Ernährung. Den nächsten Schritt wagte ich allerdings erst mehrere Jahre später, und bis dahin musste ich eine schwierige Zeit durchstehen.

Meinem Ehemann Craig und mir wurden 2007 etliche Steine in den Weg gelegt. Damals arbeitete ich als Kletterführerin und liebte meinen Job. Doch in diesem Jahr kriselte die Wirtschaft in unserem Land. Craig verlor seinen Job und wir damit unser Haupteinkommen. Wir waren am Boden zerstört, weil damit auch unser Traum, Kinder zu adoptieren, in weite Ferne rückte. Wir hatten kein Geld, konnten Versicherungen nicht mehr bezahlen, die laufenden Kosten wuchsen uns über den Kopf. Diese Situation belastete unsere Ehe in einem für uns bis dahin unvorstellbaren Ausmaß, von den physischen wie psychischen Belastungen ganz zu schweigen. Doch wir warfen die Flinte nicht ins Korn.

Eine Eigenschaft, die ich an Craig besonders liebe und mit der auch ich aufwarten kann, ist Durchhaltevermögen. Wir gaben nicht auf! Ich kündigte meinen Job als Kletterführerin und eröffnete eine Ernährungsberatungspraxis. Da ich am Anfang nur wenige Kunden hatte, beschloss ich, im Selbstverlag eigene Bücher als E-Books im Internet zu verkaufen, um so unser Einkommen ein wenig aufzubessern. Wir sparten an allen Ecken und Enden, zum Beispiel verbrachten wir unsere „Ausgeh-Abende" zu Hause mit geliehenen Filmen aus der Videothek. Unterm Strich retteten all diese vernünftigen Maßnahmen unsere Finanzen und unsere Ehe.

In dem Jahr fiel es uns schwer, ein freundlich lächelndes Gesicht aufzusetzen, sei es in der Familie, bei Freunden oder anderen Menschen. Ich erinnere mich noch gut an das Thanksgiving-Fest mit Freunden und Familienangehörigen. Craig hatte gleich große Zettel an alle Teilnehmer verteilt und bat dann jeden, anonym aufzuschreiben, wofür er oder sie in diesem Jahr besonders dankbar war. Der Spaß an der Geschichte: Die Zettel wurden erst in einer Schachtel gemischt, dann durfte jeder einen Zettel ziehen und vorlesen. Die anderen mussten raten, von wem der jeweilige Zettel stammte. Häufig kamen die bedeutungsvollsten Worte von jemandem, von dem man es gar nicht erwartet hätte. Meine Mutter hat die Zettel aufgehoben, damit wir uns immer wieder daran erinnern, wo wir hergekommen sind und wo wir heute stehen. Das gab mir Hoffnung auf bessere Zeiten.

Und es kamen bessere Zeiten. Craig bekam einen Job als Produktmanager in einem Unternehmen, das Software für Krankenhäuser entwickelte. In meine Ernährungsberatungspraxis kamen immer mehr Klienten. Mir machte es Freude, ihnen zu helfen, mehr Gesundheit durch eine verbesserte Ernährung zu gewinnen – was viele Ärzte immer noch nicht in Erwägung ziehen. Ich sah und sehe das anders. Beispielsweise bei Klienten, die an einem ernsthaften metabolischen Syndrom und Diabetes leiden, hatte ich beobachtet, dass lediglich eine Begrenzung der Kohlenhydrate nicht ausreicht, um ihren Blutzuckerspiegel genügend zu senken. An der Uni hatte ich gelernt: Wenn der Körper nicht in der Lage ist, Proteine zu speichern, verwandelt er überschüssige

Proteine in Zucker. Daher fand ich, es war an der Zeit, nicht nur die Aufnahme von Kohlenhydraten zu begrenzen, sondern auch die Eiweißzufuhr. Mit anderen Worten: Ich machte den Schritt zu „wenig Kohlenhydrate, Eiweiß in Maßen und viel Fett" – also einer ketogenen Ernährung. Für meine Kunden und mich machte das den entscheidenden Unterschied.

Mit dem Umstieg auf die ketogene Ernährung wendete sich vieles zum Besseren. Seither verbrennt mein Körper Fett und nicht Zucker, um Energie zu gewinnen, wodurch er besser funktioniert als je zuvor. Mein Fitness- und Energielevel bewegt sich auf hohem Niveau und ich bin einfach glücklich. Obwohl ich als Heranwachsende nicht gerade zu den Sportskanonen zählte, bin ich heute sportlich aktiver als die Mehrheit der Bevölkerung. Im Alter von 34 Jahren laufe ich jeden Morgen, und das nicht, weil ich es muss, sondern weil es mir gefällt! Ich trainiere nicht für irgendein Wettrennen oder um abzunehmen. Schlicht und einfach gesagt:

Sie sind bereit für eine Verbesserung Ihrer Ernährung? In den folgenden Kapiteln erfahren Sie, was „ketogen" bedeutet und warum es so wichtig ist für Ihr Streben nach Gesundheit.

Ich liebe das Laufen! Ja, ich bin sonderbar, aber ich bin ich.

Im November 2011 adoptierten wir zwei wundervolle kleine Jungen. Wie der Teufel – oder das Glück – es wollte, verlor Craig ein paar Monate später, im April 2012, erneut seinen Job. Wieder einmal mussten wir hinterfragen, wo wir standen und was wir tun sollten. Craig entschloss sich, der Geschäftswelt zu entsagen und als Vollzeitpapa zu Hause zu bleiben. Er kümmerte sich um unsere beiden Jungs, unterrichtete sie zu Hause und half mir in meiner Ernährungsberatungspraxis. Wir brauchten nicht mehr alle möglichen Sachen, um glücklich zu sein, sondern schränkten uns ein und genossen die kostbaren Momente in unserem Leben als Familie. Marc Aurel, der römische Philosoph und Kaiser, traf es auf den Punkt mit seinem Satz: „Vergiss nicht, man benötigt nur wenig, um ein glückliches Leben zu führen." Gegen unsere Mehr-haben-wollen-Mentalität mussten wir noch ein wenig ankämpfen, aber wir haben unserer Familie, unserer Gesundheit und unseren gemeinsamen Stunden den Vorrang gegeben – ein Quell unvergesslicher Erinnerungen.

Meine Liebe zum Essen hat die ketogene Ernährung nicht verändert. Ich habe schon immer gerne gegessen. Bereits als Teenager kochte und backte ich häufig für meine Familie. Mein Markenzeichen war Lasagne. Da ich heute weiß, wie ich die Hauptnährstoffe ausbalancieren muss, um ein Essen ketogen zu halten, kreiere ich gerne eine ketogene Version von klassischen Gerichten. Meine Familie liebt diese gesünderen Varianten der Gerichte aus meiner Jugendzeit. Das Lieblingsgericht meines Sohnes Micah sind meine Lasagne-Röllchen (Seite 218)!

Mit großer Begeisterung habe ich gemeinsam mit meinem Freund Jimmy Moore an diesem Kochbuch gearbeitet. Wir beide wünschen uns, dass Sie die leckeren Gerichte genießen. Mit ihren natürlichen Zutaten und ihrem Low-Carb/High-Fat-Gehalt sind sie alle auf die ketogene Ernährung abgestimmt. Diese Form der Ernährung kann Ihre Gesundheit steigern, wie Sie es sich vielleicht noch gar nicht vorstellen können.

Was ist ketogene Ernährung?

Die Schwierigkeit liegt nicht darin, neue Ideen zu entwickeln, sondern den alten zu entkommen.

John Maynard Keynes

Wenn Sie erfahren wollen, was die Menschen heutzutage interessiert, brauchen Sie nur zu googeln. Google sortiert die Suchergebnisse (unter anderem) nach den meistgesuchten Begriffen. So verwundert es nicht, wenn beim Suchwort „Diäten" die Trends auftauchen, von Trennkost über Entschlackungsdiäten bis zu „Friss die Hälfte"- oder Formula-Diäten. Inwieweit sie die Gesundheit fördern, sei dahingestellt. Interessant ist, dass in den letzten Jahren ein Begriff zunehmend häufiger einen Platz auf den vorderen Rängen einnimmt: ketogen. Vielleicht kennen Sie bereits Wörter in der Verbindung mit der Abkürzung „keto", zum Beispiel Keto-Diät, Keto-Ernährung oder Keto-Rezepte, oder auch Begriffe wie Ketose, Keton und Ketogenese.

An Popularität gewann der Begriff „ketogen", als wissenschaftliche Studien die Idee unterstützten, dass eine ketogene Ernährung mehrere Vorteile für unsere Gesundheit mit sich bringt. Damit wurde offensichtlich die Neugier des breiten Publikums geweckt, vor allem von jenen Menschen, die verzweifelt nach einer Ernährung suchten, mit der sie ihre gesundheitlichen Probleme in den Griff bekommen konnten. Viele von ihnen hatten schon einiges ausprobiert, sei es Kalorienzählen, Low-Fat-Ernährung, konventionelle Ernährungspläne und -ratschläge von Ärzten, Ernährungsberatern oder großen Gesundheitsorganisationen. Nichts hatte geholfen, ihre Gesundheit wurde immer schlechter und schlechter.

Wissen Sie, was ich als Wahnsinn empfinde? Wenn jemand immer wieder ein und dasselbe macht, aber unterschiedliche Ergebnisse erwartet. Übertragen auf den Sektor Ernährung sind es diejenigen, die beharrlich für eingefahrene Ansichten eintreten und dann glauben, irgendetwas würde sich an der allgemeinen Gesundheit unserer Gesellschaft verändern.

Ob diese Ernährungsexperten es nun wahrhaben wollen oder nicht, eine echte Ernährungsrevolution ist im Anmarsch: die ketogene Ernährung. Es ist nur eine Frage der Zeit, bis sich immer mehr und mehr Leute für diese Lebensweise entscheiden. Eine erhebliche Anzahl Menschen in anderen Ländern, wie Schweden, Südafrika, Australien und Neuseeland, haben diese Entscheidung bereits getroffen. Rund um den Globus nimmt das Interesse an der ketogenen Ernährung Fahrt auf, weil mutige Forscher Ernährungsstudien durchführen, die aufzeigen, dass aufgeklärte Ärzte auch ohne riskante Medikamente die Gesundheit ihrer Patienten verbessern können. Journalisten, Blogger und sogar engagierte Laien tragen diese Fackel der Wahrheit in jeden Winkel unserer Gesellschaft. Dieses Buch ist eine weitere Informationsquelle für Menschen, die mehr darüber erfahren möchten, wie Ketose ihnen helfen kann, gesünder zu werden.

Nun aber zur Frage: Was ist ketogene Ernährung? Stark vereinfacht ausgedrückt, ist es eine Ernährung, die auf Fett als Hauptenergiequelle setzt. Das klingt nicht gerade nach etwas Besonderem, ist aber tatsächlich eine tiefgründige Aussage.

> **KETONE 101**
>
> Der Begriff „ketogen" kommt von dem Wort „Ketone". Das sind jene chemischen Verbindungen, die Ihrem Körper Energie liefern, wenn er sich in Ketose befindet. Das heißt, wenn Ihr Körper Fett verbrennt, produziert er Ketonkörper und diese nutzen Ihre Körperzellen als Energiequelle. Es gibt drei Arten von Ketonkörpern, die an unterschiedlichen Stellen auftreten: Im Blut findet sich Acetoacetat, im Urin Beta-Hydroxybutyrat und im Atem Aceton.

WAS IST KETOGENE ERNÄHRUNG?

Im Körper der meisten Menschen wird Glukose (Zucker) zur Energiegewinnung verbrannt und sie verzehren hauptsächlich Kohlenhydrate, um ihren täglichen Energiebedarf zu decken. Marathonläufer zum Beispiel erhöhen ihre Kohlenhydratzufuhr vor dem langen Lauf, das heißt, sie laden ihren Körper mit Zucker auf, der während des Rennens verbrannt wird und ihnen so Energie liefert. Fett als Energielieferant ist jedoch gesünder und effizienter, daher ist eine ketogene Ernährung ein großartiges Stoffwechselwerkzeug zur Verbesserung Ihrer Gesundheit. Die beiden auf ketogene Ernährung spezialisierten Wissenschaftler Dr. Steve Phinney und Dr. Jeff Volek haben festgestellt, dass „Zuckerverbrenner" nur einen Energiewert von 2000 Kalorien in ihrem Körper speichern, während es bei „Fettverbrennern" 40,000 Kalorien sind. Das ist das 20-Fache!

Um Ihren Körper zu veranlassen, Fett statt Zucker zur Energiegewinnung zu verbrennen, müssen Sie die Kohlenhydratzufuhr drosseln, Eiweiß in Maßen zu sich nehmen und den Anteil an gesättigten und einfach ungesättigten Fetten stark erhöhen – Fett zum Sattessen. Das ist die Basis für eine ketogene Ernährung, an die Sie sich innerhalb von zwei bis vier Wochen gewöhnen werden. Sobald Ihr Körper Fett verbrennt, produziert er Ketonkörper, die er zur Energiegewinnung nutzt. Bitte beachten Sie, dass sich in der ketogenen Ernährung die Menge an Fett, Eiweiß und Kohlendraten von Person zu Person stark unterscheidet. Das hängt vom individuellen Stoffwechsel ab. Sehr aktive und/oder verhältnismäßig gesunde Menschen können unter Umständen mehr Kohlenhydrate und Eiweiß zu sich nehmen, als jene, die weniger aktiv sind und/oder Stoffwechselprobleme haben. Tüfteln Sie die Mengen aus und messen Sie die Ketonkonzentration, um herauszufinden, welche Mengen Ihren Körper in Ketose versetzen.

Wenn sich Ihr Körper vollkommen an die ketogene Ernährung angepasst hat und Fett als Energielieferant nutzt, befinden Sie sich in einer ernährungsbedingten Ketose (den Begriff hat Dr. Phinney in den 1980er-Jahren geprägt). Bis sich Ihr Körper komplett auf die Fettverbrennung als Hauptenergiequelle umgestellt hat, kann es zwei Wochen, aber auch bis zu zwei Monate dauern. Mit dem gleichen, von persönlichen Gegebenheiten abhängigen Zeitraum müssen Sie rechnen, bis Sie den gesundheitlichen Nutzen und die Vorteile der Ketose in vollem Ausmaß spüren. Über diese Vorteile sprechen wir noch an etlichen Stellen in diesem Buch. Wichtig zu wissen ist jetzt nur, dass es sich bei der Ketose um einen völlig normalen, wünschenswerten physiologischen Zustand handelt, der seit Menschengedenken der vorgegebene Stoffwechselzustand gewesen ist.

Bitte bedenken Sie, dass wir hier nur eine Einführung in die ketogene Ernährung geben können, da unser Hauptaugenmerk auf den Rezepten liegt. Wenn Sie mehr darüber erfahren möchten, finden Sie ausführliche Informationsquellen im Anhang.

SIND SIE IN KETOSE?

Viele Menschen meinen, eine ketogene Ernährung sei lediglich eine kohlenhydratarme Form der Ernährung. Für die Ketose ist jedoch die Kombination „wenig Kohlenhydrate, Eiweiß in Maßen und viel Fett" nötig. Die einzige Möglichkeit festzustellen, ob sich Ihr Körper in Ketose befindet, ist das Messen der Ketonkonzentration.

- **Im Blut:** Ein Bluttest ist das Nonplusultra der Ketonmessung. Dafür gibt es kleine, einfach zu bedienende Messgeräte, die nur einen winzigen Blutstropfen erfordern – also nicht mehr als einen kleinen Piks in die Fingerspitze.
- **Im Urin:** Um Acetoacetat im Urin zu messen, werden Ketosticks verwendet – Teststreifen, die anhand von Farbveränderungen auf die Ketonkonzentration hinweisen. Doch nach der vollständigen Umstellung auf ketogene Ernährung zeigt diese Messung nicht mehr zuverlässig eine Ketose an.
- **Im Atem:** An für Laien anwendbaren Keton-Atemmessgeräten mangelt es noch. Ein neu entwickeltes handliches Gerät (Produktname Ketonix) lässt sich nur übers Internet aus den USA beziehen.

Die Farbveränderungen der Urinteststreifen signalisieren die grobe Ketonkonzentration im Urin (wenig, etwas oder viel). Die Messung im Blut oder im Atem gibt dagegen genaue die Konzentration in Mol (mol/l) an.

Im nächsten Kapitel geben wir Ihnen eine kurze Einführung in die Geschichte der ketogenen Ernährung: woher sie kommt, warum sie eine ganze Zeit lang aus dem Blickfeld der Öffentlichkeit geraten ist und nun wieder als starke Kraft Eingang in der Ernährungsszene gefunden hat.

Die Keto-Geschichte

Der Arzt der Zukunft wird seine Patienten nicht mehr mit Medikamenten behandeln, sondern ihnen helfen, Krankheiten mittels Ernährung vorzubeugen und zu heilen.

Thomas Edison

Eines der Kennzeichen der ketogenen Ernährung ist ihr geringer Anteil an Kohlenhydraten. Das Low-Carb-Prinzip ist natürlich nicht neu in der Ernährungsszene. Mit seinem ersten Buch *Die Diät-Revolution* verhalf der großartige Dr. Robert C. Atkins in den 1970er-Jahren der kohlenhydratarmen Ernährung als Diät und lebenslange Ernährungsform zur Popularität. Sein letztes Buch erschien um die Jahrtausendwende (Atkins starb 2004). Der Ursprung der bis heute berühmten Atkins-Diät liegt jedoch weiter zurück. Vieles von Dr. Atkins' Ernährungsphilosophie basiert auf einer bahnbrechenden Studie, die Dr. Alfred Pennington durchführte, und deren Ergebnisse er 1963 in der Oktoberausgabe des *Journal of the American Medical Association* veröffentlichte. In dem Forschungsbericht empfahl Pennington zur Behandlung von Adipositas (Fettleibigkeit), Kohlenhydrate, inklusive Zucker zu kappen und sie durch Fett und Eiweiß zu ersetzen. Der eigentliche Beginn der Low-Carb/High-Fat-Ernährung ist aber noch mal genau ein Jahrhundert früher zu suchen.

DER ERSTE DIÄT-BESTSELLER

Lange bevor der Name Atkins ein Synonym für „Low Carb" wurde, machte der übergewichtige Leichenbestatter und Sargschreiner William Banting bereits Mitte des 19. Jahrhunderts das kohlenhydratarme, aber sehr fettreiche Essen populär. Ein Londoner Chirurg namens Dr. William Harvey hatte ihm eine Diät empfohlen, bei der Fleisch und Gemüse den Schwerpunkt bildeten, aber Stärke und Zucker gemieden wurden. Nachdem Banting 20 Kilogramm verloren hatte und seine Beweglichkeit, sein Gehör und sein Sehvermögen sich verbessert hatten, veröffentlichte er 1863 ein kleines geheftetes Buch mit dem Titel *Letter on Corpulence* (*Brief über Korpulenz*, im Internet zu lesen unter www.lowcarb.ca/corpulence). Damit wurde er zum weltweit ersten Diätbuch-Bestsellerautor, denn es wurden 63,000 Exemplare verkauft, für diese Zeit eine erstaunlich hohe Auflage. Der Autor riet seinen Lesern, mehr Fett zu essen und Kohlenhydrate stark zu begrenzen und lobpreiste diese Kost als den wahren Schlüssel für Gewichtsverlust und Gesundung.

Bantings *Letter on Corpulence* kam so gut an, dass sein Name schnell das Synonym fürs Diäthalten wurde. „Do you Bant?" („Machen Sie Bant?"), war damals eine gängige Frage an Menschen, die versuchten abzunehmen. Die Banting-Diät gehörte bis 1956 zum Lehrstoff medizinischer Hochschulen, bis sie von der gegenteiligen Low-Fat/High-Carb-Diät des Forschers Ancel Keys abgelöst wurde (über diese Diät erfahren Sie gleich mehr).

DIE ENTDECKUNG DER KETONE

Das wissenschaftliche Verständnis für Ketose setzte 1921 ein, als der Ernährungsforscher Dr. Rollin Turner Woodyatt die Frage untersuchte: Welche Rolle spielen Hunger und Kohlenhydratbegrenzung im Stoffwechsel und wie wirken sich diese Eingriffe bei Diabetespatienten aus? Woodyatt entdeckte Folgendes: Bei gesunden

Patienten, die über eine längere Zeit fasteten oder eine Low-Carb/High-Fat-Diät machten, nahmen drei spezielle Moleküle überhand. Das eine Molekül befand sich im Blut, das andere im Urin und das dritte im Atem. Er nannte sie *Ketonkörper*, weil sie regelmäßig auftraten, wenn dem Körper Glukosequellen (vorwiegend Kohlenhydrate und Protein) vorenthalten wurden. Woodyatt und sein Team erkannten, dass die Ketonkörper als alternative Energiequelle fungierten, wenn die Glukose fehlte.

Drei Jahre später, 1924, erregte Woodyatts Entdeckung die Aufmerksamkeit des Wissenschaftlers Dr. Russell Wilder, der die Zusammenhänge zwischen Ernährung und Gesundheit erforschte. Wilder führte die Untersuchungen über die Rolle der Ketonkörper im Stoffwechsel fort und prägte den Begriff „ketogene Ernährung". Damit fand er einen kurzen, eingängigen Begriff für eine Ernährungsmethode mit begrenzter Kohlenhydrat- und erhöhter Fettzufuhr als Möglichkeit, den Ketonkörperlevel im Blut zu steigern.

Woodyatt strebte in seinen Forschungen an, den therapeutischen Effekt des Fastens zu imitieren, um ihn für die Behandlung von Patienten mit epileptischen Anfällen zu nutzen. Dabei mussten natürlich die gesundheitlichen Beeinträchtigungen, die ein Nahrungsentzug mit sich bringt, ausgeschlossen werden. Er fand heraus, dass die ketogene Ernährung es dem Körper ermöglicht, von den heilenden Fasteneffekten zu profitieren und trotzdem Nahrung aufzunehmen. Mit anderen Worten und vereinfacht ausgedrückt: Wenn man gar nichts isst, entstehen die Ketonkörper auf eine ungesunde Weise. Im Gegensatz dazu werden sie bei einer Ernährung, die „wenig Kohlenhydrate, Eiweiß in Maßen, viel Fett" beinhaltet, auf eine gesunde Weise gebildet. Dass es sich hierbei um einen bedeutenden, nobelpreiswürdigen Durchbruch im Ernährungsverständnis handelte, erkannten leider nur wenige von Woodyatts Zeitgenossen. Immerhin brachte seine Arbeit die ketogene Ernährung zum ersten Mal offiziell als tragfähige medizinische Therapie auf den Plan.

Bis zur Entwicklung der krampfunterdrückenden Medikamente in den späten 1930er-Jahren war die ketogene Ernährung die primäre und wirksamste Behandlungsmöglichkeit für Epilepsiepatienten. Allerdings war diese Ernährungstherapie kein Wundermittel, das jeden Epileptiker vollständig von seinen Krampfanfällen befreite; sie offenbarte damals jedoch das große Potenzial der Ketonkörper, die Gesundheit zu verbessern. Die (bis heute) positive Rolle der ketogenen Ernährung in der Epilepsiebehandlung veranlasste die medizinische Forschung, ernsthaft der Frage nachzugehen, welche anderen Erkrankungen ebenfalls durch die Wirkung der Ketonkörper auf den Stoffwechsel bei der Behandlung von Nutzen sein könnten. Bis heute laufen derartige Forschungsprojekte und werden von verschiedenen Organisationen unterstützt, zum Beispiel der Charlie Foundation (Namensgeber der Stiftung war ein kleiner Junge namens Charlie, dessen Epilepsie mit der ketogenen Ernährung erfolgreich behandelt wurde).

DER LOW-FAT-UNSINN

Die Popularität der ketogenen Ernährung in der breiten Öffentlichkeit musste einen schweren Schlag einstecken, als Ancel Keys die Ergebnisse seiner „Seven Countries Study" (Sieben-Länder-Studie) veröffentlichte. Seine Berichte erschienen nicht nur in wissenschaftlichen Magazinen, sondern fanden auch in populären Zeitschriften weit über die USA hinaus viel Beachtung.

Untersucht wurde in dieser Studie die Ernährung von Männern mittleren Alters in den USA, in fünf europäischen Ländern und in Japan. Sie startete 1958 und wird heute noch fortgeführt. Bereits die ersten veröffentlichten Ergebnisse demonstrierten, dass die Höhe des Blut-

Lieber Jimmy,

Sie haben mir geholfen, mein Leben so stark zu verändern, wie Sie es sich kaum vorstellen können. Ich habe Ihre Bücher gelesen und fast alle Ihrer wundervollen Podcasts angehört. Sie und Maria Emmerich haben dazu beigetragen, dass ich mich heute fantastisch fühle und über eine schier endlose Energie verfüge.

Ich bin Personal Trainerin und Küchenchefin und habe mein Leben drastisch zum Besseren verändert. Mit 44 Jahren habe ich sogar an meinem ersten Bodybuilding-Wettbewerb teilgenommen. Marias Beratung hat mir dabei sehr geholfen. Ich helfe mit, die Botschaft über die ketogene Ernährung in der Fitnessszene zu verbreiten.

Danke nochmals, Jimmy! :)

Mit freundlichen Grüßen

Lisa Colclasure
Denver, Colorado

cholesterinspiegels in einem direkten Zusammenhang mit dem Risiko für Herzinfarkt und Schlaganfall steht. Keys stellte folgende Hypothese auf: Bei einem hohen Verzehr von gesättigten Fettsäuren, wie sie in Butter, Schweineschmalz, fettem Fleisch und Käse enthalten sind, erhöht sich der Blutcholesterinspiegel. Dies wiederum führt zu einem erhöhten Risiko für Herz-Kreislauf-Erkrankungen. Demzufolge kann eine fettarme Ernährung Herzkrankheiten vorbeugen.

Keys' Studie ist jedoch fehlerhaft, wofür es gut dokumentierte Belege gibt. Er hat entscheidende Daten nicht berücksichtigt, und zwar zum einen die Daten von Ländern mit niedriger Zufuhr an gesättigten Fetten, aber einer höheren Herzkrankheitsrate, und zum anderen von Ländern mit hoher Zufuhr an gesättigten Fetten, aber einer niedrigeren Herzkrankheitsrate. Unterm Strich hat eine mangelhafte wissenschaftliche Forschung die Low-Fat-Ernährung in Gang gesetzt. Umso mehr erstaunt es, wie viele Menschen glauben, es sei ein vernünftiger Weg, sich so zu ernähren. Wer mehr über diesen Fehler der wissenschaftlichen Weltgeschichte erfahren möchte, findet in der Literaturliste im Anhang dieses Buchs kompetenten Lesestoff.

Keys' Sieben-Länder-Studie hatte eine rasante Ausbreitung der Low-Fat/High-Carb-Methode zur Folge. Abgesehen von der Flut der Veröffentlichungen fand sie in den USA und in Europa sehr schnell die Anerkennung großer Gesundheitsorganisationen, die damit einer Ernährungsform Glaubwürdigkeit verliehen, die auf einer unglaubwürdigen Forschung beruhte. Letztendlich führte die Low-Fat-Welle zu der weltweit verbreiteten Ernährungsempfehlung, dass der Fettanteil der täglichen Nahrungszufuhr weniger als 30 Prozent betragen sollte, während ein höherer Nahrungsanteil an komplexen Kohlenhydraten empfohlen wird. Im Februar 2015 erschien in dem Fachmagazin *Open Heart* allerdings eine Studie, die zeigt, dass diese 30-Prozent-Empfehlung eine völlig willkürliche Festlegung war. Von Anfang an wurde diese Begrenzung nicht durch Fakten untermauert und bis heute hat keine Studie irgendwelche Belege gefunden, die diese Empfehlung unterstützen. Keine!

In den 1980er-Jahren nahm die Fettphobie volle Fahrt auf und führte zur Herstellung fettarmer und fettloser Produkte, die sich bis heute in den Regalen der Supermärkte stapeln. Ob Joghurt, Eiscreme, Käse, Margarine oder Fertiggerichte, nichts blieb von der „Fettbefreiung" verschont. Aus lauter Angst vor einem Herzinfarkt greifen seither Millionen und Abermillionen Menschen zu diesen Produkten und begrenzen die Fette in ihrer Nahrung, insbesondere die gesättigten Fettsäuren. In den 1990-Jahren wurde die Ernährungspyramide eingeführt (in den USA 2011 durch MyPlate, Mein Teller, ersetzt). In einer pyramidenförmigen Grafik stellt sie die empfohlene Zusammensetzung der täglichen Nahrung dar. Daraus ergibt sich: Wir sollen mehr kohlenhydrathaltige Nahrung wie Getreide, Obst und Gemüse und weniger Fleisch und Fett verzehren. Infolgedessen verlagerte sich die Kalorienzufuhr drastisch auf die Kohlenhydrate. Nahezu gleichzeitig stieg die Rate von Fettleibigkeit, Diabetes Typ 2, Herzkrankheiten und anderen chronischen Krankheiten in astronomische Höhen. Zufall? Wir meinen, das ist es nicht.

REVOLUTION IM GANGE: DIE KETOGENE ERNÄHRUNG

Auf die Idee, eine Ernährungspyramide zu veröffentlichen, kam zum ersten Mal das schwedische Ministerium für Gesundheit und Sozialwesen im Jahr 1972. Damals ging es darum, der Öffentlichkeit klarzumachen, welche Nahrungsmittel am nahrhaftesten und zugleich nicht teuer sind. Interessanterweise gehört Schweden heute zu den wenigen Ländern, die vom Low-Fat-Prinzip abweichen und den Weg zu Low-Carb/High-Fat – abgekürzt LCHF – einschlagen. Unter Führung einiger mutiger Mediziner will man den Status quo der Ernährung verändern, was nicht einfach ist, wie ein Fall zeigt: Die schwedische Ärztin Dr. Annika Dahlqvist behandelte ihre Diabetespatienten erfolgreich mithilfe der LCHF-Ernährung. Im Januar 2008 wurde sie von zwei Ernährungswissenschaftlern bei der Gesundheitsbehörde angezeigt mit der Begründung, sie würde mit dieser Ernährungsform ihre Patienten einem schwerwiegenden Gesundheitsrisiko aussetzen. Die Behörde versuchte, ihr die Arztlizenz zu entziehen. Doch sie blieb fest bei ihrer Überzeugung, dass LCHF das Beste für Adipositas- und Diabetespatienten ist. Nach langwierigen Ermittlungen kam die Gesundheitsbehörde zu dem Schluss: Die Low-

Die ketogene Ernährung wird sich nicht wieder so schnell verdrängen lassen. Aus gutem Grund, denn wie Sie im nächsten Kapitel erfahren, wird sie Ihren Körper heilen und ihn auf den Weg zur optimalen Gesundheit zurückbringen.

Carb/High-Fat-Ernährung ist in Übereinstimmung mit wissenschaftlichen Erkenntnissen und gut erprobten praktischen Erfahrungen für die Therapie von Fettleibigkeit und Diabetes Typ 2 geeignet. Nach diesem Ergebnis schoss das Interesse an der Low-Carb/High-Fat-Ernährung in Schweden in die Höhe.

Ein anderer überzeugter LCHF-Befürworter ist der schwedische Arzt und Blogger Dr. Andreas Eenfeldt. Bei seinen häufigen Auftritten in den Medien plädiert er für die Reduzierung des Kohlenhydratkonsums bei gleichzeitiger Erhöhung der Fettzufuhr als Weg zur Gesundheit. Die Botschaft von Dr. Dahlqvist, Dr. Eenfeldt und anderen LCHF-Befürwortern scheint in der schwedischen Bevölkerung Fuß zu fassen. Im März 2011 ergab eine Umfrage, dass fast jeder vierte Schwede auf irgendeine Weise „Low Carb" bei seiner Speiseplanung berücksichtigt. Das ist großartig!

Doch nicht nur in Schweden erfolgt ein Wechsel zur Low-Carb/High-Fat-Ernährung, sondern auch in Südafrika ist in der Hinsicht viel in Bewegung. Zu Ehren von William Banting heißt diese Ernährungsform in Südafrika „Banting". Der Umschwung aufs Banting hängt unmittelbar mit der engagierten Arbeit eines legendären Mannes zusammen: Tim Noakes, emeritierter Professor für Sport und Sportmedizin an der Universität Kapstadt. Sein 1991 veröffentlichtes Buch *Lore of Running* (Handbuch des Laufsports) ist ein weithin bekannter Klassiker und gilt heute noch als „Laufbibel". In diesem Buch rät Noakes den Läufern zu einer High-Carb-Ernährung.

Doch 2010 las er das Buch *The New Atkins for a New You* (deutsche Ausgabe: *Die aktuelle Atkins-Diät: Das Erfolgsprogramm von Ärzten optimiert*) der renommierten Ernährungswissenschaftler Stephen Phinney, Jeff Volek und Eric Westman – und änderte seine Meinung. Noakes erkannte, dass er die Rolle der Kohlenhydrate in der Nahrung falsch eingeschätzt hatte. Daraufhin setzte er seinen guten Ruf aufs Spiel, indem er seinen Fehler öffentlich bekannt gab und seine Leser aufrief, die Seiten mit den Ernährungsempfehlungen aus seinem Buch herauszureißen!

In Südafrikas Ernährungsdebatte hat Noakes' Stimme inzwischen so viel Einfluss genommen, dass sein Buch *The Real Meal Revolution* (Koautor Jonno Proudfoot; deutsche Ausgabe: *Die High-Fat-Revolution: Schlank durch Low-Carb-Ernährung*) im Jahr 2014 auf Platz 2 der südafrikanischen Bestsellerliste landete, noch vor anderen Bestsellern wie zum Beispiel *Fifty Shades of Grey*. Der zwischen Aufregung und Begeisterung liegende Wirbel um Noakes' Banting-/LCHF-Diät fand auch in vielen anderen Ländern große Beachtung. Im Februar 2015 organisierte Noakes in Kapstadt einen internationalen Kongress zum Thema Low-Carb/High-Fat-Ernährung, für den er 15 der weltweit führenden LCHF-Experten als Redner gewinnen konnte (darunter Jimmy Moore, Koautor des vorliegenden Buchs). Den Kongress besuchten 600 medizinische Profis und 300 Laien. Ähnliche Veranstaltungen fanden 2015 in London und 2016 in Washington, DC, statt.

Warum die ketogene Ernährung heilen kann

Bei einer falschen Ernährung ist Medizin nutzlos. Ist die Ernährung richtig, braucht man keine Medizin.

Ayurvedisches Sprichwort

Trotz all der Köstlichkeit einer ketogenen Ernährung wäre sie vergebens, könnte sie nicht auch Ihren Körper heilen und Ihnen die beste Gesundheit schenken, die Sie jemals erlebt haben. Das kann sie tatsächlich in hohem Maße und der gesundheitliche Nutzen ist unter Umständen der beste Teil an der Entscheidung für eine ketogene Ernährung.

Die nach dem Prinzip „wenig Kohlenhydrate, Eiweiß in Maßen und viel Fett" aus natürlichen, reinen Nahrungsmitteln zubereiteten Gerichte bieten Ihnen Nährstoffe in einer Menge, wie es kaum eine andere Diät beziehungsweise Ernährungsweise schafft. Wenn Sie sich vollkommen auf den Keto-Weg einlassen, werden Sie einige wirkungsvolle Ergebnisse erzielen, die Ihnen keine andere Ernährungsform bieten kann. In den Genuss all dieser Faktoren kommen Sie auf Ihrer Keto-Reise, die zu einer besseren Lebensweise führen wird.

Was passiert, wenn Sie für Ihre Energiegewinnung nicht vorwiegend Zucker, sondern hauptsächlich Fett verbrennen? Lassen Sie uns einen Blick auf die unglaublichen Vorteile werfen, die Sie nach dem Wechsel nahezu umgehend sehen, spüren und erleben können:

- Keine Schläfrigkeit nach dem Mittagessen
- Reine Haut
- Linderung von chronischen Gelenk- und Muskelschmerzen
- Kein Hunger und keine Hungerattacken
- Fettverlust und Kontrolle über den Appetit
- Den ganzen Tag über ausgeglichene Stimmung und beständige Energie
- Ruhiger und erholsamer Schlaf
- Ein Lebensgefühl der Zufriedenheit und Dankbarkeit
- Deutliche Verbesserung der Herz-Kreislauf-Werte
- Keine quälenden Gedanken übers Essen
- Mehr Widerstandskraft gegenüber chronischen Erkrankungen
- Verbesserung des Konzentrationsvermögens und des Gedächtnisses

Die Liste der Vorteile einer ketogenen Ernährung ist nur die Spitze des Eisbergs. Im Lauf der Jahrzehnte, seit Dr. Woodyatt entdeckt hat, dass eine ketogene Ernährung hilft, epileptischen Anfällen vorzubeugen, haben wissenschaftliche Studien gezeigt, dass sie auch bei den meisten der katastrophalen neurodegenerativen Störungen hilfreich sein kann, zum Beispiel bei Autismus, Alzheimer- und Parkinson-Krankheit, amyotropher Lateralsklerose (ALS, auch Lou-Gehrig-Syndrom genannt, einer degenerativen Erkrankung des motorischen Nervensystems), sowie Narkolepsie (Schlafkrankheit), Schizophrenie, manisch-depressiven Erkrankungen, Gehirntrauma und Schlaganfall. Hinzu kommen überzeugende Beweise, dass die ketogene Ernährung auch zur Besserung anderer Krankheiten beitragen kann, zum Beispiel Diabetes Typ 2, Herz-Kreislauf-Erkrankungen, polyzystisches Ovar-Syndrom (PCOS), Reizdarmsyndrom (IDS), gastroösophageale Refluxkrankheit (GERD; Sodbrennen) und nichtalkoholische Fettlebererkrankung (NAFLD). Inzwischen widmen sich Studien auch der Wirkung einer ketogenen Ernährung auf Krebs (insbesondere Gehirntumore), Migräne, Zahnfleischerkrankungen, Akne, Haarausfall und vieles mehr.

> **WIE DER KÖRPER EIWEISS IN ZUCKER VERWANDELT**
>
> Nicht nur Kohlenhydrate bringen Zucker in Ihren Körper. Ob Sie es glauben oder nicht, auch Eiweiß kann eine Quelle für Glukose sein. Wenn Sie Ihrem Körper mehr Eiweiß zuführen, als er braucht, verwandelt die Leber das überschüssige Eiweiß in Glukose, diesen Vorgang nennt man Glukoneogenese. Deshalb ist der Verzehr von Eiweiß in Maßen so wichtig. Zu viel Eiweiß bewirkt einen höheren Blutzuckerspiegel und macht es nahezu unmöglich, in die ernährungsbedingte Ketose zu kommen.

Die ketogene Ernährung schafft wirklich etwas Großartiges und es lohnt sich, einen Blick auf das zweite große Vorteilspaket zu werfen: die Verbesserung Ihrer gesamten Gesundheit.

Vor allem schafft es eine ketogene Ernährung, auf zwei kritische Punkte Ihrer Gesundheit positiven Einfluss auszuüben. Nein, es sind keineswegs Ihr Gewicht und Ihr Cholesterinspiegel, worauf so viele Gesundheitsexperten herumreiten. Die wichtigsten Faktoren sind der Blutzuckerspiegel und Entzündungen. Darüber hat Ihnen wahrscheinlich Ihr Arzt schon einmal etwas erzählt, vielleicht aber nicht, welche ausschlaggebende Bedeutung diese beiden Bereiche für Ihre Gesundheit haben. Egal wie Ihre Blutzucker- und Entzündungswerte aussehen, die ernährungsbedingte Ketose kann helfen, sie in die richtige Richtung zu rücken.

Sofern Sie nicht unter Diabetes leiden, schenken Sie Ihrem Blutzuckerspiegel wahrscheinlich wenig Aufmerksamkeit. Doch er ist wirklich der wichtigste Gesundheitsmarker und lässt sich auch zu Hause ganz einfach messen. Niemand wacht morgens plötzlich mit Diabetes auf. Diese Krankheit entwickelt sich über Jahre und bleibt lange Zeit unbemerkt, wenn nicht regelmäßig der Blutzuckerspiegel gemessen wird. Häufig steht sie in direktem Zusammenhang mit langjährigem Konsum ungesunder Nahrung voller industriell bearbeiteter Kohlenhydrate. Dieses ungesunde Zeug zerstört am Ende buchstäblich Ihre natürliche Fähigkeit, Kohlenhydrate aus unbearbeiteter, „echter" Nahrung zu verarbeiten.

Der Konsum von Nahrung, die den Blutzuckerspiegel erhöht (insbesondere Kohlenhydrate und in geringerem Maße Eiweiß), veranlasst die Bauchspeicheldrüse Insulin freizusetzen. Das Insulin sorgt dafür, dass Glukose aus dem Blutstrom in die Körperzellen gelangt, wo sie zur Energiegewinnung genutzt wird. Bei einem gesunden Menschen liegt der Blutzuckerwert, also der Glukoseanteil im Blut, zwischen 80 und 100 mg/dl. In der Stunde nach dem Essen erhöht er sich auf maximal 140 mg/dl und zwei Stunden nach dem Essen geht er auf den Normalwertbereich zurück. Diese Werte signalisieren eine einwandfreie Funktion der Betazellen (insulinproduzierende Zellen in der Bauchspeicheldrüse). Menschen mit diesen Werten werden als „insulinsensitiv" bezeichnet, das heißt vereinfacht ausgedrückt: In ihrem Insulinhaushalt läuft alles rund.

Das Gegenteil der Insulinsensitivität ist die Insulinresistenz, die sich folgendermaßen erklärt: Der übermäßige Konsum von Kohlenhydraten setzt die Bauchspeicheldrüse mit der Zeit unter einen enormen Stress, weil sie mit den hohen Anforderungen an Insulin nicht Schritt halten kann. Mangelt es jedoch an Insulin, wird nicht genügend Glukose aus dem Blut in die Körperzellen geleitet – und der Blutzuckerspiegel steigt. Bleibt er auch Stunden nach dem Essen über den normalen Werten, spricht man von Insulinresistenz. Das bedeutet: Die Toleranz für die Verwertung von Kohlenhydraten und die Umwandlung von Eiweiß in Zucker sinkt und wird immer niedriger. Als Folge davon entstehen im schlimmsten Fall Fettleibigkeit sowie Hyperglykämie, die ohne Gegenmaßnahmen häufig zum Diabetes Typ 2 führt. Für Menschen mit Insulinresistenz ist deshalb die ketogene Ernährung die perfekte Lösung. Ihr geringer Kohlenhydratanteil nimmt der Bauchspeicheldrüse den

Hallo, Jimmy,

dank der ketogenen Ernährung habe ich schon 30 von den 40 angestrebten Kilogramm abgenommen. Am meisten überrascht haben mich jedoch die gesundheitlichen Nutzen. Ohne ein einziges Medikament bin ich jetzt von einer schweren PMS sowie von Stimmungsschwankungen und anderen hormonbedingten Beschwerden befreit. Mein Nagelpilz ist auf geradezu mysteriöse Weise verschwunden und meine Entzündungswerte zeigen an, dass sich viele chronische Entzündungen in meinem Körper gebessert haben. Ich wusste noch nicht einmal, dass solche Entzündungen im Zusammenhang mit kohlenhydratreicher Ernährung stehen.

Gott segne Sie!

Elizabeth Antony
Florida

Druck, hohen Anforderungen an Insulin nachzukommen. Mit anderen Worten: „Keto" schont die Bauchspeicheldrüse und bürdet ihr keine knochenharte Arbeit auf.

Selbst Menschen ohne Insulinstoffwechselstörungen können ihre Bauchspeicheldrüse überstrapazieren, wenn sie Kohlenhydrate verzehren, als gäbe es kein Morgen. Leider werden sie eines Tages die Zeche bezahlen müssen, falls sie beharrlich den Einfluss der Nahrung auf ihre Gesundheit verkennen. Solange sie jung und einigermaßen gesund sind, kommen sie vielleicht noch ungestraft davon, doch irgendwann werden die Esssünden der Vergangenheit sie einholen.

Konservativen Schätzungen zufolge litten 2015 in Deutschland 6,5 Millionen Menschen unter einem diagnostizierten Diabetes und bis 2030 wird die Zahl auf 8 Millionen steigen. Weltweit betrachtet, ist jeder Zehnte von der Krankheit betroffen. Nicht erfassbar sind die Millionen und Abermillionen Menschen, bei denen eine unbehandelte Insulinresistenz, ein Prädiabetes (Nüchternblutzuckerwert erhöht, aber noch nicht auf dem Diabeteslevel) oder ein konstanter Nüchternblutzuckerwert über 100 mg/dl vorliegen. Wird in diesen Fällen nichts unternommen, haben die Betroffenen ihr Ticket zum Diabetes quasi schon in der Tasche. Menschen mit Insulinresistenz haben aber auch ein erhöhtes Risiko für Herzerkrankungen, Fettleberkrankheit, Unfruchtbarkeit und viele andere Gesundheitsstörungen.

Ob Diabetes oder andere Leiden, jeder sollte bestrebt sein, solche Krankheitsschicksale zu umgehen. Eine regelmäßige Kontrolle der Blutzuckerwerte trägt dazu bei – mit einem kleinen Piks in die Fingerspitze wissen Sie in Sekundenschnelle, wo Sie stehen. Handliche Messgeräte für zu Hause gibt es in jeder Apotheke. Wissen ist Macht. Wenn Sie wissen, dass Sie unter Insulinresistenz leiden, können Sie etwas für Ihre Gesundheit tun und den Kurs ändern.

Der zweite, für eine optimale Gesundheit wichtige Marker, auf den Sie achten sollten, sind Entzündungen. Dabei denken die meisten Menschen an Verletzungen. Wenn Sie sich beispielsweise den Knöchel verstauchen, schwillt das Gewebe und fühlt sich heiß an. Das ist eine akute Entzündung, die vorübergeht und Teil des Heilungsprozesses ist. Hier geht es aber um chronische Entzündungen, deren Ursache häufig in einer mangelhaften Ernährung und ungesunden Lebensweise liegt. Mit der Zeit können sie erhebliche Schäden im Körper anrichten. Bei höheren Entzündungswerten besteht ein größeres Risiko für Herzerkrankungen und andere gesundheitliche Schicksalsschläge.

Leider starrt die Ärzteschaft nur aufs Cholesterin, um das Risiko für Herzerkrankungen einzuschätzen, obwohl die Entzündungswerte eine weitaus größere Rolle spielen. Manche Entzündungen leisten gute Dienste, weil sie helfen, Bakterien, Viren, Pilze und Giftstoffe zu bekämpfen. Zum Gesundheitsproblem werden sie jedoch, sobald sie überhandnehmen und langfristig erhöhte Entzündungswerte einen chronischen Verlauf anzeigen. Fast jede chronische Krankheit ist mit einer chronischen systemischen (den ganzen Körper betreffenden) Entzündung verbunden, dazu zählen Herzerkrankungen, Krebs, Diabetes, metabolisches Syndrom, Adipositas, polyzystisches Ovar-Syndrom, Autoimmunreaktion, Reizdarmsyndrom und viele mehr. Raten Sie mal, welche Nahrung die Entzündungsrate am meisten erhöht? Es sind die teuflischen Zwillinge namens Kohlenhydrate und pflanzliche Öle.

Gehen Sie in irgendeinem Lebensmittelladen durch die Gänge und Sie finden garantiert massenweise Produkte, die Zucker, Getreide und raffiniertes Pflanzenöl enthalten oder es selber sind.

Zucker und Getreide sind Kohlenhydrate, die den Treibstoff für die Insulinproduktion bilden. Ein hoher Insulinspiegel bedeutet aber zugleich eine hohe Entzündungsrate. Pflanzliche Öle, darunter solche „Exoten" wie Sojaöl, Baumwollsamenöl und Canola-Öl (die Gentechnik lässt grüßen), werden als gesund angepriesen, doch sie sind desaströs für Ihre Gesundheit, weil sie die Entzündungsprozesse in Ihrem Körper vermehren. Industriell bearbeitete Öle haben einen sehr hohen Gehalt an Omega-6-Fettsäuren, die jedoch Entzündungen hervorrufen oder verschlimmern, wenn sie bei der Fettzufuhr überwiegen. Der Körper braucht ein stimmiges Verhältnis zwischen Omega-6- und Omega-3-Fettsäuren. Wünschenswert ist ein Verhältnis von 4:1, bei falscher Nahrung kann es dagegen sogar bis zu 20:1 reichen.

Im gleichen Maße, wie die Entzündungen zunehmen, sinkt die Qualität Ihrer Gesundheit in den Keller. Bei der auf natürlichen, ursprünglichen Zutaten basierenden ketogenen Ernährung kommen die Entzündungsförderer unter den Nahrungsmitteln erst gar nicht auf den Tisch. Es ist ein entzündungshemmender Ernährungsplan, der Sie auf den Weg der Heilung und Gesundheit bringt. Eine von Forschern der Yale University Anfang 2015 durchgeführte Studie zeigt, dass Beta-Hydroxybutyrat (die Ketonkörper im Blut) die Entwicklung von Entzündungen hemmt.

Lieber Jimmy,

danke, danke, danke! Mein Nüchternblutzuckerspiegel lag heute Morgen bei 87 mg/dl, noch vor wenigen Wochen ging er nie unter 130. Mein Ketonwert war heute Morgen bei 1,4 mmol und ich fühle mich besser als jemals zuvor. Ihr neues Buch werde ich für meine Mutter und andere Familienangehörige kaufen. Ich wollte nur sagen, wie spitze Sie und Ihr Podcast sind.

Herzliche Grüße
Amber Horton

Ein einfacher Bluttest gibt Auskunft über die Menge der Entzündungen in Ihrem Körper. Gemessen wird dabei das CRP (C-reaktives Protein), ein Eiweiß, das bei Entzündungen im Körper vermehrt im Blut vorhanden ist. Der CRP-Test kann auch Hinweise auf die Art und den chronischen beziehungsweise nicht chronischen Verlauf der Entzündung geben. Wissenschaftler kennen seit Langem die große Bedeutung des CRP, aber die Ärzte konzentrieren sich lieber auf den Cholesterinspiegel, weil er sich mithilfe von Medikamenten senken lässt, zum Beispiel mit statinhaltigen Mitteln (landläufig Cholesterinsenker genannt). Leider nicht verringern ließ sich dadurch die Rate der Herzinfarkte und Herz-Kreislauf-Erkrankungen, wie sich das die Pharmafirmen erhofft hatten. Der Grund dafür liegt auf der Hand: Man hat ignoriert, welche entscheidende Rolle die Entzündungen bei der Entstehung von Herzerkrankungen spielen. Der gesunde CRP-Wert liegt irgendwo zwischen 0 bis 3 mg/dl, der Idealwert allerdings unter 1 mg/dl. Indem Sie Zucker, Getreide und Pflanzenöle von Ihrem Speiseplan streichen, senken Sie Ihre Entzündungswerte, was im Umkehrschluss bedeutet: Sie verbessern Ihre Gesundheit in einem Maße, von dem Sie bisher nur träumen konnten. Die Kombination aus niedriger Entzündungsrate und normalem Blutzuckerspiegel ist das Rezept, mit dem Sie Ihren Körper heilen und ihn zu einer robusten Gesundheit zurückführen. All das bringt die Kraft der ernährungsbedingten Ketose mit sich, wenn Sie Ihre Ernährungsweise auf Dauer ändern.

Haben Sie es gemerkt? Über den vielleicht bekanntesten und buchstäblich spektakulärsten Vorteil der ketogenen Ernährung haben wir Ihnen bisher noch nichts erzählt: die Gewichtsabnahme. Dem großen Robert C. Atkins gebührt die Ehre, dass durch den überwältigenden Erfolg seiner Bücher das k-Wort weltweit mit Gewichtsabnahme verbunden wird. Wie Atkins in seinem Buch *Die neue Atkins-Diät* beschreibt, hängt der Abnehmeffekt mit der Lipolyse zusammen, der Verstoffwechslung von Fett – oder ganz einfach gesagt: Sie verbrennen hauptsächlich Fett und gewinnen daraus Energie. Und genau das ist der Kern der Ketose: Fett als Energiequelle zu verwenden.

Manche Menschen nehmen fälschlicherweise an, wenn ihr Körper in Ketose ist, nehmen sie automatisch ab. Das kann sein, ist aber nicht zwangsläufig der Fall. Die Fettverbrennung als Hauptenergiequelle kann tatsächlich zur Reduktion von gespeichertem Körperfett führen. Doch in ernährungsbedingter Ketose zu sein, ist lediglich ein Indiz dafür, dass Ihr Körper bevorzugt, seine Energie aus Fett zu gewinnen. Und dafür nutzt er sowohl das Nahrungs- als auch das Körperfett. Ich bin nur ungern der Überbringer schlechter Nachrichten, aber ich muss es Ihnen sagen: Einfach nur ketogen essen zaubert die Pfunde nicht weg. Nach der Umstellung von der Zucker- auf die Fettverbrennung nehmen viele tatsächlich leicht und schnell ab. Das ist aber nicht selbstverständlich und Sie sollten nicht von vornherein damit rechnen. Die Gewichtsabnahme bei der ketogenen Ernährung ist lediglich ein Nebeneffekt Ihres gesünderen

VERWECHSELN SIE NICHT KETOSE MIT KETOAZIDOSE

Vielleicht haben Sie gehört, dass Ketose gefährlich sein kann. Ist sie nicht! Sie ist lediglich der Zustand, in dem der Körper Mangelzeiten überdauert. Also, was soll die Angstmacherei? Ketose wird häufig verwechselt mit Ketoazidose, einer schwerwiegenden, lebensgefährlichen Stoffwechselentgleisung. Ausgelöst wird sie, wenn der Körper kein Insulin produzieren kann. Sie tritt hauptsächlich bei Menschen mit Diabetes Typ 1 auf, selten auch bei Typ-2-Diabetikern. Fehlt das Insulin, denkt der Körper, ihm stünde keine Glukose zur Verfügung, und beginnt, Ketonkörper zu produzieren, auch wenn sich jede Menge Glukose im Blut befindet. Dies führt zu einem Anstieg des Blutzuckerspiegels (auf über 240 mg/dl) und zu einem hohen Blutketonspiegel (nahe an 20 mmol). Und das ist in der Tat gefährlich, passiert aber niemandem (auch nicht Typ-1-Diabetikern), der eine kohlenhydratarme Kost zu sich nimmt – ein wesentliches Merkmal der ketogenen Ernährung. Die Ketose dagegen ist ein gesunder Weg, Ihren Körper zu ernähren und zu heilen.

Essverhaltens. Falls Sie noch mit Ihrem Gewicht kämpfen, während Sie in Ketose sind, denken Sie bitte daran: Die ketogene Ernährung hilft Ihnen, Ihre Gesundheit zu optimieren, und das wiederum gibt Ihnen die Ruhe, ihre persönliche Situation genauer zu betrachten. Wenn Sie sich aufs Abnehmen fixieren und nur aus diesem Grund in Ketose gehen, ignorieren Sie zahlreiche nicht ernährungsbedingte Faktoren, die einer Gewichtsabnahme entgegenstehen. Dazu zählen Schlafmangel, Stress, Hormonstörungen, metabolisches Syndrom und vieles mehr. Natürlich möchte jeder durch ein bestimmtes Essverhalten sowohl seine überschüssigen Pfunde als auch seine Gesundheitsprobleme am liebsten mit einem Schlag loswerden. Beim Einstieg in die ketogene Ernährung bringt jedoch jeder seine ganz eigene Geschichte, seine individuelle Lebensweise und seinen einzigartigen Körper mit. Aus diesem Grund sind wir große Fans von Fragen wie: Was funktioniert am besten für mich persönlich? Was könnte in meinem Leben einen negativen Einfluss auf mein Gewicht und meine Gesundheit haben?

Starren Sie nur auf die Gewichtsabnahme, treten mit einiger Sicherheit Fehlschläge auf und Sie werden enttäuscht sein, noch bevor Sie richtig begonnen haben. Lassen Sie das Abnehmen links liegen und konzentrieren Sie sich auf die Verbesserung Ihrer Gesundheit. Machen Sie zu Beginn einen Check-up anhand der wichtigen Gesundheitsmarker: Blutzucker- und Insulinspiegel, Konzentration des C-reaktiven Proteins im Blut (sprich: Entzündungswerte) und das Verhältnis von Triglyceriden zu HDL im Gesamtcholesterin. Wie sieht Ihr Energie- und Stimmungslevel aus? Welche Faktoren, wie zum Beispiel Stress oder Schlafstörungen, beeinträchtigen Ihre Lebensqualität? Indem Sie sich selbst unter die Lupe nehmen, erkennen Sie garantiert, was am meisten zählt: nicht Ihr Übergewicht, sondern Ihre Gesundheit. Die ketogene Ernährung ist eine Ganzheitstherapie für Ihren Körper und darauf ausgerichtet, ihn in eine Fettverbrennungsmaschine zu verwandeln, egal ob Sie dabei abnehmen oder nicht.

Im nächsten Kapitel beschäftigen wir uns mit den praktischen Grundlagen der ketogenen Ernährung. Während das Prinzip „mehr Fett, Eiweiß in Maßen und kaum Kohlenhydrate" für jeden gilt, sind die jeweiligen Mengen von Mensch zu Mensch verschieden, um in die Ketose zu gelangen. Auf jeden Fall kommt jeder, der dieses Buch liest und die ketogene Ernährung richtig praktiziert, in den Genuss aller Vorteile der ernährungsbedingten Ketose.

Grundlagen der ketogenen Ernährung

Rindfleisch liefert die dringend benötigten Nährstoffe Eiweiß, Vitamine und Eisen.

Jayson Lusk

Die in den letzten 40 Jahren von den meisten Menschen als „gesund" erachtete Nahrung wird geprägt von weniger Kalorien, kleineren Portionen, weniger Fett, mehr Vollkorn und begrenztem Fleischkonsum. Wie sich gezeigt hat, besteht ein besorgniserregender Mangel an Beweisen, dass diese Nahrung tatsächlich gesund ist. Zum Glück hinterfragen Forscher jetzt endlich herkömmliche Ansichten und helfen uns, mit auf Beweisen gestützten Daten zu entschlüsseln, was wirklich gesund ist.

Im Februar 2015 veröffentlichte die kardiologische Fachzeitschrift *Open Heart* eine Studie der Wissenschaftlerin Zoë Harcombe über den Fettanteil in der täglichen Nahrung, wie er seit den späten 1970er-Jahren in den Ernährungsrichtlinien zahlreicher Länder empfohlen wird. Diese Empfehlung lautet: Der tägliche Konsum an gesättigten Fetten sollte nicht mehr als 10 Prozent und der Gesamtfettverzehr nicht mehr als 30 Prozent der täglichen Gesamtkalorienzufuhr betragen. Harcombe kam zu dem Ergebnis, dass keinerlei belastbare Daten vorliegen, die diese Empfehlung untermauern. Vielmehr würden die seinerzeit durchgeführten (randomisierten kontrollierten) klinischen Studien genau genommen dieses zeigen: Ob mit oder ohne Begrenzung gesättigter Fette, bei der Anzahl der Todesfälle durch Herzerkrankungen lässt sich kein Unterschied feststellen. Trotzdem hat sich bis heute an der Empfehlung zur starken Fettbegrenzung rein gar nichts geändert, was sich nach wie vor in den länderspezifischen Ernährungspyramiden oder im US-amerikanischen Pendant *MyPlate* widerspiegelt.

Die – wie die Harcombe-Studie zeigt – willkürlich festgelegte Höhe der Fettbegrenzung führte zu einem dramatischen Anstieg des Kohlenhydratkonsums in Form von „gesunden" Vollkornprodukten. Außerdem sah sich die Nahrungsmittelindustrie veranlasst, fettarme und fettfreie Produkte zu produzieren, denen man Zucker hinzufügte, damit sie gut schmecken. Seit der Einführung dieser fehlerhaften Ernährungsprinzipien treten Fettleibigkeit und chronische Krankheiten in einem so hohen Maße auf wie niemals zuvor. Nahezu blind glaubt jeder daran, dass gesättigte Fette ungesund sind, weil „alle" es sagen, angefangen von Ärzten über Ernährungswissenschaftler bis hin zu dem Heer der sogenannten Gesundheitsexperten und den Medien. Für alle ist „Low Fat" so wahr wie das Amen in der Kirche. Doch es ist nichts anderes als eine große Fettlüge. Dankenswerterweise beginnt man jetzt mit der Enttarnung dieser Lüge als eine völlig fehlgeleitete Auffassung, die vollkommen außer Acht lässt, wie sich die Menschheit über Tausende von Jahren ernährt hat, bevor die Lebensmittelversorgung industrialisiert wurde. Egal was viele „Gesundheitsexperten" Ihnen weismachen wollen und häufig als die beste Ernährungsform anpreisen, eine Low-Fat/High-Carb-Nahrung ohne tierische Produkte war ganz bestimmt nicht die Ernährungsweise unserer Vorfahren – nicht einmal ansatzweise.

DER MYTHOS VOM OBST UND GEMÜSE

Wenn Sie x-beliebige Menschen auf der Straße befragen, welches Nahrungsmittel am nährstoffreichsten sei, tendieren die meisten zu Obst und Gemüse. Diese Antwort kann man den Leuten nicht vorwerfen, denn seit Jahr und

Tag sind sie darauf geprägt, dass alle gesunden Nährstoffe der menschlichen Nahrung fast ausschließlich aus dem Obst und Gemüse stammen. Dies ist einer der Gründe, warum sich viele für die vegetarische oder vegane Ernährung entscheiden, um gesünder zu leben. Dabei gehen sie davon aus, dass sie mit der pflanzlichen Kost ihrer Ernährung den größtmöglichen gesunden Nährwert verleihen. Im konsequenten Umkehrschluss würde das bedeuten, bei allen anderen Ernährungsweisen wäre das nicht der Fall – was schlicht und einfach nicht stimmt.

Wie tief der Glaube an die Fülle der gesunden Nährstoffe in Obst und Gemüse verankert ist, spiegelt sich in der Werbung wider. Unzählige Firmen nutzen jede legale Möglichkeit, um den Eindruck zu erwecken, ihre Produkte seien gesund und nährstoffreich, nur weil sie Obst und Gemüse enthalten (die Diskussionen darüber kennen Sie sicher aus den Medien). Verstehen Sie uns bitte nicht falsch, Obst und Gemüse kann und sollte Bestandteil Ihrer Nahrung sein. Doch zu meinen, der ausschließliche Verzehr von Obst und Gemüse reiche aus, um gesund zu leben, ist mit Hinblick auf den Nährwert zu kurz gedacht, zumal sich die Inhaltsstoffe der Obst- und Gemüsesorten unterscheiden – und nicht wenige Menschen dazu neigen, die für unseren Körper eher weniger nährstoffreichen Sorten zu wählen. Vor allem kommt es darauf an, wie viel man davon jeweils verzehrt. Aus diesem Blickwinkel hat die US-amerikanische Diabetesgesellschaft von 1999 bis 2000 eine Untersuchung (unter anderem) über den Zusammenhang des Gemüsekonsums mit Diabetes durchgeführt. Auf einem 2007 in Nashville, Tennessee, stattgefundenen Kongress der Gesellschaft für Adipositasmedizin kamen die Ergebnisse zur Sprache. Die nachfolgend genannten Zahlen sind natürlich nicht eins zu eins auf jedes Land übertragbar, doch für die Darlegung des Zusammenhangs zwischen der Höhe sowie der Art des Gemüsekonsums und seinen Auswirkungen leisten sie nützliche Dienste. Sie zeigen die Anteile der Gemüsesorten am Gesamtgemüsekonsum Erwachsener (20 Jahre und älter):

Pommes frites	22 %
Andere Kartoffeln	13 %
Tomaten	11 %
Dunkelgrünes Gemüse	11 %
Hülsenfrüchte	8 %
Andere	35 %

Wie Sie sehen, besteht bei Erwachsenen gut ein Drittel des Gemüsekonsums aus den stärkehaltigen, kohlenhydratreichen Kartoffeln, und das zum größten Teil in frittierter Form. Die in der Regel (und insbesondere in den Fastfood-Restaurants) zum Frittieren verwendeten Pflanzenöle fördern Entzündungen und sind reich an Omega-6-Fettsäuren. Über den Gesundheitswert dieser Nahrung müssen wir wohl nicht streiten. Bei Kindern und Jugendlichen zwischen 2 und 19 Jahren sieht die Durchschnittsbilanz folgendermaßen aus (zum Davonlaufen):

Pommes frites	46 %
Andere Kartoffeln	10 %
Tomaten	9 %
Dunkelgrünes Gemüse	7 %
Hülsenfrüchte	6 %
Andere	22 %

Lieber Jimmy,

ich bin 36 Jahre alt und habe den größten Teil meines Erwachsenenlebens als Workaholic verbracht. Ich hatte eine 80-Stunden-Woche in einem sehr stressigen Beruf, machte im Abendstudium meinen Magister in Betriebswirtschaftslehre und zog zwei Kinder auf. Da blieb wenig Zeit, um auf meine Gesundheit zu achten, zumindest sah ich das so. Im Mai 2014 klappte ich zusammen und landete im Krankenhaus. Die Ärzte diagnostizierten eine Autoimmunerkrankung, die vermutlich durch Stress hervorgerufen wurde. Ich hatte Übergewicht, war krank und deprimiert. Über 15 Jahre machte ich jede Menge Low-Carb-Diäten, vergeblich. Ich verlor an Gewicht und nahm wieder zu, bis ich von der eintönigen Nahrung genug hatte. Nach meinem Zusammenbruch fand ich heraus, dass die ketogene Ernährung helfen kann, die Symptome von Autoimmunerkrankungen zu lindern. Bei meinen Recherchen stieß ich auf Ihr Buch, das mich auf Ihre Website und zu Ihrem Podcast führte. Dank der ernährungsbedingten Ketose habe ich seit August 2014 rund 14 Kilogramm abgenommen und meine Autoimmunerkrankung ist im Abklingen. Ich glaube an natürliche Nahrung und ich glaube an mich selbst. Sie haben einen großen Teil dazu beigetragen, mich immer wieder daran zu erinnern.

Mit Dank grüßt

Darcy Rutzen
Chicago, Illinois

Das heißt, fast zwei Drittel der Gemüsenahrung von Kindern und Jugendlichen bestehen aus Kartoffeln! Kommt Ihnen dieses Essverhalten in vergleichbaren oder ähnlichen Relationen bekannt vor? Mal abgesehen von Pommes und den verwendeten Pflanzenölen, das Entscheidende ist die Kartoffel an sich. Beispielsweise 60 Gramm Kohlenhydrate in Form von Kartoffeln können für Menschen mit nicht normalem Blutzuckerspiegel, Insulinresistenz und/oder Übergewicht zu einem ziemlich großen Problem werden, da der Blutzuckerspiegel erheblich beeinflusst wird. Natürlich gibt es viele Menschen, die Kartoffeln gut vertragen, aber wenn Sie in Ketose sind, kann der Blutzuckerspiegel durch den Kartoffel-/Kohlenhydratverzehr so stark steigen, dass Ihr Körper aus dem Fettverbrennerstatus in den des Zuckerverbrenners zurückversetzt wird.

Das bedeutet aber nicht, dass Sie bei der ketogenen Ernährung keinerlei Gemüse verzehren dürfen. Ganz im Gegenteil, nährstoffreiche, weitestgehend stärkefreie Gemüsesorten mit hohem Vitamingehalt können Sie regelmäßig auf Ihren Speiseplan setzen. Dazu zählen zum Beispiel dunkelgrüne Gemüse wie Spinat und Kohl, außerdem Brokkoli, Blumenkohl und Spargel. Für stärkehaltige Gemüsesorten gibt es genügend leckere, auf die ketogene Ernährung abgestimmte Alternativen, von denen Sie eine große Auswahl im Rezeptteil dieses Buchs finden.

So viel zum Thema Gemüse. Doch was ist mit Obst? Das ist doch auf jeden Fall gesund? Im Prinzip ja, aber nicht wenn Sie die ernährungsbedingte Ketose anstreben. Dr. Westman (Koautor meines Buchs *Ketogene Ernährung für Einsteiger*) hat im Wartezimmer seiner Praxis ein Plakat aufgehängt mit der Aufschrift „Obst ist die Süßigkeit der Natur". Vielleicht sperren Sie sich im ersten Moment gegen diese Aussage, aber denken Sie mal über Folgendes nach: Der Konsum von Zucker in jeder Form zwingt Ihren Körper, Insulin ins Blut freizusetzen, um den gestiegenen Blutzuckerspiegel zu regulieren. Das bedeutet, das Insulin sorgt dafür, dass der Zucker in die Körperzellen gelangt, wodurch sich der Blutzuckerspiegel wieder normalisiert. Bei einem gesunden Menschen läuft dieser Prozess reibungslos ab und beeinträchtigt in keiner Weise die Gesundheit. Daher können Menschen mit einem gesunden Stoffwechsel in der Regel problemlos Obst verzehren.

So weit, so gut. Aber was passiert, wenn jemand aufgrund des jahrelangen Verzehrs von stark bearbeiteten Kohlenhydraten insulinresistent geworden ist? In dem Fall kann die Bauchspeicheldrüse zwar noch genügend Insulin bilden, um mit den Kohlenhydraten fertigzuwerden – aber dies geschieht viel zu langsam. Demzufolge bleibt der gestiegene Blutzuckerspiegel viel zu lange auf einem hohen Niveau. Mit der Zeit kann sich aus der Insulinresistenz der Diabetes Typ 2 entwickeln. Aus diesem Grund ist es für insulinresistente Menschen so wichtig, den Zuckerkonsum zu reduzieren. Für sie ist die ketogene Ernährung der beste Weg, ihre Insulinresistenz in den Griff zu bekommen.

Neben natürlichem Zucker zählen auch Ballaststoffe und Vitamine zu den durchaus wahren Argumenten, warum Obst gesund ist. Das ändert aber nichts an der Tatsache, dass es für den Körper der meisten insulinresistenten Menschen egal ist, woher der Zucker stammt. Er macht keinen Unterschied zwischen dem Zucker in einer Cola (39 Gramm pro 350 Milliliter) oder in einer mittelgroßen Banane (rund 30 Gramm Kohlenhydrate, der größte Teil davon Zucker). Ein mittelgroßer Apfel enthält fast 20 Gramm Kohlenhydrate, wobei Zucker den größten Teil einnimmt, und eine Handvoll (um die 50 Gramm) Rosinen bringt 25 Gramm Kohlenhydrate mit sich. Viele Eltern glauben, für ihre Kinder seien Äpfel oder Rosinen ein gesunder Snack.

Viele Menschen halten auch Fruchtsäfte für gesund. Welch ein Irrtum, sie sind noch ungesünder als ganze Früchte! Bei der Saftherstellung werden in der Regel die Ballaststoffe der Früchte vom Saft getrennt. Daher gelangt der im Saft enthaltene Zucker sehr schnell in den Blutstrom und lässt den Blutzuckerspiegel in die Höhe schießen – ein Glas (250 Milliliter) Fruchtsaft enthält 25 Gramm Kohlenhydrate. Und wir sprechen hier nur von den reinen Fruchtsäften ohne Zuckerzusatz. Kaum ein im Handel erhältlicher Fruchtsaft kommt ohne den Zusatz von irgendeinem Zucker aus. Viele der beliebten sogenannten Fruchtsaftgetränke enthalten dagegen sehr wenig Frucht, aber Massen an Zucker, in manchen steckt mehr Zucker als in Cola – damit tun Sie sich und Ihren Kindern wahrhaft nichts Gutes.

Unterm Strich: Sofern Sie gesund sind und der Kohlenhydratgehalt der Früchte Ihren Blutzuckerspiegel nicht beeinträchtigt, können Sie weiterhin Obst essen. Bedauerlicherweise muss man vielen Menschen davon abraten, weil eine jahrelange falsche Ernährung mit Fastfood und Ähnlichem ihre Gesundheit angegriffen hat. Ihr Körper hat seine gesunden Reaktionen auf Kohlenhydrate verloren, sodass er selbst auf so natürliche Nahrung wie Obst sofort negativ reagiert. So oder so, in der ketogenen Ernährung haben Sie in keinem Fall einen Freibrief für alle Obst- und Gemüsesorten.

Wie Sie nun sicher erkennen, machen es sich herkömmliche Gesundheitsexperten sehr leicht. Mit dem pauschalen Appell „Esst Obst und Gemüse" raten sie den Leuten zu einer nährstoffreicheren Ernährung, ohne eine qualifizierte Stellungnahme abzugeben, was genau sie damit meinen. Da Ihre Vorstellung vom allein seligmachenden Obst und Gemüse nun gewiss ein wenig getrübt ist, stellt sich die Frage: Welche Nahrungsmittel sind denn nun wirklich nährstoffreich – und warum? Gute Frage.

DIE WAHRE NÄHRSTOFFREICHE NAHRUNG

Welche Nahrungsmittel sind wirklich nährstoffreich? Eine beeindruckende Antwort auf diese Frage hat Dr. Mathieu Lalonde, Biochemiker an der Harvard University, in einem Vortrag über die Nährstoffdichte als lebensnotwendige Grundlage auf dem *Ancestral Health Symposium 2012* gegeben (den vollständigen Vortrag „Nutrient Density: Sticking to the Essentials" können Sie sich auf Englisch auf YouTube unter http://you-tu.be/HwbY12qZcF4 ansehen). Lalonde stellte unter anderem die Nährstoffdichte verschiedener Nahrungsmittel dar, das heißt, wie viele Vitamine, Mineralstoffe und andere lebenswichtige Nährstoffe in dem jeweiligen Nahrungsmittel enthalten sind, und stellte eine Rangliste auf. Wenn man bedenkt, dass Ernährungs- und Gesundheitsexperten beharrlich behaupten, Obst und Gemüse seien die nährstoffreichsten Nahrungsmittel, sind Lalondes Ergebnisse sehr verblüffend:

RANGLISTE DER NÄHRSTOFFREICHSTEN NAHRUNGSMITTEL

1. Innereien und organische Öle
2. Kräuter und Gewürze
3. Nüsse und Samen
4. Kakao
5. Fisch und Meeresfrüchte
6. Schweinefleisch
7. Rindfleisch
8. Eier und Milchprodukte
9. Gemüse (roh, nicht zubereitet)
10. Lamm-, Kalb- und Wildfleisch
11. Geflügel
12. Hülsenfrüchte (roh oder gegart)
13. Verarbeitetes Fleisch (Schinken, Wurst usw.)
14. Gemüse (gegart, blanchiert, konserviert, eingelegt)
15. Pflanzliche Fette und Öle
16. Obst
17. Schwarte und Haxen von Tieren (z. B. Rind, Schwein)
18. Getreide und Pseudogetreide (gegart)
19. Raffinierte bzw. bearbeitete Fette und Öle
20. Tierische Fette und Öle
21. Getreide (konserviert)
22. Verarbeitete Früchte

Wie Sie sehen, nehmen Obst und Gemüse keineswegs einen der oberen Ränge ein. Nährstoffreicher als Gemüse sind Innereien und organische Öle, Kräuter und Gewürze, Nüsse und Samen, Kakao (der zur Herstellung von dunkler Schokolade verwendet wird), Fisch und Meeresfrüchte, Schweinefleisch, Rindfleisch sowie Eier und Milchprodukte. Erst dann kommt an neunter Stelle rohes Gemüse und noch weiter unten das Obst. Es ist kein Zufall, dass gegen Ende der Liste vieles steht, was heutzutage in zahllosen Haushalten zur Standardnahrung zählt. Auf den Spitzenplätzen dagegen finden sich die nahrhaften, ursprünglichen Nahrungsmittel, aus denen die Low-Carb/High-Fat-Gerichte der ketogenen Ernährung zubereitet werden (wie die Gerichte in diesem Kochbuch).

WORAUF ES BEI DEN MAKRONÄHRSTOFFEN ANKOMMT

Die Makronährstoffe sind Kohlenhydrate, Eiweiß und Fett. Eine gut gestaltete ketogene Ernährung zeichnet sich durch drei prinzipielle Kriterien aus: kohlenhydratarm, ein maßvoller Eiweißanteil und fettreich. Sämtliche Rezepte in diesem Buch erfüllen dieses Ernährungsprinzip, das Ihrem Körper hilft, nicht mehr hauptsächlich Zucker, sondern Fett zur Energiegewinnung zu verbrennen.

> **DER KETO-METER**
>
> Den Keto-Meter – ein Symbol mit drei Quadraten, unter dem „keto" steht –, finden Sie bei jedem Rezept dieses Buchs. Am ketogensten sind die Gerichte mit niedrigem Gehalt an Kohlenhydraten, moderatem Eiweißanteil und hohem Fettgehalt (drei mit Farbe gefüllte Quadrate). Diese Gerichte sollten Sie bevorzugen, wenn Sie Probleme haben, in die ernährungsbedingte Ketose zu gelangen.

GRUNDLAGEN DER KETOGENEN ERNÄHRUNG

Vielleicht haben Sie von Low-Carb-Diäten gehört, die sehr eiweißreich sind, doch der entscheidende Punkt für eine Low-Carb-Ernährung ist: Sie muss wirklich fettreich sein. Ihr Gehirn und andere Organe bestehen zu 60 Prozent aus Fett. So ist es einleuchtend, dass Sie mehr Fett benötigen, um Ihren Körper zu ernähren.

In der ketogenen Ernährung müssen Sie die Kohlenhydrate stark reduzieren und sehr viel mehr Fett verzehren. Und wie viel Eiweiß? Gute Frage. Am besten begrenzen Sie diesen Makronährstoff auf das Mindestmaß Ihres persönlichen Eiweißbedarfs (darüber erfahren Sie gleich mehr). Vielleicht benötigen Sie weniger Eiweiß, als Sie denken. Da sich überschüssiges Eiweiß in Glukose verwandelt, darf die Eiweißzufuhr nicht zu hoch sein, anderenfalls kann daraus aus zwei Gründen ein Problem entstehen: Wenn Sie in Ketose sind und Fett zur Energiegewinnung verbrennen, ist die Glukoseproduktion kontraproduktiv. Falls Sie insulinresistent sind und auf Kohlenhydrate empfindlich reagieren, werden logischerweise auch bei der aus überschüssigem Eiweiß gewonnenen Glukose die entsprechenden Reaktionen nicht ausbleiben. Verzehren Sie also nicht Hühnerbrust und Proteinpulver, sondern wählen Sie die fetteren Fleischstücke, um Ihre Eiweißzufuhr moderat zu halten und in der ernährungsbedingten Ketose zu bleiben.

Kein Mensch gleicht dem anderen, deshalb ist es unmöglich, genaue Werte für das Verhältnis von Fett, Eiweiß und Kohlenhydraten anzugeben, um in Ketose zu gelangen. Es gibt jedoch Durchschnittswerte, die eine Orientierung bieten (siehe Kasten).

Sie müssen Ihr individuelles Verhältnis der Makronährstoffe finden, um in Ketose zu kommen. Für mich (Jimmy) sind das 80 Prozent Fett, 15 Prozent Eiweiß und 5 Prozent Kohlenhydrate. Für meine Frau sind es 60 Prozent Fett, 25 Prozent Eiweiß und 15 Prozent Kohlenhydrate. Und auf diesem Niveau produzieren wir in etwa die gleiche Menge an Ketonkörpern. Bei Maria beträgt das Verhältnis 70 bis 80 Prozent Fett, 15 bis 20 Prozent Eiweiß und 5 Prozent oder sogar weniger Kohlenhydrate. Wie Sie sehen, ist die Formel sehr individuell. Welches Verhältnis für Sie persönlich funktioniert, finden Sie heraus, indem Sie ein wenig experimentieren und zur Kontrolle die Ketonkörper in Ihrem Blut messen (siehe Seite 15).

> **Fett**: mindestens 60 Prozent, bis zu 85 Prozent (nicht vergessen, dies bezieht sich in erster Linie auf gesunde gesättigte und einfach ungesättigte Fette)
>
> **Eiweiß**: um 15 Prozent; bei Sportlern vielleicht 20 Prozent
>
> **Kohlenhydrate**: 0 bis 20 Prozent

Zu Berechnung des Verhältnisses der Makronährstoffe in Ihrer Ernährung bedarf es ein wenig Mathematik: Ein Gramm Fett hat 9 Kalorien, während ein Gramm Eiweiß und ein Gramm Kohlenhydrate je 4 Kalorien hat. Um das Verhältnis in einem Gericht zu kalkulieren, gehen Sie von dieser Grundgleichung aus: (9 × Anzahl der Gramme an Fett) + (4 × Anzahl der Gramme an Eiweiß) + (4 × Anzahl der Gramme an Kohlenhydrate) = Gesamtkalorien. Bei den Gerichten in diesem Buch machen wir es Ihnen einfacher, indem wir jeweils den Fett-, Eiweiß- und Kohlenhydratgehalt sowohl in Gramm als auch in Prozent angeben. Saucen und Beilagen beziehungsweise Belag sind mit eingerechnet. Ganz gleich ob Sie selbst rechnen oder den Rezepten folgen, die Ketonkörper in Ihrem Blut müssen Sie immer messen, um sicherzugehen, dass das Verhältnis der Makronährstoffe für Sie persönlich passt.

Es ist wichtig, die ketogene Ernährung in der richtigen Weise auszuführen und natürliche Nahrungsmittel als Grundlage zu verwenden. Viele im Handel angepriesene Low-Carb-Produkte sind alles andere als kohlenhydratarm. Im nächsten Kapitel geht es um die Nahrungsmittel, die für eine ketogene Ernährung richtig sind, Ihnen zur bestmöglichen Gesundheit verhelfen und Sie in eine ernährungsbedingte Ketose versetzen.

Keto und Paläo – ein himmlisches Paar

Essen Sie nichts,
was Ihre Urgroßmutter nicht als Essen erkannt hätte.

Michael Pollan

Beim Googeln des Stichworts „ketogene Ernährung" ist die Anzahl der Treffer enorm hoch. Übertroffen wird sie jedoch von einem anderen Begriff: Paläo-Ernährung. Vielleicht kennen Sie den Begriff bereits. Zahlreiche Bücher, zum Beispiel der Bestseller von Diane Sanfilippo *Das große Buch der Paläo-Ernährung*, und Zeitschriftenartikel sowie Fernsehsendungen widmen sich dieser Ernährungsform, die auch als Steinzeiternährung bezeichnet wird. Im Hinblick auf die ketogene Ernährung, also für unsere Zwecke, stehen die Paläo-Nahrungsmittel im Vordergrund, das heißt die natürlichen, ursprünglichen Nahrungsmittel, die unsere Vorfahren als Nahrung erkennen würden (könnten sie sich in unsere Zeit beamen). Man muss aber noch nicht mal so weit zurückgehen wie in die Altsteinzeit, bis zur Urgroßmutter reicht schon. In seinem Buch *Lebens-Mittel. Eine Verteidigung gegen die industrielle Nahrung und den Diätenwahn* bringt es der Journalist und Food-Spezialist Michael Pollan auf den Punkt, indem er sagt: „Essen Sie nichts, was Ihre Urgroßmutter nicht als Essen erkannt hätte." Stellen Sie sich Ihre Urgroßmutter beim Lebensmitteleinkauf im 21. Jahrhundert vor. Würde sie all die industriell be- und verarbeiteten Lebensmittel als Nahrung erkennen? Fertiggerichte? Die Unzahl an Snacks, Müslis und Softgetränken? Alles vollgeladen mit Zucker, Stärke und versteckten Pflanzenölen, von den Nahrungsmittelzusätzen ganz zu schweigen. Mit Sicherheit stünde Ihre Urgroßmutter ziemlich hilflos vor den Regalen. Was kannte sie zu ihrer Zeit? Nichts als natürliche, ursprüngliche Nahrung wie fettes Fleisch von Rindern, die auf Weiden grasten und nicht auf mager gezüchtet wurden. Wild, für das viele unserer Urgroßväter selbst auf die Jagd gingen. Eier von Hühnern, die frei auf dem Hofgelände herumliefen und die Sonne spürten. Fische aus natürlichen Gewässern und nicht aus Aquakulturen. Natürliche Fette wie Butter und Schweineschmalz. Wild wachsendes, selbst gesammeltes Gemüse sowie vielleicht Gemüse, Samen und Nüsse aus dem eigenen Garten. Von dieser

---

Lieber Jimmy,

ich bin hellauf begeistert, dass ich zufällig Ihre Geschichte und die ketogene Lebensweise entdeckt habe. Ich bin eine 58-jährige Frau, die alle erdenklichen Diäten durchgemacht hat. Bei der ersten Diät war ich erst elf Jahre alt. Glauben Sie mir, die ketogene Ernährung ist die einfachste von allen. Zwischen Thanksgiving und Neujahr habe ich dieses Jahr fünf Kilogramm abgenommen. So was habe ich noch nie erlebt, denn bisher haben mir die Feiertage immer eine Gewichtszunahme von mindestens zwei Kilogramm beschert.

Insgesamt habe ich bis jetzt 35 Kilogramm abgenommen, 23 ungefähr stehen noch an. Doch nun sehe ich Licht am Ende des Tunnels und bin mir sicher, dass ich mich bis zum Ende meines Lebens ketogen ernähren kann. Mein hoher Blutdruck ist auf den Normalwert gesunken, meine Gelenke tun nicht mehr weh und ich kann wieder Treppen steigen, ohne zwischendurch verschnaufen zu müssen – kurzum: Ich fühle mich wie eine Dreißigjährige. Sie, lieber Jimmy, haben mir mein Leben zurückgegeben. Und ich kann nur eines sagen: danke, danke, danke!

Mit besten Grüßen
Deborah Saddler
Hartford, Ohio

reinen Form der Nahrung haben wir uns so weit entfernt, dass wir Begriffe wie „natürlich", „ursprünglich" oder gar „echt" verwenden müssen, wenn wir über sie sprechen. Das ist doch verrückt!

Den Prinzipien der Paläo-Ernährung können Sie folgen, auch wenn Sie sich weder ketogen noch kohlenhydratarm ernähren wollen – und umgekehrt. Doch die Verbindung von Paläo- und ketogener Ernährung ergibt buchstäblich ein himmlisches Paar und ist ein wahrer Segen für Ihre gesamte Gesundheit.

Diabetes Typ 2, Prädiabetes, dauerhaft erhöhter Blutzucker und Übergewicht oder Adipositas sind Anzeichen für eine Insulinresistenz und geben Betroffenen mehr als einen gewichtigen Anlass, ihren Kohlenhydratkonsum zu reduzieren. Diese Gesundheitsstörungen machen es einem unmöglich, selbst auf Kohlenhydrate aus natürlichen Nahrungsmitteln wie eine gesunde Person zu reagieren. Die ketogene Ernährung bietet Ihnen diese Chance, weil sie die meisten Kohlenhydrate aus Ihrer Nahrung verbannt, aber dennoch genügend gesunde Kohlenhydrate liefert. Das Fett macht Sie satt und bewahrt Sie vor Hungergefühlen. Menschen mit Adipositas, Diabetes, Insulinresistenz oder anderen chronischen Krankheiten fahren am besten, wenn sie einer ketogenen Ernährung folgen, die mit den Grundprinzipien der Paläo-Ernährung in Einklang ist. Unabhängig davon ist Letztere ohnehin jedermann zu empfehlen, denn sie ist auf die Körperfunktionen des Menschen abgestimmt.

Die Ernährung unserer altsteinzeitlichen Vorfahren basierte auf Fisch, allen Teilen der erjagten Tiere, Eier, Obst, Gemüse, Nüssen und Samen. Hinzu kam eine andere wesentliche Energiequelle, die unsere Vorfahren bei Nahrungsmangel rettete oder wenn sie nach einer erfolgreichen Jagd große Mengen an tierischem Fett verzehrten. Raten Sie mal, was ihnen in jenen Zeiten Kraft und Energie gab! Richtig, die Ketonkörper oder kurz gesagt: die Ketone. Unsere altsteinzeitlichen Vorfahren verbrachten die meiste Zeit in Ketose, und das versorgte sie mit Energie beim Jagen, bei Nahrungsmangel und nach dem Verzehr einer großen kohlenhydratarmen, fettreichen Mahlzeit. Damals wusste natürlich noch kein Mensch etwas von Ketonen, aber sie waren definitiv die Energiequelle.

Die traditionelle Nahrung der Inuit ähnelt stark der Kombination aus Paläo- und ketogener Ernährung. In ihrer von Frost und Eis geprägten arktischen Heimat gedeihen naturgemäß kaum Pflanzen, daher ernähren sich die Inuit traditionell von Fisch, Walfischspeck und anderer tierischer Nahrung. Trotz des Mangels an Kohlenhydraten beeinträchtigt diese Nahrung nicht ihre Gesundheit. Im Gegenteil, die Inuit haben eine robuste Gesundheit, sind voller Energie und in der Lage, längere Zeit ohne Nahrung auszukommen.

Die ernährungsbedingte Ketose – hervorgerufen durch eingeschränkten Kohlenhydratkonsum, maßvolle Eiweißzufuhr und eine erhöhte Zufuhr von gesättigten und einfach ungesättigten Fetten – bringt Ihrem Körper eine lange Liste an gesundheitlichen Vorteilen. Und die Kombination aus Paläo- und ketogener Ernährung ermöglicht Ihnen den Verzehr von natürlichen, gesunden und sättigenden Nahrungsmitteln, mit denen es Ihnen gutgeht – vielleicht das erste Mal in Ihrem Leben. Die eine bedarf nicht unbedingt der anderen Ernährungsform, doch in der Kombination gewinnen Sie die größtmöglichen Vorteile.

Unter den Paläo-Anhängern sind einige unterschiedlicher Meinung, was die ketogene Ernährung betrifft. Eine kleine Gruppe bekannter Blogger, Podcaster und Autoren sind sogenannte *Makronährstoff-Skeptiker*, das heißt, sie machen sich keine Gedanken über das Verhältnis von Fett, Eiweiß und Kohlenhydraten in ihrer Nahrung. Sie stehen auf dem Standpunkt, das sei nicht ausschlaggebend. Solange sie ausschließlich natürliche, ursprüngliche Nahrungsmittel verzehren und nicht die durch industrielle Ver- oder Bearbeitung verfälschten Produkte, sehen sie sich auf dem richtigen Weg. Und sie meinen: Wenn sie kohlenhydratreiche Nahrungsmittel wie Kartoffeln oder Früchte nur in ihrer natürlichen Form verzehren oder verwenden, also nicht industriell bearbeitet, haben sie absolut keine nachteiligen Folgen für ihre Gesundheit, zum Beispiel in Bezug auf Diabetes, Adipositas oder Alzheimer-Krankheit. Manche empfehlen den täglichen Konsum von bis zu 75 Gramm stärke- und zuckerhaltigen Kohlenhydraten aus Vollwertprodukten. Mit den Kohlenhydraten aus nicht stärkehaltigen Gemüsesorten kommen sie auf mehr als 100 Gramm Kohlenhydrate pro Tag. Bei diesem Kohlenhydratkonsum ist es für die überwiegende Mehrheit der Menschen mit Gewichtsproblemen oder insulinresistenzbedingten Gesundheitsstörungen unmöglich, in die ernährungsbedingte Ketose zu gelangen.

Viele Kritiker der ketogenen Ernährung räumen jedoch ein, dass Ketone bei bestimmten Krankheiten helfen können. Es ist bewiesen, dass sich Epilepsie sowie die Alzheimer- und die Parkinson-Krankheit bessern, wenn man den Ketonspiegel im Blut erhöht. Manche der Keto-Skeptiker schlagen deshalb vor, weiterhin viele Kohlenhydrate zu verzehren, aber gleichzeitig in sehr hohem Maße mittelkettige Triglyceride (MCT-Fette) zu sich zu nehmen. Sie sind in MCT-Öl und Kokosnussprodukten enthalten, die allesamt den Ketonspiegel im Blut für ein paar Stunden künstlich erhöhen können. Das heißt, um in Ketose zu bleiben, muss man seinem Körper alle paar Stunden MCT-Fette zuführen. Diese Zusätze treiben zwar die Ketonproduktion in die Höhe, aber eine übermäßige MCT-Zufuhr führt zu erheblichen Magenbeschwerden und Sodbrennen. Dies ist kein natürlicher Weg zur Ketonproduktion und hat mit der ketogenen Ernährung, wie wir sie in diesem Buch definieren, nichts zu tun.

Die Paläo-Gurus, die diese „Keton-Strategie" empfehlen, treibt die Sorge, dass die Reduzierung von Kohlenhydraten ungesund ist. Doch diese Befürchtung ist ein Lärm um nichts. Ich habe Hunderte Ärzte und Ernährungsexperten befragt, die tagtäglich den ketogenen Ansatz bei ihren Patienten praktizieren. Von negativen Auswirkungen auf deren Gesundheit konnte keiner berichten. Es gibt keine wissenschaftliche Studie, die gesundheitliche Beeinträchtigungen aufgrund einer ketogenen Ernährung mit angemessener Kalorienzufuhr zeigt. Im Gegenteil, die Studien führen vor Augen, dass diese Ernährungsform unglaublich wirksam ist bei der Behandlung von Gesundheitsproblemen. Die genannten Irrtümer und Fehleinschätzungen halten sich bedauerlicherweise beharrlich und hindern viele Menschen daran, den überaus großen Nutzen aus dem Paar „Keto und Paläo" kennenzulernen.

Fakt ist: Viele an der Paläo-Ernährung interessierte Menschen haben Übergewicht und/oder gesundheitliche Probleme. Sie könnten sowohl von der ernährungsbedingten Ketose als auch von der natürlichen, vollwertigen Paläo-Nahrung profitieren.

Eine ernährungsbedingte Ketose anzustreben, um Ihre Gesundheit zu verbessern, ist die eine Sache. Andererseits stellt sich die Frage: Wie sieht eine ketogene Ernährung in der Praxis aus? Jede gesunde Ernährung sollte Sie nicht nur zu einem beschwerdefreien Körper, sondern auch zu einem köstlichen, sättigenden Essen führen. Deshalb erklären wir im nachfolgenden Kapitel, warum das Kochen ein unerlässlicher Bestandteil für Ihren „Keto-Erfolg" ist.

Kochen auf Keto-Art

Man sollte essen, um zu leben und nicht leben, um zu essen.

Benjamin Franklin

Ein Mensch kann ohne Wasser nur wenige Tage überleben, ohne Nahrung jedoch mehrere Wochen oder sogar Monate – eine bekannte Tatsache. Genauso bekannt sind letztlich die Fakten, was unsere Ernährung bezwecken sollte: unseren Körper ernähren, uns Energie verleihen und uns gesund erhalten. Deshalb müssen wir mit Bedacht und zielgerichtet entscheiden, was wir uns in den Mund schieben, egal welcher Ernährungsform wir folgen.

Heutzutage haben viele Menschen die Kunst des Kochens verloren. Meterlange Regale voller Fertiggerichte in den Supermärkten, Lieferservices, Fastfood-Restaurants und Bistros in Hülle und Fülle ersparen es einem, sich selbst an den Herd zu stellen. Im übertragenen Sinn sind wir in weiten Teilen eine Wisch-und-weg-Gesellschaft geworden – einpacken und ab in den Magen. Auf die Qualität der Nahrung achten sehr, sehr viele Menschen nicht. Dieses Verhalten erklärt vielleicht auch, warum sich Adipositas, Diabetes und andere chronische Erkrankungen geradezu epidemieartig ausgebreitet haben.

Eines der Anliegen dieses Kochbuchs ist es, Sie für die Kunst des Kochens zu begeistern, und zwar in der Art, wie Sie Ihre Urgroßmutter vor noch gar nicht so langer Zeit beherrschte. Auch wenn jetzt in Ihrem Kopf die Bilder einer unordentlichen Küche übersät mit benutzten Töpfen und Pfannen auftauchen, ist Kochen einfacher, als Sie vielleicht denken.

Teil des Problems der modernen Ernährung ist die Nahrung an sich oder besser gesagt: die nahrungsähnlichen Produkte. Die Läden quellen über vor stark industriell bearbeiteten Produkten mit entzündungsfördernden Kohlenhydraten und Pflanzenölen. Richtig satt machen die wenigsten. Schon während oder kurz nach dem Frühstück denken wir übers Mittagessen nach. Und kaum ist das Mittagessen in unserem Magen gelandet, kreisen unsere Gedanken ums Abendessen. Hinzu kommen die unzähligen Snacks schnell mal zwischendurch. Unterm Strich führt dies alles dazu, dass wir vollkommen das Gespür dafür verlieren, was unser Körper braucht, um sich wirklich gesättigt, befriedigt und wohlzufühlen. Wir stürzen nicht unsere Küche, sondern unseren Körper in ein wahres Chaos, gegen das er sich früher oder später mit gesundheitlichen Beschwerden wehrt. Eine ketogene Ernährung führt Ihren Körper, sprich:

Lieber Jimmy,

danke, dass Sie mein Leben und das meines Ehemannes verändert haben. Dank der ketogenen Ernährung komme ich mit meinem Prädiabetes gut zurecht. Mein Blutzuckerwert lag heute Morgen im normalen Bereich und mein Ketonwert war bei 3,9 mmol. Gestern habe ich Zucchini bolognese, Kohl, ein fettes Lammkotelett und drei Eier gegessen. Ich fuhr acht Stunden mit dem Auto, bin eine ganze Stunde geschwommen und war bis obenhin vollgeladen mit Energie. Danach habe ich bestens geschlafen und nun bin ich wieder bereit für den neuen Tag :-).

Mein Mann hat 11 kg abgenommen und wiegt nun 68 kg. Er kann sich nicht erinnern, jemals so wenig gewogen zu haben. Er ist 65 und ich bin fast 60 Jahre alt. Wir sind glücklich, dass wir unsere Gesundheit im Griff haben. Dank Ihnen!

Anne-Marie Barbour
Canberra, Australien

Sie selbst, auf ein normales Gefühl der Sättigung und Befriedigung zurück.

Niemand hätte damit gerechnet, dass der Trend zum Convenience-Food (wörtlich: bequemes Essen) einmal derart ausufert, da unser Körper einfach nicht dafür geschaffen ist, sich auf diese Art zu ernähren. Doch schon als das erste Nudelfertiggericht, Ravioli mit Tomatensauce in der Dose, Ende der 1950er-Jahre in Deutschland auf den Markt kam, wurde es ein Renner. Aus den unterschiedlichsten Gründen war der Siegeszug der mehr oder weniger industriell vorbereiteten Gerichte und Nahrungsmittel nicht mehr aufzuhalten. Im Lauf der Jahrzehnte entfernten sich in vielen Ländern Millionen und Abermillionen Menschen immer weiter von den natürlichen Nahrungsmitteln und der guten alten Art unserer Urgroßmütter zu kochen. Begleitet von einem rasanten Anstieg von Übergewicht bis hin zur Adipositas und den unterschiedlichsten Krankheiten.

Natürlich genießt es jeder, ab und zu mal auswärts essen zu gehen. Das ist auch nicht das Problem, sondern dass viel zu viele Menschen schon zum Frühstücken auf dem Weg zur Arbeit ein Fastfood-Restaurant ansteuern. Häufig stammt dann auch noch das Mittagessen aus der gleichen Quelle. Auf dem Heimweg geht es zum Supermarkt, wo irgendein Fertiggericht im Einkaufswagen landet. Kommt Ihnen das bekannt vor? Mit Sicherheit, schließlich hat es jeder schon mal gesehen – oder selbst getan. Solange solche Ausflüge in die nicht gerade beste Esskultur aller Zeiten nur ab und zu vorkommen, haben sie in der Regel keine langfristigen Konsequenzen. Wird es jedoch zur täglichen Routine, können sich die negativen gesundheitlichen Auswirkungen ziemlich schnell zeigen.

Der traurigste Teil der Geschichte über das heutige Essverhalten ist der häufige Verzicht auf die „Lektüre" der Horrorshow namens Zutatenliste. Damit blenden wir aus, was in den Lebensmitteln tatsächlich alles drinsteckt. Unzählige Fertiggerichte oder andere vorgefertigte Produkte enthalten industriell stark bearbeitete Versionen von Zucker, Getreide, Mais und Pflanzenöl oder irgendwelche Zusatzstoffe, die Ihre Gesundheit beeinträchtigen können. Viele Menschen interessieren sich immerhin noch für den Fettgehalt und sind zufrieden, wenn er möglichst gering ist, ohne darüber nachzudenken, ob nicht Kohlenhydrate oder andere nicht wünschenswerte Stoffe das Fett ersetzen. Fettarm bedeutet noch lange nicht, dass das Produkt für jeden gesund ist und man damit das Beste für den eigenen Körper tut.

Allein schon die immer wieder zu Unrecht geschürte Angst vor Fett und das ausgeuferte Anpreisen von Fertignahrung sind eigentlich Grund genug, den Kochlöffel wieder selber zu schwingen. Doch viel zu viele Menschen schrecken davor zurück, ohne vorgefertigte Produkte zu kochen. Was vor gerade mal zwei Generationen noch selbstverständlich war, trauen sich die Frauen heute nicht mehr zu. Das heißt, sie fühlen sich nicht gut genug gerüstet, für sich oder die ganze Familie köstliche, nährstoffreiche Gerichte aus natürlichen Nahrungsmitteln zu kochen. Keine Sorge, dieses Buch wird Ihnen dabei helfen, mit gesunden Gerichten frischen Wind in Ihre Mahlzeiten zu bringen. Sie werden sehen, diese köstliche Kost wird Ihnen und Ihrer ganzen Familie richtig gut schmecken!

Doch was wird eigentlich in der ketogenen Ernährung gegessen? Sowohl per E-Mail als auch in den sozialen Medien wird mir diese Frage häufig gestellt und immer wieder bringt sie mich zum Lachen. Mit leicht ironischem, aber beruhigendem Unterton antworte ich meistens ungefähr so: „Es ist dieser geheimnisvolle Stoff, der sich natürliche Nahrung nennt." Für viele Menschen klingt das nach etwas Außerirdischem, schließlich sind sie es doch gewohnt, ein paar Minuten vor dem Essen einfach eine Packung aufzureißen, den Inhalt zu erwärmen und verbranntes Speiseöl zu riechen oder zu schmecken. Selber kochen? Wie soll das gehen? Insbesondere für jene Menschen mit den Fragezeichen in den Augen ist ein Kochbuch wie dieses für die richtige Handhabung der ketogenen Ernährung unbedingt nötig. Ob Kochkünstler oder nicht, auf jeden Fall lernen Sie Rezepte kennen, die Ihnen vermitteln, was typisch für „Keto-Essen" ist.

Kommen wir nun im Detail zu den natürlichen Nahrungsmitteln der Keto-Küche. Die Liste ist länger, als Sie vielleicht denken. Bedenken Sie dabei aber immer, dass nicht jedes Nahrungsmittel bei jedem Menschen gleichermaßen gut funktioniert, um in Ketose zu gelangen. Wie bereits gesagt, müssen Sie Ihren persönlichen Kohlenhydrat- und Eiweißbedarf austesten (siehe Seite 31) und ihren Ketonspiegel messen (siehe Seite 15), um sicherzustellen, dass Sie in Ketose sind. Für die Sättigung verzehren Sie bevorzugt gesättigte und einfach ungesättigte Fette. Die nachfolgenden Listen – geordnet nach den Makronährstoffen Kohlenhydrate, Fette und Eiweiß – zeigen Ihnen, welche leckeren Nahrungsmittel auf Ihren Einkaufszettel gehören, um wahrhaft außergewöhnliche Mahlzeiten auf den Tisch zu bringen.

KOHLENHYDRATE

- Artischocken
- Auberginen
- Blumenkohl
- Brokkoli
- Brombeeren
- Brunnenkresse
- Cranberrys
- Erdbeeren
- Frühlingszwiebeln
- Grüne Bohnen
- Grünkohl
- Gurken
- Heidelbeeren
- Himbeeren
- Kaiserschoten
- Knoblauch
- Knollensellerie
- Kohl
- Kopfsalat
- Kürbis
- Limetten
- Okra
- Pak Choi
- Paprika
- Petersilie
- Pilze
- Porree
- Radicchio
- Rettich
- Rhabarber
- Rosenkohl
- Rucola
- Schalotten
- Sommerkürbis
- Spaghettikürbis
- Spargel
- Spinat
- Tomaten
- Wachsbohnen
- Yambohnen
- Zichorie (Wegwarte)
- Zitronen
- Zucchini
- Zwiebeln

GESUNDE FETTE

- Avocado
- Avocadoöl
- Blauschimmelkäse
- Butter, ungesalzen
- Chiasamen
- Crème double
- Fischöl
- Frischkäse
- Ghee
- Griechischer Joghurt
- Hühnerfett
- Käse (z. B. Cheddar, Feta, Mozzarella, Provolone, Ricotta, Schweizer Käse)
- Kokoscreme
- Kokosmilch, ungesüßt
- Kokosnuss
- Kokosöl
- Macadamianüsse
- Macadamiaöl
- Mandelbutter
- Mandelmilch, ungesüßt
- Mandeln
- Mandelöl
- Mayonnaise
- Olivenöl
- Paranüsse
- Pecannüsse
- Pilinüsse
- Pistazien
- Rindertalg
- Sauerrahm
- Schlagsahne
- Schokolade, dunkel, 80–100 % Kakaoanteil
- Schweineschmalz
- Sonnenblumenkerne
- Walnüsse

PROTEINE

- Bratwurst
- Eier
- Ente
- Fasan
- Fisch (Barsch, Flunder, Forelle, Heilbutt, Karpfen, Lachs, Makrele, Thunfisch, Sardinen)
- Frühstücksspeck (Bacon, durchwachsener Bauchspeck)
- Gans
- Hackfleisch (nicht mager)
- Hühnerfleisch, mit Haut, bevorzugt die dunkleren Fleischteile)
- Kalbfleisch
- Krakauer
- Meeresfrüchte (Austern, Garnelen, Krabben, Krebsfleisch, Muscheln aller Art)
- Rindfleisch
- Salami
- Schinken
- Schweinefleisch
- Schweinekoteletts
- Schweinerippen
- Schweineschwarte
- Trockenfleisch
- Truthahn (bevorzugt die dunkleren Fleischteile)
- Wachteln
- Würstchen (Wiener, Frankfurter, Bockwurst usw.)
- Zervelatwurst
- Zwerchrippe

Wie Sie sehen, haben Sie eine große Auswahl an köstlichen Nahrungsmitteln, um Ihre ketogene Ernährung zu genießen. Es ist reine Übungssache, daraus abwechslungsreiche Gerichte zu kreieren, auf die Sie sich Tag für Tag freuen. Ihre Küche bekommt eine ganz neue, magische Anziehungskraft. Dieses Kochbuch dient dazu, Ihre Lust aufs Kochen zu steigern, damit Sie Spaß daran haben, spektakuläre Gerichte zu zaubern, die Ihren Gaumen kitzeln, während Sie Ihren Körper mit der Nahrung versorgen, die er braucht und die Sie für eine optimale Gesundheit benötigen.

Im Grunde genommen ist doch alles ganz einfach. Die üppige Nahrung – wie die genussvollen Gerichte in diesem Buch – macht die ketogene Ernährung so begehrenswert. Wir hoffen, Sie haben Lust auf unsere köstlichen Rezepte bekommen und Ihnen läuft jetzt schon das Wasser im Mund zusammen. Um Sie perfekt zu rüsten, erfahren Sie auf den folgenden Seiten, welche speziellen Zutaten in der Keto-Küche eine Rolle spielen.

Spezielle Zutaten

Um perfekt ketogen zu kochen, sind einige Zutaten nötig, die Ihnen vielleicht noch nicht so vertraut sind. In diesem Kapitel erfahren Sie, welche das sind und warum sie wichtig sind. Nicht alle werden Sie im Lebensmittelladen um die Ecke bekommen, doch in der Regel werden Sie in großen, sehr gut sortierten Supermärkten, in Reformhäusern sowie Bio- und Asialäden fündig. Wenn Sie im Internet einkaufen, achten Sie auf den Sitz des Onlineshops. Wird Ihnen ein Produkt aus dem Ausland zugeschickt, können die Versandkosten sehr hoch sein.

ALOE VERA

Ich mische gerne etwas Aloe-vera-Saftkonzentrat als Nahrungsergänzungsmittel in meine Shakes. Für ihre heilsame Wirkung bei äußerlicher Anwendung, zum Beispiel zur Versorgung kleiner Wunden, ist Aloe vera weithin bekannt. Aber auch innerlich angewendet kann sie Abhilfe schaffen, zum Beispiel bei Sodbrennen. Wenn durch den aufsteigenden Magensaft die Schleimhaut der Speiseröhre angegriffen ist, kommt es häufig zu Schluckbeschwerden, selbst wenn das Sodbrennen bereits abgeklungen ist. Der Extrakt dieser Pflanze überzieht die Speiseröhrenwand mit einer Art Schutzschicht und kann so Linderung bringen. Eine gute Einkaufsquelle für Aloe-vera-Saft und -Extrakt in der erforderlichen hohen Qualität sind Reformhäuser.

BUTTER, UNGESALZEN

Verwenden Sie nur ungesalzene Butter, damit Sie die für ein Gericht verwendete Salzmenge kontrollieren können. Sie eignet sich auch besser für das Braten von Gemüse. Salz entzieht dem Gemüse Wasser, sodass es mehr dünstet als brät. Mit ungesalzener Butter wird das Gemüse knuspriger.

KAKAOBUTTER

Kakaobutter wird durch Erhitzen und Pressen von Kakaobohnen gewonnen. Ihr angenehmer Geruch erinnert an den Duft von dunkler Schokolade. Sie ist reich an Antioxidantien und hält sich bis zu drei Jahre.

Ich verwende Kakaobutter sehr gerne für die Herstellung zuckerfreier Schoko-Riegel oder anderer Leckereien. Man kann sie pur essen oder ein wenig natürliches Süßungsmittel, zum Beispiel Stevia, untermischen. Zum Schmelzen braucht Kakaobutter länger als Butter oder andere Fette, sie lässt sich aber besser als die meisten Schokoladenarten erhitzen, da sich ihre Bestandteile nicht trennen.

COCONUT AMINOS

Coconut aminos ist eine Würzsauce und ein hervorragender Ersatz für Sojasauce. Für industriell hergestellte Sojasaucen werden vielfach genetisch modifizierte Sojabohnen verwendet und andere Verfahren ersetzen die langwierige traditionelle Fermentierung. Nicht fermentierte Sojabohnen enthalten Stoffe, die den Östrogenhaushalt des Körpers beeinträchtigen können. Besser ist es deshalb, diese Sojasaucen zu meiden.

Geschmacklich ähnelt die Coconut aminos genannte Würzsauce der auf traditionelle Weise produzierten Sojasauce. Sie wird aus dem rohen Baumsaft der Kokospalme und sonnengetrocknetem Meersalz hergestellt und reift auf natürliche Weise. Zu ihren wertvollen Inhaltsstoffen zählen 17 Aminosäuren („aminos"), Mineralstoffe sowie Vitamin C und B.

Ich verwende Coconut aminos für Dressings, Marinaden und Saucen oder serviere es zu reisfreiem Sushi (siehe Seite 102 und 250). Erhältlich ist diese Würzsauce in gut sortierten Bioläden und Reformhäusern oder im Internet.

KOKOSESSIG

Kokosessig enthält mehr Vitamine und Mineralstoffe als andere Essigsorten und ist eine ausgezeichnete Quelle für Oligofruktose, ein Präbiotikum, das die Verdauung fördert. Der köstliche Essig hat keinen Kokosgeschmack und eignet sich hervorragend für Dressings und Marinaden. Er kann auch anstelle von Apfelweinessig für die Hautpflege verwendet werden.

SPEZIELLE ZUTATEN

EXTRAKTE UND AROMEN

Um Gerichte geschmacklich anzureichern, ohne das Verhältnis von Fett, Eiweiß und Kohlenhydraten zu verändern, verwende ich gerne Extrakte und Aromen, das reicht von Vanillemark über Mandelextrakt und Kahlúa (mexikanischer Kaffeelikör) bis hin zu Apfel-, Pfefferminz- und Kirschextrakt sowie etliche andere Aromen oder Extrakte. Obwohl der Unterschied eher vom Herstellungsverfahren abhängt, lässt sich grob sagen: Extrakte sind eine konzentriertere Form des Ausgangsprodukts als Aromen.

Eine andere Möglichkeit, Speisen zu aromatisieren, sind zum Verzehr geeignete Aromaöle, die noch konzentrierter sind als Extrakte. Wenn in einem Rezept ein Teelöffel eines Aromas oder Extrakts angegeben ist, entspricht das einigen wenigen Tropfen des entsprechenden Aromaöls. Achten Sie beim Kauf dieser Produkte darauf, dass sie weder künstliche Farbstoffe noch chemisch hergestellte Aromastoffe enthalten. Erhältlich sind sie in gut sortierten Reformhäusern und Bioläden sowie in Apotheken.

FISCHSAUCE

Fischsauce sollten Sie immer griffbereit haben, denn sie kann einem gut zubereiteten Gericht noch einen erstaunlichen letzten Schliff geben. Wie Pilze und lang gereifter Käse verfügen Fischsaucen über Umami – das ist die Bezeichnung für einen vollmundigen Geschmack, der neben süß, sauer, salzig und bitter eine Art fünfte Geschmacksrichtung bildet. Es ist zwar nur ein feiner Geschmack, der aber andere Aromen verstärkt und verbessert. Mit anderen Worten: Umami macht ein Gericht köstlicher.

Ich bevorzuge Fischsaucen, die nur aus Anchovis und Meersalz hergestellt sind und keinerlei zusätzliche Stoffe enthalten. Eine Flasche reicht für lange Zeit, da der Geschmack von Fischsaucen sehr intensiv ist und Sie für ein Gericht nur ein paar Tropfen brauchen.

GUARKERNMEHL UND XANTHAN

Fürs glutenfreie Backen sind Guarkernmehl und Xanthan wichtig, um glutenhaltige Zutaten wie Mehl zu ersetzen. Wenn Sie weißes Mehl mit Wasser mischen, bildet sich eine Paste (mit der man sogar Tapeten an die Wand kleben kann). Diese pastenartige Mischung erzielen Sie auch mit Guarkernmehl und Xanthan. Und genau wie das Gluten in weißem Mehl verleihen sie Brot und anderen Backwaren den weichen, vollmundigen Biss beim Kauen, den wir so mögen. Gluten sorgt in Verbindung mit Hefe für einen festen, dennoch luftigen Teig – genau das können Guarkernmehl und Xanthan ebenfalls. Xanthan hilft der Speisestärke (glutenfreier Mehlersatz), beim Rühren Luft aufzunehmen und sich mit ihr zu verbinden. Guarkernmehl trägt dazu bei, große Partikel im Teig einzuschließen (wie beispielsweise Beeren im Kuchen). Und beide helfen, dass sich die Bestandteile des Teigs nicht voneinander trennen.

Guarkernmehl und Xanthan sind hervorragende Dickungsmittel für Flüssigkeiten, wie zum Beispiel Suppen, Saucen, Sirups und Shakes. In Speisen mit hohem Säuregehalt, zum Beispiel durch Zutaten wie Zitronensaft oder Essig, kann Guarkernmehl seine Fähigkeit zum Andicken verlieren. Falls Sie einen mit Zitrone aromatisierten Teig zubereiten, erhöhen Sie einfach die Menge an Guarkernmehl, bis die gewünschte Konsistenz erreicht ist.

Guarkernmehl und Xanthan erhalten Sie in Bioläden.

Wichtiger Hinweis: Allergiker dürfen Xanthan nicht verwenden! Sie müssen sich auf Guarkernmehl beschränken.

	GUARKERNMEHL Menge jeweils pro 125 g glutenfreie Speisestärke	XANTHAN Menge jeweils pro 125 g glutenfreie Speisestärke
Plätzchen	¼ TL	¼ TL
Kuchen und Pfannkuchen	¾ TL	½ TL
Muffins	1 TL	¾ TL

	GUARKERNMEHL Menge jeweils pro 900 ml Flüssigkeit	XANTHAN Menge jeweils pro 900 ml Flüssigkeit
Heiß (z.B. Suppen)	1–2 TL	2 TL
Kalt (z.B. Sirup)	1–2 TL	2 TL

TIPP: *Wenn das Rezept Öl erfordert, dann mischen Sie zuerst das Guarkernmehl und/oder Xanthan mit dem Öl, bevor Sie andere flüssige Zutaten hinzufügen. Am besten verwenden Sie dafür einen Mixer; per Hand gemischt können Klümpchen entstehen, die sich nicht mehr auflösen und in einem Gericht nicht gerade appetitlich schmecken.*

CRÈME DOUBLE

Lange Zeit dachte ich, Schlagsahne und Crème double (Doppelrahm) wären das Gleiche. So habe ich immer einfach gegriffen, was im Angebot war, bis ich den Unterschied bemerkte.

Crème double hat einen Fettgehalt von 40 bis 55 Prozent, während der Mindestfettgehalt von Schlagsahne nur 30 Prozent beträgt. Wenn Sie geschlagene Sahne brauchen, nehmen Sie am besten Crème double, durch den höheren Fettgehalt wird sie steifer und fester. Und sie ist ketogener, deshalb verwende ich sie gerne für den „Schlag Sahne" auf Desserts. Suppen und Saucen verleiht Crème double ein angenehmes Mundgefühl.

CHILISAUCE

Chilisauce, auch als Hot Sauce bekannt, verleiht Gerichten eine pikante Würze. Sehen Sie sich aber die Zutatenliste genau an, die Sauce sollte weder Zucker noch irgendwelche Lebensmittelzusätze enthalten. Meine Lieblingschilisauce besteht aus Chilischoten, Knoblauch, Kräutern, Gewürzen und Balsamicoessig.

KELPNUDELN

Kelpnudeln werden, wie der Name sagt, aus Kelp, einer Braunalge, hergestellt. Ihre etwas feste Textur erinnert an Pasta, die nicht lang genug gekocht wurde. Am liebsten gare ich sie im Schongarer, weil sie dann genug Zeit haben, weich zu werden. Kelpnudeln finden Sie in Asia- und Bioläden.

L-GLUTAMINPULVER

L-Glutaminpulver ist ein ausgezeichnetes Nahrungsergänzungsmittel, das ich gerne in meine Shakes mische. Bei der DNA-Synthese spielt L-Glutamin eine große Rolle, außerdem zählt es zu den wichtigen Substanzen, die Stickstoff ins Muskelgewebe transportieren. Darüber hinaus kann es das Verlangen nach Zucker, Kohlenhydraten und Alkohol mindern und sich günstig auf die Darmwände auswirken. L-Glutaminpulver ist in Apotheken und Reformhäusern erhältlich.

FLÜSSIGRAUCH

Flüssigrauch hat einen vergleichbaren Effekt wie das Räuchern. Mit seinem Raucharoma steigert er den Geschmack zahlreicher Gerichte – sogar jener, die üblicherweise nicht geräuchert werden. Beim Kauf sollten Sie darauf achten, dass das Produkt keine künstlichen Farbstoffe oder andere Lebensmittelzusätze enthält. Flüssigrauch finden Sie in gut sortierten Supermärkten.

MCT-ÖL

MCT steht für „medium-chain triglycerides", auf Deutsch: mittelkettige Triglyceride, auch kurz MCT-Fette oder -Fettsäuren genannt. Sie finden sich in natürlichem Kokos- und Palmöl, aus denen das MCT-Öl extrahiert wird, wodurch es einen höheren Anteil MCTs enthält. Im Gegensatz zu dem bei Raumtemperatur festen Kokosöl bleibt MCT-Öl selbst im Kühlschrank flüssig. MCT-Öl erhalten Sie in Reformhäusern oder in Sportgeschäften, die auch Nahrungsergänzungsmittel verkaufen. Ratsam ist es, vor dem ersten Gebrauch den Beipackzetttel zu lesen. Probieren Sie einfach verschiedene Sorten aus, da es bei der ein oder anderen sein kann, dass sie anfangs Ihren Magen reizt. Als Ersatz können Sie auch Macadamia-, Avocado- oder extra natives Olivenöl verwenden.

SHIRATAKI-NUDELN

Die Nudeln bestehen aus Ballaststoffen, die Glucomannane heißen. Ihr Kaloriengehalt ist sehr gering und der Gehalt an Kohlenhydraten geht gegen null. Sie besitzen kaum Eigengeschmack, absorbieren aber den Geschmack anderer Zutaten erstaunlich intensiv. Shirataki-Nudel gibt es Asialäden, je nach Hersteller auch unter der Bezeichnung „Miracles-Nudeln". Eine gute Alternative sind Zucchini- oder Kohl-„Pasta" (im Rezeptteil finden Sie meine Rezepte).

PROTEINPULVER

Backen ohne Kohlenhydrate, sprich: Mehl, ist häufig schwierig. Selbst das Nussmehl, das in der Paläo-Ernährung gerne verwendet wird, steckt voller Kohlenhydrate. Proteinpulver bietet jedoch eine großartige Möglichkeit, brotähnliche Backwaren herzustellen – ohne Kohlenhydrate. Bei manchen besonders empfindlichen Menschen genügt ja schon eine geringe Kohlenhydratmenge, um sie aus der Ketose zu kicken. Das kann allerdings auch passieren, wenn Sie zu viel Proteinpulver zu sich nehmen. Auf Ihren persönlichen Eiweißbedarf abgestimmt, liefert es Ihnen jedoch genau die richtige Menge an Nährstoffen, während Sie in Ketose bleiben.

Bei Milchunverträglichkeit ist Eiklarpulver ein guter Ersatz für Molkeneiweißpulver. Verwenden Sie aber generell nur pures, nicht aromatisiertes Proteinpulver. Manche Produkte enthalten Süßungsmittel, die – wie Xylitol – bei manchen Menschen den Blutzuckerspiegel erhöhen.

Außerdem ist es ohnehin besser, wenn Sie selbst Art und Menge der Süßungsmittel in Ihrem Essen bestimmen.

Auf jeden Fall ist ein Blick auf die Zutatenliste angebracht. Entdecken Sie den Begriff Zucker oder Namen für Zuckerarten wie Sucrose, Glukose oder irgendein anderes Wort mit der Endung „-ose", sollten Sie ein Produkt suchen, das komplett zuckerfrei ist. Molkeneiweißpulver sollte von der Milch von Weidekühen stammen, zumindest aber aus ökologischer Landwirtschaft. Kurz gesagt: von Tieren, die ohne Wachstumshormone gehalten werden. Und auf noch etwas sollten Sie achten: Das Proteinpulver sollte kein Fett enthalten. So sehr wir Fett in der ketogenen Ernährung lieben, aber mit einem fetthaltigen Proteinpulver tun Sie sich beim Backen keinen Gefallen. Wenn Sie solch ein Pulver steif geschlagenem Eischnee hinzufügen, fällt er sofort zusammen, was jedes Gebäck ruiniert.

SALZ

Nach dem Einstieg in die ketogene Ernährung zeigt sich als einer der ersten Nebeneffekte eine schnelle Verbesserung der Insulinempfindlichkeit. Infolgedessen sinkt der Insulinspiegel, was wiederum die Nieren stimuliert, überschüssige Flüssigkeit freizugeben. In der Regel fällt bis Mitternacht mehr Urin als gewöhnlich an, Sie werden zu Beginn Ihrer ketogenen Diät also häufigere nächtliche Toilettengänge in Kauf nehmen müssen. Der Effekt verschwindet irgendwann wieder, aber für den Moment werden mit dem zusätzlichen Urin auch lebenswichtiges Natrium und Elektrolyte aus dem Körper gespült.

Wenn der Natriumspiegel unter einen bestimmten Level fällt – was sehr schnell passieren kann –, zeigen sich einige unangenehme Folgeerscheinungen, zum Beispiel Kopfschmerzen, mangelnde Energie, Schwindelgefühl und krampfartige Schmerzen. Daher ist es wichtig, über die Nahrung das verlorene Natrium zu ersetzen. Sie können Ihre Gerichte stärker salzen, Knochenbrühe trinken oder Natriumtabletten einnehmen.

Welches Salz soll verwendet werden? Entscheidend ist das Herstellungsverfahren. Das gewöhnliche Tafelsalz wird so stark raffiniert, gebleicht und anderweitig bearbeitet, dass es am Ende fast alle Mineralstoffe verloren hat. Ich empfehle Meersalz, das aus Meerwasser in Salzgärten gewonnen wird. Auch Himalayasalz, ein Steinsalz, das aus jahrtausendealtem Salzgestein entsteht, ist gut geeignet.

Hochwertiges Meersalz enthält über 70 Prozent Natriumchlorid (wie das Tafelsalz), die restlichen 30 Prozent bestehen aus Mineralstoffen und Mikronährstoffen (inklusive Jod), die es aus den mineralreichen Meeren mit sich bringt. Unabhängig von seinem Nährwert mag ich den Geschmack von Meersalz. Gewöhnliches Tafelsalz hat nach meiner Empfindung eine Art chemischen Beigeschmack.

TOMATEN

Ich war verblüfft, als ich herausfand, dass grüne Tomaten den höchsten Kaloriengehalt haben. Weil sie nicht ausgereift und weniger süßlich sind als die anderen, hätte ich das nicht erwartet. In der Tabelle sehen Sie die Werte.

Mit gelben Tomaten lässt sich also die Zufuhr von Kohlenhydraten verringern. Letzteres sollten Sie, wann immer es geht, tun. Dazu können auch meine Rezepte beitragen. Nur ein Beispiel: Die selbst gemachte Marinarasauce aus gelben Tomaten enthält pro Portion 3 Gramm Kohlenhydrate, bei vielen handelsüblichen Saucen dieser Art sind es 12 Gramm. Je nach Wohnort sind gelbe Tomaten nicht immer einfach zu finden, aber wenn es – wie bei manchen Menschen – auf jedes Kohlenhydrat ankommt, lohnt sich jede Mühe. Falls Sie doch einmal auf ein gekauftes Produkt zurückgreifen möchten, achten Sie darauf, dass es weder Sojaöl noch Zucker oder Maissirup enthält.

Tomatenfarbe	KH	Ballaststoffe
Gelb	4,1 g	1 g
Orange	5 g	1,4 g
Rot	7 g	2,2 g
Grün	9,2 g	2 g

SÜSSUNGSMITTEL

Ihr Verlangen nach Süßem können die nachfolgenden Süßungsmittel stillen, ohne dass sie bei Ihrem Gewicht und Blutzuckerspiegel Chaos anrichten.

Da diese Süßungsmittel alle unterschiedlich wiegen, habe ich als Maßeinheit eine Tasse mit 250 ml Fassungsvermögen genommen.

	Kalorien pro g	Süßer als Zucker um	Statt einer Tasse Zucker (ca. 250 g)
Steviaextrakt	0	300 %	1 TL
Erythrit	0–0,2	70 %	1 Tasse (plus 1 TL Steviaextrakt)
Yacón-Sirup	1,5 c	50 %	2 Tassen
Xylitol	2,4	100 %	1 Tasse

Steviaextrakt

Stevia, auch Süßkraut oder Honigkraut genannt, ist eine Pflanze, die seit Jahrhunderten in Südamerika als Süßungsmittel genutzt wird. Der Steviaextrakt ist eine dickflüssige Form dieses Süßungsmittels, die an Honig erinnert. Im Gegensatz zur Pulverform hat er keinen bitteren Beigeschmack. In keinem meiner Rezepte verwende ich pulverisiertes Stevia. Falls Sie dieses verwenden möchten, sollten Sie nur ein Produkt kaufen, das keine Zusätze enthält, wie zum Beispiel Maltodextrin, ein Maisderivat, das den Blutzuckerspiegel erhöht.

DIE VORTEILE VON STEVIA

1. Hat keinen Einfluss auf den Blutzuckerspiegel, deshalb bleibt der Körper in Ketose.

2. Senkt den Blutdruck. Studien zeigen, dass eine Mischung aus heißem Wasser und Stevia sowohl den systolischen als auch den diastolischen Blutdruck senken kann.

3. Hat keine Kalorien, was beim Abnehmen hilft.

Fürs Kochen ist der Steviaextrakt hervorragend geeignet, da er im Gegensatz zu vielen anderen Süßungsmittel beim Erhitzen nicht an Geschmack verliert. Steviaextrakt karamellisiert nicht und bringt auch keine Masse mit sich, deshalb ist für Backwaren ein zusätzliches Süßungsmittel nötig. In meinen Backrezepten verwende ich Erythrit in Pulverform.

ERYTHRIT

Erythrit ist ein natürlicher Zuckerersatz, der wie Haushaltszucker aussieht und auch so schmeckt, aber fast keine Kalorien hat. In kleinen Mengen kommt Erythrit von Natur aus in Weintrauben, Melonen und Pilzen vor, auch in fermentierten Nahrungsmitteln wie Wein, Bier, Käse und Sojasauce ist es zu finden. In der Regel wird Erythrit aus pflanzlichem Zucker hergestellt, der mit Wasser vermischt und dann fermentiert wird. Anschließend wird die Mischung gefiltert und getrocknet, wobei sie kristallisiert. Das Endprodukt wird pulverisiert oder granuliert. Optisch ist es von Haushaltszucker kaum zu unterscheiden.

Ob in Backwaren oder Salatdressings, das granulierte Erythrit löst sich in den meisten Speisen nur schwer auf. Aus diesem Grund verwende ich in meinen Rezepten fast ausschließlich pulverisiertes Erythrit. Falls Sie nur granuliertes Erythrit zur Hand haben, können Sie es ganz einfach in einer Kaffeemühle mahlen. Diesen Zuckerersatz bekommen Sie in Bioläden und gut sortierten Supermärkten.

DIE VORTEILE VON ERYTHRIT

1. Kristallisiert bei der Herstellung. Das Endprodukt ähnelt sehr stark dem Haushaltszucker und ist deshalb fürs Backen perfekt geeignet.

2. Beeinflusst nicht den Blutzucker- oder Insulinspiegel, deshalb ist Erythrit ein geeignetes Süßungsmittel für Diabetiker. Außerdem hilft es, in Ketose zu bleiben.

3. Gut für die Zahngesundheit. Im Gegensatz zu Zucker wird Erythrit nicht von den Bakterien der Mundflora verarbeitet, sodass die Zähne nicht angegriffen werden.

4. Leicht verdaulich. Erythrit wird hauptsächlich im Dünndarm absorbiert, nur verschwindend wenig gelangt in den Dickdarm. So hilft es, zuckerbedingten Verdauungsproblemen vorzubeugen.

SPEZIELLE ZUTATEN

YACÓN-SIRUP

Yacón-Sirup ist ein ausgezeichnetes Süßungsmittel mit einem niedrigen glykämischen Index. Der sehr dicke Sirup, der an Melasse erinnert, wird mithilfe eines Pressverfahrens aus den Wurzelknollen des Yacóns, einer südamerikanischen krautigen Pflanze, gewonnen. Für ein ketogenes Ingwerbrot ist er beispielsweise perfekt geeignet. Ich empfehle, diesen Sirup anstelle von Honig, Agaven- und Ahornsirup oder Melasse zu verwenden. Allerdings ist Yacón-Sirup sehr teuer, deshalb verwende ich ihn nur zu besonderen Anlässen. Diesen Sirup finden Sie in Bioläden und Reformhäusern, manchmal auch in sehr gut sortierten Supermärkten.

DER GLYKÄMISCHE INDEX VON SÜSSUNGSMITTELN	
Steviaextrakt	0
Erythrit	0
Yacón-Sirup	0,5
Xylitol	7
Ahornsirup	54
Honig	62
Haushaltszucker	68
High Fructose Corn Syrup (Fruktose-Glukose-Sirup)	87

VANILLE

Vanillemark ist reich an Antioxidantien. Die meisten Menschen verwenden Vanilleextrakt, weil es ihnen zu mühsam ist, die Vanilleschoten zu spalten und das Mark herauszukratzen. Unabhängig davon sind die Schoten ziemlich teuer. Doch den Unterschied sollten Sie bedenken: Bei der Verarbeitung zum Extrakt gehen all die wertvollen Antioxidantien verloren, die Sie mit dem Vanillemark Ihrem Körper zuführen können.

ZUTATEN AUSTAUSCHEN

Wenn Sie einen anderen Fisch oder ein anderes Stück Fleisch als im Rezept angegeben verwenden möchten, sollten Sie bedenken, dass sich dadurch die Fettbilanz ändern kann. Es macht logischerweise einen Unterschied, ob Sie Schnitzel statt Bauchfleisch oder Kabeljau statt Heilbutt verwenden. Werfen Sie also einen Blick auf den Fettgehalt der ausgewechselten Zutat. Auf meiner Website finden Sie zumindest englischsprachige Tabellen mit dem Fett-, Eiweiß-, Kohlenhydrat- und Ballaststoffgehalt verschiedener Fisch- und Rindfleischarten (www.mariamindbodyhealth.com/charts).

Noch ein paar Tipps: Das Fleisch von Weidetieren ist gesünder, hat aber einen niedrigeren Fettgehalt als das von Tieren, die nur mit Getreide gefüttert wurden. Die Differenz lässt sich leicht mit anderen Fetten ausgleichen.

Wenn Sie Fisch nur mit etwas Zitronensaft essen, ist das kein ketogenes Gericht. Erst eine fettreiche Sauce macht es ketogen. Meine Lieblingsbeschäftigung bei der Zubereitung von Fischgerichten ist, eine leckere, fettreiche Sauce zu kreieren, um dann eine köstliche ketogene Mahlzeit zu genießen.

Würzmittel, Dressings, Brühe und andere Basics

DAS KETO-KOCHBUCH

Knochenbrühe

VORBEREITUNG: 12 Minuten
GARZEIT: 1–2 Tage
MENGE: ca. 1 Liter (4 Portionen)

1,6 kg Rinder-, Hühner- und Schinkenknochen oder Fischkarkassen (Fischgräten und -köpfe)

2 Stangen Staudensellerie, zerkleinert

1 mittelgroße Zwiebel, zerkleinert

7 Knoblauchzehen, mit der Messerklinge flach gedrückt

2 Lorbeerblätter

2 TL feines Meersalz

60 ml Kokosessig

4–5 Stängel frische oder 1 TL getrocknete Kräuter nach eigener Wahl (nach Belieben)

kaltes gefiltertes Wasser

KÜCHENGERÄTE

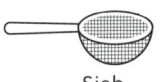

Schongarer   Sieb

Essig hilft, mehr Mineralstoffe aus den Knochen zu lösen. Da diese Stoffe gleichzeitig die Säure des Essigs neutralisieren, beeinträchtigt sie nicht den Geschmack der Brühe. Ich verwende Kokosessig, weil er in seinem Gehalt an Aminosäuren, Vitaminen und Mineralstoffen alle anderen Essigsorten übertrifft. Außerdem besitzt er präbiotische (die Darmflora unterstützende) Eigenschaften, die zu einer gesunden Verdauung beitragen. Und keine Sorge, der Essig schmeckt nicht nach Kokosnuss.

1. Alle Zutaten in einen Schongarer mit 6 Liter Fassungsvermögen geben und kaltes gefiltertes Wasser zugießen, bis alles zwei Fingerbreit bedeckt ist.

2. Den Schongarer auf die höchste Heizstufe stellen. Die Brühe 30 Minuten sprudelnd kochen lassen und dabei immer wieder mit dem Schaumlöffel den Schaum abschöpfen, der sich an der Wasseroberfläche bildet.

3. Den Schongarer auf die kleinste Stufe stellen und die Brühe 1 bis 2 Tage simmern lassen. Durch die lange Garzeit lösen sich mehr Mineralstoffe und Gelatine (Kollagen) aus den Knochen als bei anderen Zubereitungsmethoden.

4. Die fertige Brühe durch ein feines Sieb in einen sauberen Topf abgießen. Die festen Bestandteile entfernen und wegwerfen.

5. Im Kühlschrank hält sich die Brühe etwa 5 Tage, im Tiefkühler mehrere Monate. Beim Erkalten geliert diese gesunde Brühe, durch Erwärmen wird sie wieder flüssig. Man kann sie pur aus einer Tasse trinken und als Grundlage oder Würze für zahlreiche Gerichte verwenden.

VARIATION: GEMÜSEBRÜHE

Für eine vegetarische Brühe statt der Knochen und Karkassen reichlich Gemüse wie Möhren, Lauch, Knollensellerie, Petersilienwurzeln verwenden. Gemüsebrühe nicht länger als 6 Stunden garen, sonst wird sie bitter.

ZEITSPARTIPP:

Eine größere Menge Brühe kochen und in Portionen einfrieren. So hat man immer Brühe zur Hand.

TIPPS FÜR EINE GUTE KNOCHENBRÜHE

1. Für mehr Farbe und Aroma die Knochen vorher bei 190 °C im Backofen rösten: große Knochen 50 bis 60 Minuten, kleinere 30 bis 40 Minuten.

2. Die Knochen im Topf immer mit kaltem Wasser bedecken. Einige Proteine, insbesondere Albumin, lösen sich nur in kaltem Wasser. So hilft das Albumin, die Brühe zu klären.

3. Nicht auf den Essig verzichten; er hilft, die Mineralstoffe aus den Knochen zu lösen.

4. Für Hühnerbrühe am besten Hühnerfüße verwenden, sie enthalten mehr Kollagen als andere Hühnerknochen und ergeben eine sämigere Brühe.

5. Fügen Sie Ihre Lieblingskräuter hinzu. Kräuter machen die Brühe schmackhafter und nährstoffreicher. Rosmarin beispielsweise hilft auch, mehr Kalzium aus den Knochen lösen.

6. Knochen und Karkassen, die bei Fleisch- und Fischgerichten übrig bleiben, nicht wegwerfen, sondern einfrieren, bis eine genügende Menge für die Zubereitung einer Brühe beisammen ist.

NÄHRWERTE (pro Portion)

kcal	F	E	KH	B
13	0 g	1,5 g	1,7 g	0 g
	0%	46%	52%	

WARUM KNOCHENBRÜHE?

Aus kulinarischer Sicht übertrifft eine hausgemachte Knochenbrühe die gekauften Fertigbrühen. Sie schmeckt besser und das aus den Knochen gelöste Kollagen ist ein natürliches Bindemittel, das Saucen schön sämig macht. Mit einer gekauften Brühe lässt sich diese Konsistenz nicht erzielen.

Vom gesundheitlichen Standpunkt aus gesehen, ist hausgemachte Knochenbrühe einzigartig. Sie ist unglaublich nahrhaft und gesund. Könnte man sie in Pillenform verkaufen, würden viele pharmazeutische Unternehmen pleitegehen. Ihr medizinischer Nutzen basiert auf ihrem außergewöhnlich hohen Gehalt an Mineralstoffen und Aminosäuren, die sich beim Kochen aus den Knochen lösen. Man kann Knochenbrühe durchaus als ein hochwertiges Mineralstoff- und Proteinergänzungsmittel betrachten. Einige besonders bemerkenswerte Vorteile von Knochenbrühe sind:

1. Sie unterstützt die Verdauung: Die Gelatine der Knochenbrühe ist ein hydrophiles Kolloid, also eine wasseranziehende Struktur. Folglich zieht sie auch Verdauungssäfte an, wodurch eine schnelle und effektive Verdauung gefördert wird.

2. Sie heilt den Darm: Erstaunlich gut hilft die Gelatine bei Darmerkrankungen wie zum Beispiel bei Übersäuerung oder Dickdarmentzündungen wie Morbus Crohn, da sie die Abheilung der Darmschleimhaut unterstützt. Zudem werden ihre vielen Nährstoffe gut absorbiert, was bei Darmentzündungen vorteilhaft ist, weil sie mit mangelnder Nährstoffabsorption einhergehen können. Vielen Menschen hilft sie, Milchprodukte besser zu verdauen, außerdem unterstützt die gestärkte Darmschleimhaut das Immunsystem. Wer unter Darmbeschwerden mit Verdauungsproblemen leidet, für den ist Knochenbrühe das wichtigste therapeutische Nahrungsmittel.

3. Sie hilft auch bei anderen Krankheiten: In der Behandlung von Anämien, Diabetes, Muskelschwund und sogar bei manchen Krebsarten kann die Gelatine der Brühe ebenfalls hilfreich sein.

4. Sie steigert die Eiweißaufnahme im Darm: Gelatine ist zwar kein komplettes Eiweiß (sie enthält nur die Aminosäuren Arginin und Glyzin in größerer Menge), aber sie ermöglicht dem Körper, alle kompletten Proteine der Nahrung vollständig zu verwerten. Wenn Sie sich große Mengen Fleisch nicht leisten können, sind gelatinereiche Brühen eine ausgezeichnete Möglichkeit, die Eiweißaufnahme im Darm zu verbessern.

5. Sie enthält viele Mineralstoffe: Gesundes Knochengewebe hat von Natur aus einen hohen Gehalt an Kalzium, Magnesium, Phosphor und Kalium. Diese Mineralstoffe sind unentbehrlich für gesunde Knochen, für das vegetative Nervensystem und einen ausgeglichenen Hormonhaushalt. Aus Fischkarkassen (Gräten, Köpfen usw.) gekochte Brühen enthalten außerdem Jod, das für eine gesunde Schilddrüse unentbehrlich ist.

6. Sie fördert gesunde Gelenke: Da Gelatine aus Knorpelgewebe gewonnen wird, ist Knochenbrühe eine hervorragende Quelle für Glucosamin und Chondroitin, zwei wichtigen Nährstoffen für gesunde Gelenke.

Butterersatz
MIT KRÄUTERN

 KETO   **NUSSFREI** **MILCHFREI**

VORBEREITUNG: 8 Minuten plus 3 Stunden zum Kühlen

MENGE: 240 ml (1 EL pro Portion)

- 8 EL Rindertalg oder Schweineschmalz (siehe Tipp)
- 8 EL Entenfett, zimmerwarm (siehe Tipp)
- 1 geröstete Knoblauchknolle (Seite 52), Zehen ausgelöst und fein gehackt
- 1 EL fein gehackter frischer Rosmarin
- 1 EL fein gehackter frischer Oregano
- 1 EL fein geschnittene Schnittlauchröllchen
- feines Meersalz und schwarzer Pfeffer aus der Mühle, nach Belieben

Viele meiner Klienten, denen ich empfahl, auf Milchprodukte zu verzichten, konnten sich gar nicht vorstellen, ohne Butter zu leben. Gesunde, natürliche tierische Fette wie Rindertalg und Entenfett sind eine fabelhafte Möglichkeit, Gerichten ein schmackhaftes Aroma zu verleihen und die Lust auf die cremige Konsistenz „richtiger" Butter zu befriedigen. Dieser Butterersatz schmeckt köstlich zu Gemüse und gegrilltem Fleisch. Ich verschenke ihn auch sehr gerne.

Für dieses Rezept können Sie Ihre Lieblingskräuter verwenden oder eine der unten stehenden Varianten ausprobieren.

1. Alle Zutaten in eine mittelgroße Schüssel geben und gründlich mischen. Die Mixtur in Form eines dicken Streifens (Durchmesser ca. 3,5 cm) auf einen Bogen Back- oder Butterbrotpapier geben. Das Papier über die Masse schlagen und zu einer Rolle formen. Die Papierenden wie bei einem Bonbon zusammendrehen.

2. Die „Butterrolle" in den Kühlschrank legen, bis sie fest geworden ist. Das dauert etwa 3 Stunden. Zum Servieren in Scheiben schneiden.

TIPP:

Ich mische Rindertalg oder Schweineschmalz mit Entenfett, weil dieses bei Raumtemperatur fast flüssig ist, während die anderen beiden Fette sehr fest bleiben. Die Mischung schmeckt köstlich und hat eine butterartige Konsistenz. Wenn Sie nicht empfindlich auf Milchprodukte reagieren, können Sie für dieses Rezept statt der genannten Fette auch 230 Gramm ungesalzene Butter verwenden.

VARIANTEN:

Für obiges Rezept habe ich meine Lieblingskräuter verwendet, weil mir die „Kräuterbutter" so am besten schmeckt. Im Laufe der Jahre habe ich aber auch zahlreiche Geschmacksvarianten ausprobiert. Wenn Sie nach einer anderen Geschmacksrichtung suchen, können Sie es ja mal mit den nachfolgenden Kombinationen versuchen:

- *je 1 EL fein gehackter frischer Rosmarin, fein gehackte frische Minze und abgeriebene Zitronenschale;*
- *je 1 EL fein gehackter frischer Koriander, abgeriebene Zitronenschale und gemahlener Kreuzkümmel;*
- *je 1 EL fein gehackter frischer Thymian, Rosmarin und Salbei;*
- *je 1 EL fein gehacktes Zitronengras und fein gemahlene Kurkuma;*
- *je 1 EL fein gehacktes Zitronengras, fein gehackter Estragon und Dijonsenf.*

NÄHRWERTE (pro Portion)				
kcal	F	E	KH	B
123	13 g	0,2 g	1,4 g	0 g
	95%	1%	4%	

Gerösteter Knoblauch

KETO | **NUSSFREI** | **MILCHFREI**

VORBEREITUNG: 5 Minuten
GARZEIT: 40 Minuten
MENGE: 12 Knollen

12 Knoblauchknollen
60 ml MCT-Öl
½ TL feines Meersalz

ZEITSPARTIPP:
Gerösteten Knoblauch friere ich immer auf Vorrat ein, damit ich ihn beim Kochen jederzeit zur Hand habe. Im Gefriergerät hält er sich bis zu 3 Monate.

NÄHRWERTE (pro Knolle)				
kcal	F	E	KH	B
97	4,8 g	2,3 g	11,5 g	0,8 g
	45 %	9 %	47 %	

1. Den Backofen auf 175 °C vorheizen.
2. Von den Knoblauchknollen am Stielansatz etwa 3 mm waagerecht abschneiden, sodass die Zehen sichtbar werden. Die Knollen mit der Schnittfläche nach oben in eine große flache Auflaufform setzen und das MCT-Öl darüberträufeln, sodass es zwischen die Zehen sickert. Anschließend mit Salz bestreuen.
3. Die Auflaufform lose mit Alufolie bedecken und in den Ofen schieben. Nach 20 Minuten prüfen, ob der Knoblauch weich ist. Gar ist er, wenn sich ein Küchenmesser leicht in eine Zehe in der Mitte der Knolle stechen lässt. Für mehr Röstaromen die Knollen weiterrösten, bis sie eine goldbraune Farbe angenommen haben. Dabei alle 10 Minuten den Röstgrad prüfen, der Knoblauch darf keinesfalls schwarz werden. Die genaue Röstzeit hängt von der Größe der Knolle ab und davon, ob man frischen oder getrockneten Knoblauch verwendet.
4. Die Knollen abkühlen lassen und die gewünschte Menge Zehen einfach aus der Schale drücken. Nicht verwendete Knollen im Ganzen einfrieren.

WÜRZMITTEL, DRESSINGS, BRÜHE UND ANDERE BASICS

Milchfreie Sauce hollandaise

KETO · NUSS FREI · MILCH FREI

VORBEREITUNG: 5 Minuten
GARZEIT: 5 Minuten
MENGE: 480 ml (etwa 2½ EL pro Portion)

6 große Eigelbe

60 ml Zitronensaft

2 EL selbst gemachter Dijonsenf (Seite 55)

360 ml ausgelassenes Speckfett, Schweineschmalz oder Entenfett, lauwarm

½ TL Cayennepfeffer

½ TL feines Meersalz

⅛ TL schwarzer Pfeffer aus der Mühle

NÄHRWERTE (pro Portion)				
kcal	F	E	KH	B
241	26 g	1,4 g	0,6 g	0 g
	97 %	2 %	1 %	

1. In einen Wasserbadtopf oder einen normalen Topf, auf den eine hitzebeständige mittelgroße Schüssel passt, 2,5 cm hoch Wasser füllen und bei starker Hitze zum Sieden bringen. Die Hitze so verringern, dass das Wasser weiter simmert. Die jeweilige Schüssel aufsetzen.

2. Eigelbe, Zitronensaft und Senf in die Schüssel geben und mit dem Schneebesen verquirlen. Die Mischung weiterschlagen und das flüssige Fett langsam in einem feinen Strahl einlaufen lassen (das dauert gut 90 Sekunden). Weiterschlagen, bis die Mischung eine Temperatur von 60 °C erreicht hat.

3. Cayennepfeffer, Salz und den schwarzen Pfeffer untermischen. Etwa 3 Minuten weiter mit dem Schneebesen schlagen, bis die Sauce eine sämige Konsistenz hat. Dabei die Hitze so regulieren, dass die Temperatur der Sauce 60 °C nicht übersteigt. Wenn nötig, die Schüssel vom Wasserbad bzw. Topf nehmen. Die Sauce nach Belieben mit den verwendeten Gewürzen abschmecken.

VARIANTE: TRADITIONELLE SAUCE HOLLANDAISE
Wer nicht empfindlich auf Milchprodukte reagiert, kann statt des angegebenen Fettes zerlassene ungesalzene Butter verwenden und so eine traditionelle Hollandaise zubereiten.

Hausgemachter Senf

TIPP:
Damit sich der Senf noch besser für eine ketogene Ernährung eignet, mische ich gerne noch ein paar Esslöffel braune Butter (siehe Seite 78) darunter.

Soll man Senfkörner, die Samen der Senfpflanzen oder Senfpulver verwenden? Ich empfehle Senfkörner für die Herstellung von körnigem Senf und Senfpulver für glatten Senf. Dunklere Senfsamen sind schärfer als die helleren, da sie von drei unterschiedlichen Senfpflanzenarten stammen:

- *Weißer Senf, auch Gelbsenf genannt: Seine hellen gelblichen Samenkörner sind die mildesten. Verwendet werden sie hauptsächlich für milden Tafelsenf, Marinaden sowie für Laken zum Einlegen von Gemüse.*

- *Brauner Senf: Seine dunkel- bis hellbraunen Samenkörner sind schärfer und Hauptbestandteil von mittelscharfem bis scharfem Tafelsenf wie etwa Dijonsenf. Auch für deftigere Marinaden und Laken werden sie verwendet.*

- *Schwarzer Senf: Seine dunkelbraunen bis schwarzen Samen sind die schärfsten, sie werden wie die braunen Samen verwendet.*

Für die Herstellung von selbst gemachtem Senf müssen die Senfkörner ein bis zwei Tage in einer Flüssigkeit eingeweicht werden. Senfpulver besteht aus fein gemahlenen weißen oder braunen Senfkörnern. Um einen seidig-glatten Senf zu erhalten, mischen Sie das Pulver mit einer Flüssigkeit wie Wasser oder Knochenbrühe (nicht mit Bier!) und lassen es über Nacht stehen, sodass sich das Pulver vollsaugt und sein Aroma entwickeln kann. Nicht länger einweichen, sonst schmeckt der Senf sehr streng.

WÜRZIGER SÜSSER SENF

VORBEREITUNG: 5 Minuten plus 8 Stunden Einweichzeit
MENGE: 240 ml (etwa 1 EL pro Portion)

- 80 ml Kokos- oder Apfelweinessig
- 80 ml Weißweinessig
- 5 EL Erythrit
- 3 EL gelbe Senfkörner
- 2½ EL braune Senfkörner
- 2 EL fein gewürfelte Schalotten
- ¾ TL feines Meersalz
- ¼ TL gemahlener weißer Pfeffer
- ¼ TL Fischsauce (für einen vollmundigeren Geschmack, nach Belieben)
- 1 Prise Pimentpulver

1. Alle Zutaten in eine mittelgroße Glasschüssel geben und gründlich mischen. Zugedeckt über Nacht in den Kühlschrank stellen.

2. Die Mischung in den Mixer geben und so lange pürieren, bis der Senf die gewünschte Konsistenz hat. (Ich mag ihn eher körnig, man kann ihn aber auch glatter pürieren.)

3. In einem luftdicht verschließbaren Glas hält sich der Senf im Kühlschrank bis zu 2 Wochen.

KÜCHENGERÄT

Mixer

NÄHRWERTE (pro Portion)				
kcal	F	E	KH	B
21	1,1 g	1 g	1,7 g	0,6 g
	47 %	19 %	32 %	

DIJONSENF

KETO | NUSS FREI | MILCH FREI

VORBEREITUNG: 5 Minuten plus 2 Tage Einweichzeit

MENGE: 240 ml (etwa 1 EL pro Portion)

5 EL braune Senfkörner

80 ml Weißweinessig

80 ml Knochenbrühe (Seite 48), nach Bedarf mehr

1 EL Erythrit

1 TL gemahlene Kurkuma

½ TL feines Meersalz

⅛ TL Cayennepfeffer

⅛ TL flüssiger Steviaextrakt

1–2 TL Meerrettich aus dem Glas (nach Belieben)

1. Alle Zutaten – außer dem Meerrettich – in eine Glasschüssel geben und gründlich mischen. Zugedeckt 2 Tage in den Kühlschrank stellen.
2. Die Mischung in den Mixer geben und pürieren, bis der Senf glatt und cremig ist. Ist er zu dick, noch 2 bis 4 Esslöffel Knochenbrühe untermixen.
3. Soll der Senf würziger sein, den Meerrettich untermixen.
4. In einem luftdicht verschließbaren Glas hält sich dieser Senf im Kühlschrank bis zu einem Monat.

KÜCHENGERÄT

Mixer

NÄHRWERTE (pro Portion)				
kcal	F	E	KH	B
18	1 g	0,9 g	1,4 g	0,5 g
	50 %	20 %	31 %	

ROSMARIN-THYMIAN-SENF

KETO · **NUSSFREI** · **MILCHFREI**

VORBEREITUNG: 5 Minuten plus 2 Tage Einweichzeit
MENGE: 240 ml (etwa 1 EL pro Portion)

- 80 ml Wasser oder Knochenbrühe (Seite 48)
- 80 ml Kokos- oder Apfelweinessig
- 3 EL gelbe Senfkörner
- 1 EL braune Senfkörner
- 1 EL Erythrit oder ⅛ TL flüssiger Steviaextrakt
- 2 TL gehackter frischer Thymian
- 2 TL gehackter frischer Rosmarin
- ¾ TL feines Meersalz
- ¼ TL Fischsauce (für einen vollmundigeren Geschmack, nach Belieben)

1. Alle Zutaten in eine mittelgroße Glasschüssel geben und gründlich mischen. Zugedeckt 2 Tage in den Kühlschrank stellen.
2. Die Mischung in den Mixer geben und pürieren, bis der Senf cremig, aber noch leicht körnig ist.
3. In einem luftdicht verschließbaren Glas hält sich dieser Senf im Kühlschrank bis zu einem Monat.

KÜCHENGERÄT

Mixer

NÄHRWERTE (pro Portion)				
kcal	F	E	KH	B
15	0,8 g	0,7 g	1,2 g	0,5 g
	48 %	19 %	32 %	

GRILLSENF

KETO · **NUSSFREI** · **MILCHFREI**

VORBEREITUNG: 5 Minuten plus 8 Stunden Einweichzeit
GARZEIT: 40 Minuten
MENGE: 480 ml (etwa 1 EL pro Portion)

- 240 ml würziger süßer Senf (Seite 54) oder ein anderer Senf aus gelben Senfkörnern
- 3½ EL Erythrit oder ¼ TL flüssiger Steviaextrakt
- 180 ml Kokos- oder Apfelweinessig
- 1 EL Chilipulver
- 1 TL schwarzer Pfeffer aus der Mühle
- 1 TL weißer Pfeffer aus der Mühle
- ¼ TL Cayennepfeffer
- ½ TL glutenfreie Tamari (Sojasauce) oder Coconut aminos (Kokossauce)
- 2 EL ungesalzene Butter oder Kokosöl
- 1 TL Flüssigrauch

1. Senf, Erythrit, Essig, Chilipulver, schwarzen und weißen Pfeffer sowie den Cayennepfeffer in einem Topf verrühren und bei mittlerer Hitze zum Sieden bringen. Unter gelegentlichem Umrühren 30 Minuten simmern lassen.
2. Tamari, Butter und Flüssigrauch einrühren und den Senf weitere 10 Minuten simmern lassen. Vom Herd nehmen und kalt werden lassen.
3. Den Senf in ein luftdicht verschließbares Glas füllen und über Nacht im Kühlschrank durchziehen lassen.
4. Im Kühlschrank hält sich dieser Senf bis zu einem Monat.

NÄHRWERTE (pro Portion)				
kcal	F	E	KH	B
19,5	1,4 g	0,6 g	1,2 g	0,3 g
	62 %	12 %	24 %	

Sauce tartare

KETO | **NUSS FREI** | **MILCH FREI**

VORBEREITUNG: 5 Minuten
MENGE: 170 g (2 EL pro Portion)

110 g Mayonnaise
2 EL fein gewürfelte Dillgurken
1 EL Kokos- oder Weißweinessig
¼ TL feines Meersalz
⅛ TL schwarzer Pfeffer aus der Mühle

KÜCHENGERÄT

Küchenmaschine

1. Alle Zutaten in die Küchenmaschine geben und bei niedriger Drehzahl gründlich mischen, aber nicht pürieren.
2. Die Sauce hält sich in einem luftdicht verschließbaren Behälter im Kühlschrank bis zu 2 Wochen.

NÄHRWERTE (pro Portion)				
kcal	F	E	KH	B
121	13,3 g	0 g	0,5 g	0 g
	99 %	0 %	2 %	

WÜRZMITTEL, DRESSINGS, BRÜHE UND ANDERE BASICS

Honigsüße Würzsauce

KETO

VORBEREITUNG: 2 Minuten
GARZEIT: 15 Minuten
MENGE: 360 ml (2 EL pro Portion)

120 g ungesalzene Butter
2 EL Doppelrahmfrischkäse
3½ EL Erythrit
120 ml ungesüßte Mandelmilch

Legen Sie sich alle Zutaten in der angegebenen Menge griffbereit zurecht. Sie müssen schnell arbeiten, weil das Erythrit sonst anbrennt.

1. Die Butter in einem mittelgroßen Topf mit dickem Boden unter Rühren bei starker Hitze zum Kochen bringen. Sobald in der Butter braune Flecken (braune Butter ist sehr lecker auf Gemüse) auftauchen, den Frischkäse einrühren. Kräftig weiterrühren, bis die Masse glatt und ohne Klümpchen ist.

2. Erythrit und Mandelmilch hinzufügen und kräftig rühren, bis das Dressing glatt und cremig ist.

3. Die Sauce im Topf ein paar Minuten abkühlen lassen, in ein luftdicht verschließbares Glas füllen und auf Zimmertemperatur abkühlen lassen. Im Kühlschrank hält sie sich bis zu 2 Wochen.

4. Für die Verwendung die benötigte Menge in einem kleinen Topf bei geringer Hitze eine Minute schmelzen lassen.

NÄHRWERTE (pro Portion)				
kcal	F	E	KH	B
78	8,5 g	0,3 g	0,1 g	0 g
	98 %	2 %	1 %	

MILCHFREIES
Avocado-Ranch-Dressing

KETO · NUSSFREI · MILCHFREI

VORBEREITUNG: 5 Minuten
MENGE: 480 ml (2 EL pro Portion)

1 Avocado, halbiert und entkernt

1 geröstete Knoblauchknolle (Seite 52), Zehen ausgelöst

120 ml Rinder- oder Hühnerknochenbrühe (Seite 48), nach Bedarf mehr

110 g Bacon-Mayonnaise (Seite 71) oder gekaufte Mayonnaise

2 EL gehackte frische Blattpetersilie

2 EL gehackter frischer Dill

½ TL Kokosessig

½ TL geräuchertes Paprikapulver

¼ TL Zwiebelpulver

¼ TL feines Meersalz

¼ TL schwarzer Pfeffer aus der Mühle

½ TL Fischsauce (für einen vollmundigeren Geschmack, nach Belieben)

1. Das Fruchtfleisch der Avocado mit einem Löffel aus der Schale heben und in den Mixer oder die Küchenmaschine geben. Die restlichen Zutaten hinzufügen und alles zu einer glatten Creme pürieren. Wenn das Dressing dünner sein soll, entsprechend mehr Brühe zugeben.

2. Das Ranch-Dressing im Kühlschrank aufbewahren, wo es sich bis zu 2 Wochen hält. Lecker als Salatsauce oder als Dip.

KÜCHENGERÄTE

Mixer oder Küchenmaschine

NÄHRWERTE (pro Portion)

kcal	F	E	KH	B
86	8 g	1,8 g	2,6 g	1,1 g
	82 %	8 %	11 %	

WÜRZMITTEL, DRESSINGS, BRÜHE UND ANDERE BASICS

Ranch-Dressing aus Frischkäse

VORBEREITUNG: 5 Minuten plus 2 Stunden Kühlzeit

MENGE: 360 ml (2 EL pro Portion)

220 g Doppelrahmfrischkäse, zimmerwarm

120 ml Rinder- oder Hühnerknochenbrühe (Seite 48)

½ TL getrockneter Schnittlauch

½ TL getrocknete Petersilie

½ TL getrockneter Dill

¼ TL Knoblauchpulver

¼ TL Zwiebelpulver

⅛ TL feines Meersalz

⅛ TL schwarzer Pfeffer aus der Mühle

1. Alle Zutaten in den Mixer geben und pürieren, bis die Mischung glatt und cremig ist.
2. Das Dressing in ein luftdicht verschließbares Glas füllen und vor dem Servieren 2 Stunden in den Kühlschrank stellen, wobei es etwas dicker und fester wird.
3. Im Kühlschrank hält sich das Dressing bis zu 2 Wochen.

KÜCHENGERÄT

Mixer

NÄHRWERTE (pro Portion)				
kcal	F	E	KH	B
69	6,6 g	1,7 g	0,7 g	0 g
	86 %	10 %	4 %	

MILCHFREIES
Thousand-Island-Dressing

VORBEREITUNG: 2 Minuten

MENGE: 300 ml (2 EL pro Portion)

170 g Bacon-Mayonnaise (Seite 71) oder gekaufte Mayonnaise

3 EL fein gewürfelte Dillgurken

60 ml Tomatensauce, hausgemacht (Seite 67) oder fertig gekauft

2 EL Erythrit oder 1 Tropfen flüssiger Steviaextrakt

⅛ TL feines Meersalz

⅛ TL Fischsauce

1. Alle Zutaten in ein luftdicht verschließbares Glas geben und kräftig schütteln.
2. Das Dressing in dem Glas belassen und in den Kühlschrank stellen. Dort hält es sich bis zu 2 Wochen.

NÄHRWERTE (pro Portion)				
kcal	F	E	KH	B
59	4,9 g	0,2 g	3,8 g	1,2 g
	75 %	1 %	24 %	

Salatdressing „Fatburner"

KETO | NUSS FREI | MILCH FREI

VORBEREITUNG: 2 Minuten
MENGE: 180 ml (2 EL pro Portion)

120 ml MCT-Öl
60 ml Kokos- oder Apfelweinessig
1 TL feines Meersalz
½ TL schwarzer Pfeffer aus der Mühle
½ TL flüssiger Steviaextrakt
½ TL Fischsauce

Dieses Dressing ist ideal, um eine Mahlzeit mit Fett anzureichern – einfach über Kohl- oder Blattsalate träufeln.

1. Alle Zutaten in ein luftdicht verschließbares Glas geben und kräftig schütteln.
2. Das Dressing in dem Glas belassen und in den Kühlschrank stellen. Dort hält es sich bis zu 6 Wochen.

NÄHRWERTE (pro Portion)				
kcal	F	E	KH	B
174	18,7 g	0,1 g	0,1 g	0 g
	98 %	1 %	1 %	

Griechisches Salatdressing

KETO **NUSS FREI** **MILCH FREI**

VORBEREITUNG: 8 Minuten
MENGE: 120 ml (2 EL pro Portion)

Saft einer Zitrone oder Limette
60 ml MCT-Öl
1 Knoblauchzehe, fein gewürfelt
2 EL fein gehackter frischer Oregano
1 EL fein gehacktes Basilikum
½ TL feines Meersalz
½ TL schwarzer Pfeffer aus der Mühle
⅛ TL Fischsauce (für einen vollmundigeren Geschmack, nach Belieben)

1. Zitronen- oder Limettensaft, MCT-Öl, Knoblauch, Oregano und Basilikum in den Mixer oder die Küchenmaschine geben und auf mittlerer Stufe gründlich mischen. Salz, Pfeffer und nach Belieben die Fischsauce hinzufügen und das Dressing noch einmal gründlich durchmixen.

2. Das Dressing hält sich in einem luftdicht verschließbares Glas im Kühlschrank bis zu 2 Wochen.

KÜCHENGERÄTE

Mixer oder Küchenmaschine

NÄHRWERTE (pro Portion)				
kcal	F	E	KH	B
139	14,3 g	0,5 g	2,1 g	1,1 g
	93 %	1 %	6 %	

WÜRZMITTEL, DRESSINGS, BRÜHE UND ANDERE BASICS

Tomatensauce

KETO · **NUSSFREI** · **MILCHFREI**

VORBEREITUNG: 10 Minuten
GARZEIT: 20–25 Minuten
MENGE: ca. 480 ml (60 ml pro Portion)

2 EL MCT-Öl

1 mittelgroße Zwiebel, fein gewürfelt

1 geröstete Knoblauchknolle (Seite 52), Zehen ausgelöst, klein gehackt, oder 3 rohe Knoblauchzehen, fein gewürfelt

2 große Tomaten, geschält und püriert

3 Stängel frisches Basilikum, fein gehackt

¼ TL flüssiger Steviaextrakt, nach Belieben

½ TL feines Meersalz

⅛ TL schwarzer Pfeffer aus der Mühle

1. Das Öl in einem großen Topf auf mittlerer Stufe erhitzen. Zwiebeln und Knoblauch hinzufügen und unter häufigem Rühren dünsten, bis die Zwiebeln glasig sind und beginnen goldbraun zu werden.

2. Die restlichen Zutaten unterrühren und die Sauce etwa 20 Minuten köcheln lassen, bis sie so dickflüssig ist, dass sie leicht an einem Löffel haften bleibt.

VARIANTE: PIZZASAUCE
Dafür die Tomatensauce weitere 30 Minuten leicht köcheln lassen, um sie stärker einzudicken. Dann in den Mixer geben und glatt pürieren.

NÄHRWERTE (pro Portion)				
kcal	F	E	KH	B
46	3,6 g	0,6 g	2,9 g	0,7 g
	70 %	5 %	25 %	

Gelbe Marinarasauce

KETO · NUSSFREI · MILCHFREI

VORBEREITUNG: 5 Minuten
GARZEIT: 3½ Stunden
MENGE: 1,8 l (ca. 80 ml pro Portion)

2¼ kg gelbe Tomaten

50 g Rindertalg oder 60 ml Kokosöl (oder 60 g ungesalzene Butter, siehe Tipp)

3 mittelgroße Zwiebeln, fein gewürfelt

1 Prise und 1 TL feines Meersalz

100 g Champignons, in Scheiben geschnitten (siehe Tipp)

2 geröstete Knoblauchknollen (Seite 52), Zehen ausgelöst und klein gehackt, oder 8 rohe Knoblauchzehen, fein gewürfelt

5 Stängel frisches Basilikum, fein gehackt

2 Stängel frische Blattpetersilie oder 1 TL getrocknete

1 Stängel frischer Oregano oder 1 TL getrockneter

1 Stängel frischer Thymian oder ½ TL getrockneter

2 Lorbeerblätter

2 TL Chiliflocken, nach Belieben

½ TL flüssiger Steviaextrakt, nach Belieben

TIPP:
Wer Milchprodukte verträgt, kann ungesalzene Butter verwenden, die – genauso wie die Champignons – den säuerlichen Geschmack der Tomaten mildert.

Eine gute Tomatensauce zeichnet sich durch ein ausgewogenes Verhältnis von Süße und Säure aus. Ihre Zubereitung ist deshalb nicht ganz einfach. In diesem Rezept finden Sie einige Tricks, um der natürlichen Säure von Tomaten entgegenzuwirken, etwa durch die Auswahl der Tomaten: gelbe haben weniger Säure als rote. Und die karamellisierten Zwiebeln bringen eine natürliche Süße mit sich, die hilft, den säuerlichen Geschmack auszugleichen.

1. Eine Schüssel mit Eiswasser bereitstellen. In einem großen Topf Wasser zum Kochen bringen.

2. Die Tomaten am Stielansatz x-förmig einritzen und 10 Sekunden in das kochende Wasser geben, dann in das Eiswasser tauchen. Danach häuten (die Schale lässt sich ganz einfach abziehen) und vierteln. Mit einem Teelöffel die Kerne herausschaben und die Tomatenstücke grob zerkleinern.

3. In einem großen Suppentopf auf mittlerer Stufe den Rindertalg erhitzen. Die Zwiebeln zufügen und 15 bis 20 Minuten unter ständigem Rühren bräunen (sie dürfen jedoch nicht schwarz werden). Nach etwa 5 Minuten die Zwiebeln mit einer Prise Salz bestreuen (Salz entzieht ihnen Feuchtigkeit und fördert so das Karamellisieren). Wenn sich die Zwiebeln am Topfboden festsetzen, zum Ablösen eine ganz kleine Menge Wasser oder Brühe hinzufügen und kräftig rühren.

4. Sind die Zwiebeln gleichmäßig gebräunt, die Pilze und den Knoblauch unterheben und etwa 8 Minuten dünsten, bis die Pilze weich sind. Tomaten, Basilikum, Kräuterzweige oder getrocknete Kräuter, Lorbeerblätter, Salz und nach Belieben Chiliflocken unterrühren. 2 bis 3 Stunden bei niedriger Hitze simmern lassen, bis sie beginnt dunkler zu werden. Kräuterstängel und Lorbeerblätter entfernen und nach Belieben Stevia unterrühren.

5. Nach Belieben die Sauce mit dem Pürierstab glatt pürieren; unpüriert ist sie dicker.

6. In einem luftdicht verschlossenen Glas hält sich die Sauce im Kühlschrank bis zu 7 Tage. Kurz vor dem Servieren können zusätzliche Geschmacksverbesserer (siehe unten) zugefügt werden.

MÖGLICHE GESCHMACKSVERBESSERER UND SÄURENEUTRALISIERER:
Crème double: Einen Teelöffel voll einrühren und ein paar Minuten mitköcheln lassen, das bindet die Sauce auch ein wenig.
Hartkäse: Für eine herzhafte Note 110 g geriebenen Parmesan, Pecorino oder einen anderen Hartkäse einrühren.
Frischkäse & Co.: Ein Esslöffel Doppelrahmfrischkäse, Mascarpone oder Crème fraîche neutralisiert die Säure.

NÄHRWERTE (pro Portion)				
kcal	F	E	KH	B
48	2,5 g	0,9 g	5,5 g	0,9 g
	47 %	8 %	46 %	

Keto-Ketchup

KETO · NUSS FREI · MILCH FREI

VORBEREITUNG: 2 Minuten
GARZEIT: 45 Minuten
MENGE: 480 ml (2 EL pro Portion)

360 ml Rinder- oder Hühnerknochenbrühe (Seite 48) oder Wasser

1 Tube (200 g) Tomatenmark

2 EL Apfelwein- oder Kokosessig

1 EL Erythrit oder 1 Tropfen flüssiger Steviaextrakt

1 TL Knoblauchpulver

1 TL Zwiebelpulver

1 TL feines Meersalz

1. Alle Zutaten in einen mittelgroßen Topf geben und zum Kochen bringen. Die Hitze verringern und den Ketchup 45 Minuten sanft köcheln lassen.

2. Zum Aufbewahren den Ketchup in einen luftdicht verschließbaren Behälter füllen. Im Kühlschrank hält er sich bis zu 2 Wochen.

NÄHRWERTE (pro Portion)				
kcal	F	E	KH	B
17	0,2 g	1 g	2,7 g	0,5 g
	11 %	24 %	64 %	

WÜRZMITTEL, DRESSINGS, BRÜHE UND ANDERE BASICS

Bacon-Mayonnaise

KETO | NUSS FREI | MILCH FREI

VORBEREITUNG: 5 Minuten
MENGE: 300 ml (1 EL pro Portion)

2 große Eigelbe
3 TL Zitronensaft
240 ml ausgelassenes Baconfett, lauwarm
feines Meersalz, nach Belieben

KÜCHENGERÄT

Küchenmaschine

1. Die Eigelbe und einen Teelöffel Zitronensaft in die Rührschüssel der Küchenmaschine geben und auf kleiner Stufe gründlich mischen.
2. Die Küchenmaschine auf die niedrigste Stufe stellen und das Fett zunächst tropfenweise unterrühren (wird zu viel Fett auf einmal hinzugefügt, trennt es sich vom Eigelb).
3. Sobald die Mischung emulgiert und andickt, das Fett in einem dünnen Strahl unterrühren.
4. Zum Schluss den restlichen Zitronensaft untermischen. Nach Belieben mit Salz abschmecken.
5. Die Mayonnaise im Kühlschrank aufbewahren und innerhalb von 5 Tagen verbrauchen.

NÄHRWERTE (pro Portion)				
kcal	F	E	KH	B
120	13,3 g	0 g	0 g	0 g
	100 %	0 %	0 %	

MILCHFREIE
Nacho-Sauce

KETO · NUSSFREI · MILCHFREI

VORBEREITUNG: 2 Minuten
GARZEIT: 5 Minuten
MENGE: 480 ml (ca. 60 ml pro Portion)

6 große Eigelbe

60 ml Limetten- oder Zitronensaft

1 EL hausgemachter Dijonsenf (Seite 55)

360 ml ausgelassenes Speck- oder geschmolzenes Entenfett, lauwarm

20 g Nährhefe

½ TL feines Meersalz

¼ TL Taco-Gewürz (Seite 84)

1. In einen Wasserbadtopf oder einen normalen Topf, auf den eine hitzebeständige mittelgroße Schüssel passt, 2,5 cm hoch Wasser füllen und bei starker Hitze zum Sieden bringen. Die Hitze so verringern, dass das Wasser beständig weitersiedet. Die jeweilige Schüssel aufsetzen.

2. Eigelbe, Limetten- oder Zitronensaft und Senf in die Schüssel geben und mit dem Schneebesen verquirlen. Unter ständigem Weiterschlagen das flüssige Fett langsam in einem feinen Strahl zugießen (das dauert gut 90 Sekunden). Die Sauce unter Rühren bis auf 60 °C erhitzen.

3. Nährhefe, Salz und Taco-Gewürz untermischen. Etwa 3 Minuten weiter mit dem Schneebesen schlagen, bis die Sauce eine sämige Konsistenz hat. Dabei die Hitze so regulieren, dass die Temperatur der Sauce 60 °C nicht übersteigt. Wenn nötig, die Schüssel vom Wasserbad bzw. Topf nehmen. Die Sauce nach Belieben mit den verwendeten Gewürzen abschmecken.

4. In einem luftdicht verschließbaren Behälter hält sich die Sauce im Kühlschrank bis zu 2 Wochen. Bei niedriger Temperatur im Wasserbad aufwärmen, nicht im Topf.

NÄHRWERTE (pro Portion)

kcal	F	E	KH	B
416	42,4 g	4,7 g	3,9 g	1,4 g
	92 %	5 %	4 %	

Keto-Grillsauce

KETO | **NUSSFREI** | **MILCHFREI**

VORBEREITUNG: 3 Minuten
MENGE: 600 ml (ca. 1½ EL pro Portion)

480 ml Keto-Ketchup (Seite 70)

3 EL Erythrit oder 1 TL flüssiger Steviaextrakt

2 EL Kokos- oder Apfelweinessig

1½ TL Flüssigrauch

½ TL Zwiebelpulver

½ TL Knoblauchpulver

½ TL schwarzer Pfeffer aus der Mühle

⅛ TL feines Meersalz

1. Alle Zutaten in eine große Schüssel geben und gründlich mischen.
2. Zum Aufbewahren die Grillsauce in einen luftdicht verschließbaren Behälter füllen und in den Kühlschrank stellen. Sie hält sich bis zu 2 Wochen.

NÄHRWERTE (pro Portion)				
kcal	F	E	KH	B
15	0 g	0 g	3,7 g	0 g
	0 %	0 %	100 %	

Sauce béarnaise aus brauner Butter

KETO **NUSSFREI**

VORBEREITUNG: 5 Minuten
GARZEIT: 20 Minuten
MENGE: 720 ml (3 EL pro Portion)

---

120 ml braune Butter (Seite 78)

1 kleine Handvoll frischer Estragon oder frische Salbeiblätter, fein gehackt

2 Schalotten, fein gewürfelt

60 ml Kokos- oder Weißweinessig

12 große Eigelbe

feines Meersalz

KÜCHENGERÄT

Mixer

In diesem Rezept wird braune Butter anstelle von normaler Butter verwendet. Da braune Butter auch in zahlreichen anderen Rezepten Verwendung findet, lohnt es sich, sie auf Vorrat herzustellen und in einem Glas im Kühlschrank aufzubewahren. Sie ist eine wichtige und köstliche Zutat.

1. Die braune Butter in einen mittelgroßen Topf geben und auf mittlerer Stufe erhitzen. Estragon, Schalotten und Essig unterrühren. Die Buttermischung 15 Minuten köcheln lassen. Vom Herd nehmen und etwas abkühlen lassen.

2. Die Eigelbe in den Mixer geben und bei mittlerer Geschwindigkeit die Buttermischung langsam in feinem Strahl einfließen lassen. Wenn die Sauce beginnt, sich zu einer Emulsion zu verbinden, den Mixer auf die schnellste Stufe stellen und die restliche Buttermischung ein wenig schneller hinzufügen. Mit Salz abschmecken.

TIPP:
Bei der Zubereitung per Hand die Eigelbe in eine große Schüssel geben und mit dem Schneebesen verquirlen. Unter ständigem kräftigen Weiterschlagen die Buttermischung langsam in einem feinen Rinnsal hinzufügen. Sobald die Sauce bindet, kann die restliche Butter ein wenig schneller hinzugefügt werden. Mit Salz abschmecken.

VARIANTE: MILCHFREIE SAUCE BÉARNAISE
Anstelle der braunen Butter 120 ml zerlassenen Rindertalg oder ausgelassenes Speckfett verwenden.

NÄHRWERTE (pro Portion)

kcal	F	E	KH	B
93	9,1 g	2,2 g	0,9 g	0 g
	88 %	9 %	4 %	

Braune Butter

KETO | **NUSS FREI**

GARZEIT: 5 Minuten
MENGE: 120 ml (2 EL pro Portion)

120 g ungesalzene Butter, gewürfelt
¼ TL feines Meersalz

In Frankreich heißt die braune Butter Beurre noisette, „Haselnussbutter". Diese Bezeichnung bezieht sich auf die braune Haut der Haselnusskerne und den leicht nussigen Geschmack der braunen Butter (nicht zu verwechseln mit handelsüblicher deutscher Haselnussbutter, die eine Mischung aus Butter und Haselnüssen ist). Zum Bräunen wird die Butter so lange erhitzt, bis das Milcheiweiß karamellisiert und ein Teil des Wassers verdunstet ist. Gebräunte Butter verleiht allen Gerichten, die Butter als Zutat enthalten, ein reichhaltiges, nussiges Aroma. Außerdem kann man sie als warme Sauce zu sehr vielen Gerichten reichen, zum Beispiel zu gegartem Gemüse oder zu falscher Pasta, wie der Zucchini-„Pasta" (Seite 296) oder der Kohl-„Pasta" aus dem Schongarer (Seite 294) sowie zu Fisch, Omeletts und Hühnchen. Ich rühre ein wenig braune Butter sogar unter den hausgemachten Senf, um ihn ketogener zu machen.

1. Die Butter in einen Topf mit dickem Boden geben und auf hoher Stufe 5 Minuten schmelzen, dabei ständig mit einem Schneebesen rühren.

2. Wenn die Butter Blasen schlägt und aufschäumt, auf die braunen Flecken (das sich bräunende Milcheiweiß) achten, die sich bilden, wenn der Schaum zusammenfällt. Den Topf dann schnell vom Herd nehmen, dabei weiterrühren.

3. Die Butter noch weitere 30 bis 40 Sekunden kräftig mit dem Schneebesen rühren und dabei das Salz hinzufügen. Dann sofort in ein hitzebeständiges Glas umfüllen, damit die Butter nicht weiterbrät und schwarz wird.

4. In einem luftdicht verschließbaren Glas hält sich die braune Butter im Kühlschrank mindestens 4 Wochen.

HINWEIS:
Lässt man die Butter länger auf dem Herd (oder zu lange in dem heißen Topf), werden die Flecken schwarz und es entsteht Beurre noir (schwarze Butter). In der französischen Küche wird sie häufig verwendet. Allerdings schmeckt sie ziemlich verbrannt, was nicht jedermanns Geschmack ist.

NÄHRWERTE (pro Portion)

kcal	F	E	KH	B
208	23 g	0,3 g	0 g	0 g
	99%	1%	0%	

Fatburner-Sauce Chimichurri

KETO | NUSS FREI | MILCH FREI

VORBEREITUNG: 5 Minuten
plus 1 Stunde Ruhezeit

MENGE: 480 ml (ca. 2 EL pro Portion)

1 geröstete Knoblauchknolle (Seite 52) oder 3 rohe Knoblauchzehen
1 Bund Blattpetersilie
120 ml MCT-Öl
80 ml Kokosessig
1 kleine Handvoll frischer Koriander
¾ TL Chiliflocken
½ TL gemahlener Kreuzkümmel
½ TL feines Meersalz

KÜCHENGERÄT

Küchenmaschine

Mit gesunden, schmackhaften Fetten zubereitete Saucen und Salatdressings sind eine einfache und köstliche Möglichkeit, ein kohlenhydratarmes in ein ketogenes Gericht zu verwandeln. Ein Steak allein enthält nicht genügend Fett für eine ketogene Mahlzeit. Fügt man jedoch eine geschmackvolle, fettreiche Sauce hinzu, wird daraus ein sättigendes ketogenes Mahl. Die mit reichlich Kräutern und Knoblauch zubereitete argentinische Chimichurri-Sauce passt nicht nur hervorragend zu Steaks, sondern auch zu Hühnchen, Fisch und Meeresfrüchten. Köstlich ist sie auch zur Zucchini-„Pasta" (Seite 296).

1. Die Zehen aus der gerösteten Knoblauchknolle lösen bzw. die rohen Knoblauchzehen schälen.
2. Knoblauch zusammen mit den restlichen Zutaten in die Küchenmaschine geben und das Ganze zu einer glatten Sauce pürieren.
3. Die Sauce in eine Servierschüssel füllen und eine Stunde bei Zimmertemperatur ruhen lassen, damit sich die Aromen entfalten und verbinden können.
4. Zum Aufbewahren die Sauce in einen luftdicht verschließbaren Behälter füllen. Sie hält sich im Kühlschrank bis zu 2 Wochen.

NÄHRWERTE (pro Portion)

kcal	F	E	KH	B
67	7,1 g	0,2 g	0,5 g	0 g
	95 %	1 %	3 %	

DAS KETO-KOCHBUCH

Enchilada-Sauce

KETO | **NUSS FREI** | **MILCH FREI**

VORBEREITUNG: 10 Minuten
GARZEIT: 15 Minuten
MENGE: ca. 720 ml (60 ml pro Portion)

480 ml Rinder- oder Hühnerknochenbrühe (Seite 48)

300 g gelbe Tomaten, gewürfelt

Fruchtfleisch einer halben Avocado

1 geröstete Knoblauchknolle (Seite 52), Zehen ausgelöst

5 EL Chilipulver

2 EL fein gehackter frischer Oregano oder ½ TL getrockneter

2 EL Rindertalg oder Entenfett oder ein anderes Fett, geschmolzen

1 EL Kokosessig

½ TL gemahlener Kreuzkümmel

Bei vielen meiner Testesser diverser Enchilada-Saucen ging dieses Rezept immer wieder als Gewinner hervor. Die Verwendung einer hausgemachten Knochenbrühe ist der Schlüssel zu einer sämigen, geschmackvollen Sauce. Gekaufte Brühen funktionieren zwar ebenfalls, doch die Sauce wird längst nicht so schön sämig. Wichtig ist es auch, die Zutatenliste handelsüblicher Brühen genau zu lesen. Oft enthalten sie Mononatriumglutamat als Geschmacksverstärker und andere bedenkliche Lebensmittelzusatzstoffe.

1. Alle Zutaten in die Küchenmaschine geben und zu einer glatten Sauce pürieren.
2. Die Sauce in einen kleinen Topf füllen und bei geringer Hitze etwa 15 Minuten köcheln lassen, bis sie eine sämige Konsistenz hat.

KÜCHENGERÄT

Küchenmaschine

ZEITSPARTIPP:

Um die Sauce auf Vorrat zu kochen, brauchen Sie die Zutatenmengen einfach nur zu verdoppeln. Die fertige Sauce lässt sich gut einfrieren. So hat man sie jederzeit zur Hand und kann damit auch mal Essensreste aufpeppen.

NÄHRWERTE (pro Portion)				
kcal	F	E	KH	B
59	4,2 g	1,6 g	3,7 g	2 g
	64 %	11 %	25 %	

Taco-Gewürz

KETO ■□□ | **NUSS FREI** | **MILCH FREI**

VORBEREITUNG: 2 Minuten
MENGE: 8 EL (1 EL pro Portion)

- 2 EL Chilipulver
- 1 EL gemahlener Kreuzkümmel
- 2 TL feines Meersalz
- 2 TL schwarzer Pfeffer aus der Mühle
- 1 TL Paprikapulver
- 1 TL gemahlener Koriander
- ½ TL Knoblauchpulver
- ½ TL Zwiebelpulver
- ½ TL Chiliflocken
- ½ TL gemahlener Oregano
- 2 TL Erythrit, nach Belieben

Wenn ich eine Gewürzmischung verwende, erwarte ich, dass sie aus Gewürzen besteht. Ist das zu viel verlangt? Wahrscheinlich, denn schauen Sie sich mal die Zutatenliste handelsüblicher Taco-Gewürze an. Da finden Sie nicht nur Salz und Gewürze wie Paprika oder Knoblauchpulver, sondern auch Maismehl, modifizierte Maisstärke, Maltodextrin, Zucker, Zitronensäure, Hefeextrakt, natürliche Aromen und Zuckercouleur. Zudem stehen die Gewürze keineswegs an erster Stelle der Liste, was sie als Hauptbestandteile deklarieren würde. Es gibt auch noch andere Probleme. So wird Zuckercouleur, eine in der EU zugelassene Lebensmittelfarbe, mit einem erhöhten Krebsrisiko in Verbindung gebracht. Und während Zucker einen glykämischen Index von 65 hat, liegt Maltodextrin bei 105! Daher verwende ich lieber nur mein hausgemachtes Taco-Gewürz.

1. Alle Zutaten in Schüssel geben und gründlich mischen.
2. In einem luftdicht verschließbaren Behälter aufbewahren. Vor Hitze und Licht geschützt hält sich die Gewürzmischung bis zu 2 Monate.

NÄHRWERTE (pro Portion)				
kcal	F	E	KH	B
16	0,6 g	0,5 g	2,2 g	1,1 g
	34 %	12 %	55 %	

84

WÜRZMITTEL, DRESSINGS, BRÜHE UND ANDERE BASICS

Gewürz für Fisch und Meeresfrüchte

KETO · NUSSFREI · MILCHFREI

VORBEREITUNG: 2 Minuten
MENGE: 18 EL (1 EL pro Portion)

3 EL geräuchertes Paprikapulver
3 EL feines Meersalz
3 EL Knoblauchpulver
2 EL Zwiebelpulver
2 EL gemahlener Oregano
2 EL gemahlener Thymian
1½ EL schwarzer Pfeffer aus der Mühle
1½ EL Cayennepfeffer

1. Alle Zutaten in eine Schüssel geben und gründlich mischen.
2. In einem luftdicht verschließbaren Behälter und geschützt vor Hitze und Licht aufbewahren. Dann hält sich die Gewürzmischung bis zu 3 Monate. Besser ist es jedoch, sie innerhalb eines Monats zu verbrauchen.

NÄHRWERTE (pro Portion)				
kcal	F	E	KH	B
23	0,4 g	0,8 g	4 g	1,5 g
	16 %	14 %	70 %	

Kräuter selbst konservieren

Einfrieren und Trocknen sind großartige Möglichkeiten, Kräuter für die langen Wintermonate zu konservieren. Fürs Trocknen eignen sich am besten verholzende Kräuterpflanzen, die länger mitgegart werden, wie beispielsweise Oregano, Rosmarin, Salbei und Thymian. Sie lassen sich aber auch einfrieren. Für krautige (weiche) Kräuter, die nur kurz mitgegart oder roh zum Garnieren verwendet werden, ist das Einfrieren am besten. Dazu zählen Basilikum, Schnittlauch, Dill, Minze, Liebstöckel, Petersilie und Estragon.

Wer seine Kräuter nicht selbst ziehen kann, sollte sich nach einer guten Quelle für biologisch angebaute Kräuter umschauen. Im Supermarkt, Gemüseladen oder auf Wochenmärkten muss Bioware gekennzeichnet sein (sonst ist es im Zweifelsfall keine) – und wie im Bioladen sind die Kräuterbündel klein und ziemlich teuer. Eine günstigere Quelle für größere Kräutermengen sind Bauernmärkte und Hofläden. Fragen Sie im Zweifel nach, ob die Kräuter biologisch angebaut wurden.

Warum ist es so wichtig, biologisch gezogene Kräuter zu verwenden? Ganz einfach, weil man wie bei Blattsalaten, Staudensellerie, Paprikaschoten und vielen anderen Gemüsesorten die ganze Pflanze verzehrt. Bei Früchten mit einer dicken, schützenden, nicht essbaren Schale, zum Beispiel bei Avocados oder Bananen, spielt es keine so große Rolle.

Der relativ geringe Zeitaufwand für das Konservieren von Kräutern lohnt sich allemal. Es spart Geld und bringt in der dunklen Jahreszeit ein wenig sommerfrisches Aroma auf den Teller.

KRÄUTER EINFRIEREN

SCHRITT 1: Kaufen oder ernten Sie biologisch gezogene Kräuter.

SCHRITT 2: Reinigen Sie die Kräuter zügig in reichlich Wasser. Tupfen Sie die Kräuter vorsichtig trocken oder machen Sie es wie meine Mutter, die ihre Kräuter in einer Salatschleuder ganz sanft trocken schleudert (sie liebt Küchenutensilien, während ich in dieser Hinsicht Minimalist bin). Achten Sie aber darauf, die Kräuter nicht zu zerdrücken.

SCHRITT 3: Zupfen oder streifen Sie mit den Fingern die Blätter von den Stängeln.

SCHRITT 4: Legen Sie die Blätter in einer dünnen Schicht auf ein Backblech oder Tablett, das waagerecht in Ihr Gefriergerät passt. Stellen Sie es in das Gefriergerät.

SCHRITT 5: Füllen Sie die gefrorenen Kräuter in Gefrierboxen und beschriften Sie diese mit dem Kräuternamen und dem Einfrierdatum. Verbrauchen Sie die Kräuter innerhalb von 6 Monaten.

KRÄUTER IN ÖL EINFRIEREN

SCHRITT 1–3: wie oben

SCHRITT 4: Füllen Sie die Fächer eines Eiswürfelbehälters mit Kräuterblättern und geben jeweils einen Esslöffel MCT-Öl oder ein hochwertiges Olivenöl darüber. Stellen Sie den Eiswürfelbehälter in das Gefriergerät.

SCHRITT 5: Füllen Sie die gefrorenen Kräuterwürfel in eine Gefrierbox oder einen Gefrierbeutel. Die Würfel können Sie bis zu 6 Monate im Gefriergerät aufbewahren.

KRÄUTER TROCKNEN

SCHRITT 1 + 2: wie oben

SCHRITT 3: Teilen Sie die Kräuter in kleine Bündel und binden Sie jeweils die Stiele mit einer dünnen Schnur zusammen.

SCHRITT 4: Hängen Sie die Bündel mit den Blättern nach unten an einem sauberen, trockenen und staubfreien Platz auf. Falls Sie die Kräuter vor Staub schützen müssen, leistet eine Spitztüte aus Papier gute Dienste: von der Spitze ein kleines Stück abschneiden, die Schnur durch das Loch führen und die Bündel samt Tüte aufhängen. Die Tüte nicht verschließen, sonst gelangt nicht genügend Luft an die Kräuter. Bis die Kräuter getrocknet sind, dauert es mehrere Tage. Die Trockenzeit hängt von der Raumtemperatur und der Luftfeuchtigkeit ab.

SCHRITT 5: Wenn die Kräuter vollkommen getrocknet sind, streifen Sie die Blätter von den Stielen.

SCHRITT 6: Füllen Sie die trockenen Kräuter in luftdicht verschließbare Gläser und beschriften Sie diese mit dem Namen des Krautes und dem Trocknungsdatum. Verbrauchen Sie die Kräuter innerhalb von 6 Monaten.

TIPPS:

Sommerfrisches Aroma mitten im Winter bietet Ihnen zum Beispiel in Olivenöl eingefrorenes Basilikum, das Sie für Pesto verwenden können. Schmeckt köstlich zur Zucchini-„Pasta" (Seite 296)!

Wenn Sie frische Kräuter durch getrocknete ersetzen, verwenden Sie zwei Drittel weniger. Beispiel: Ist im Rezept ein Esslöffel fein gehackter frischer Thymian angegeben, brauchen Sie nur einen Teelöffel getrockneten.

Braune-Butter-Sirup

KETO

VORBEREITUNG: 1 Minute
GARZEIT: 5 Minuten
MENGE: 360 ml (2 EL pro Portion)

---

120 g ungesalzene Butter, gewürfelt

110 g Erythrit (fein wie Puderzucker)

120 ml ungesüßte Mandelmilch

¼ TL feines Meersalz

1 TL Ahornextrakt oder 2 Tropfen Ahornöl, nach Belieben

2 EL Doppelrahmfrischkäse, nach Bedarf

Am häufigsten wird Erythrit in einer Körnung wie der normale Haushaltszucker angeboten. Für diesen Buttersirup rate ich jedoch, ein Erythrit-Produkt zu verwenden, das so fein wie Puderzucker ist. Bei einer gröberen Körnung trennt sich die Mandelmilch von der Butter und es bilden sich Klumpen, wenn der Sirup zur Aufbewahrung im Kühlschrank steht. Falls Sie kein fein pulverisiertes Erythrit verwenden, sollten Sie zum Schluss zwei Esslöffel Frischkäse unterrühren. Er hilft, dass sich die Zutaten zu einer Emulsion verbinden und der Sirup später nicht klumpt.

1. Die Butter in einen Topf mit dickem Boden geben und auf hoher Stufe 5 Minuten erhitzen und dabei ständig mit einem Schneebesen rühren. Die Butter wird Blasen schlagen und aufschäumen. Jetzt gut auf die braunen Flecken (das sich bräunende Milcheiweiß) achten, die sich bilden, wenn der Schaum zusammenfällt.

2. Sobald die vielen braunen Flecken auftauchen, den Topf vom Herd nehmen, sonst verbrennt die Butter und wird schwarz. Sofort das Erythrit mit dem Schneebesen einrühren, bis es sich vollständig aufgelöst hat. Das Salz und nach Belieben Ahornextrakt oder Ahornöl untermischen. Bei der Verwendung von grobkörnigerem Erythrit den Frischkäse unterrühren.

3. Den Sirup in ein luftdicht verschließbares Glas füllen und im Kühlschrank aufbewahren. Dort hält er sich bis zu 2 Wochen. Durch die Kälte verdickt sich der Sirup, weil die Butter fest wird. Zur Verwendung die benötigte Menge Sirup aus dem Glas nehmen und auf dem Herd oder in der Mikrowelle erwärmen.

NÄHRWERTE (pro Portion)

kcal	F	E	KH	B
77	8,4 g	0,2 g	0,2 g	0 g
	98%	1%	1%	

Frühstück

Keto-Pfannkuchen mit Sirup

KETO

VORBEREITUNG: 7 Minuten

GARZEIT: ca. 5 Minuten pro Pfannkuchen

MENGE: 12 Stück mit ca. 13 cm Durchmesser (3 Stück pro Portion)

---

3 große Eier, Eiweiß und Eigelb getrennt

2 EL Eiklarpulver mit Vanille oder (wenn verträglich) Molkeneiweißpulver mit Vanille

1 TL Vanilleextrakt oder z. B. Mandel- oder Ahornextrakt

1 TL flüssiger Steviaextrakt

Kokosöl, ungesalzene Butter oder Ghee zum Braten

120 ml Braune-Butter-Sirup (Seite 88)

1. Für den Teig die Eiweiße in eine Schüssel geben und zu einem sehr festen Eischnee schlagen. Die Eigelbe leicht verquirlen und unter den Eischnee heben. Eiklar- oder Molkeneiweißpulver, Vanilleextrakt und Steviaextrakt unterrühren.

2. Ein bis zwei Esslöffel Bratfett in einer kleinen antihaftbeschichteten Pfanne auf mittlerer Stufe erhitzen, bis hineingespritzte Wassertropfen zischen. Eine kleine Schöpfkelle (60 ml) Teig in die Pfanne geben und zu einem runden Pfannkuchen verstreichen. Den Pfannkuchen auf jeder Seite ca. 2 Minuten backen, bis er goldbraun ist.

3. Den Pfannkuchen herausnehmen, auf einen Teller legen und mit Alufolie abdecken, damit er warm bleibt.

4. Die restlichen Pfannkuchen genauso backen und warm halten. Bei Bedarf weiteres Bratfett hinzufügen.

5. Die Pfannkuchen mit Sirup servieren.

NÄHRWERTE (pro Portion)				
kcal	F	E	KH	B
170	15 g	8,2 g	0,6 g	0
	79 %	19 %	1 %	

FRÜHSTÜCK

Französische Rühreier

KETO NUSS FREI

VORBEREITUNG: 5 Minuten plus 24 Stunden Beizzeit für den Gravlax
GARZEIT: 7 Minuten
MENGE: 2 Portionen

Das sind nicht irgendwelche Rühreier – es sind die cremigsten, die Sie jemals gegessen haben. Diese nach französischer Art zubereiteten Rühreier sind so lecker und saftig, dass sie Ihre Vorstellung von einem guten Rührei grundlegend beeinflussen werden. Ich esse sie gerne auf einer getoasteten und gebutterten Scheibe Keto-Brot (Seite 288) mit etwas milchfreier Hollandaise (Seite 53) dazu.

2 EL Kokosöl oder ungesalzene Butter
6 große Eier
1 Kirschtomate, fein gewürfelt, nach Belieben
2 EL frische Schnittlauchröllchen
½ TL feines Meersalz
½ TL schwarzer Pfeffer aus der Mühle
2 EL Crème fraîche oder saure Sahne
110 g selbst gebeizter Gravlax (Seite 248), in kleine Stücke geschnitten

1. Das Öl oder die Butter in einer kleinen Pfanne bei geringer bis mittlerer Hitze heiß werden lassen.
2. In der Zwischenzeit die Eier aufschlagen und mit den Tomatenwürfeln (nach Belieben), Schnittlauch, Salz und Pfeffer verquirlen.
3. Die Eiermischung in die Pfanne gießen und unter Rühren stocken lassen, bis sie die bevorzugte Konsistenz erreicht hat.
4. Die Rühreier vom Herd nehmen. Crème fraîche oder Sahne gut untermischen und den Gravlax unterheben. Sofort servieren.

NÄHRWERTE (pro Portion)				
kcal	F	E	KH	B
476	37 g	32 g	4,4 g	0,6 g
	70 %	27 %	3 %	

93

Milchfreie Frühstückspizza

KETO · NUSSFREI · MILCHFREI

VORBEREITUNG: 10 Minuten
GARZEIT: 25 Minuten
MENGE: eine Pizza (6 Portionen)

Speckfett oder Kokosöl für das Blech

FÜR DEN PIZZABODEN

6 große Eier, Eiweiße und Eigelbe getrennt

½ TL Weinstein

3 EL Eiklarpulver, natur, oder (wenn verträglich) 6 EL Molkeneiweißpulver, natur

2 TL Pizzagewürz, nach Belieben

FÜR DEN BELAG

1 EL MCT-Öl

240 ml Pizzasauce (Seite 67)

6 Scheiben gekochter Schinken oder 220 g grobe Bratwurst, gebraten und Brät zerkrümelt

2–3 Handvoll gemischte frische Kräuter nach Wahl, gehackt

3 große Eier

feines Meersalz

schwarzer Pfeffer aus der Mühle

240 ml milchfreie Sauce hollandaise (Seite 53), mit ausgelassenem Speckfett zubereitet

ZUSÄTZLICH NACH BELIEBEN

grüne Paprikaschote, in feine Streifen geschnitten

Zwiebelringe

Champignons, in Scheiben geschnitten

1. Den Backofen auf 160 °C vorheizen. Ein kleines Backblech (32 × 24 cm) mit hohem Rand oder eine Gusspfanne (Durchmesser 20 cm) einfetten.

2. Für den Pizzaboden Eiweiße und Weinstein in eine Schüssel geben und zu sehr steifem Eischnee schlagen. Eiklar- oder Molkeneiweißpulver nach und nach in den Eischnee sieben und unterheben.

3. Die Eigelbe und nach Belieben das Pizzagewürz in eine kleine Schüssel geben und gut verquirlen. Mit einem Pfannenwender die Eigelbmasse vorsichtig unter den Eischnee heben.

4. Die Eiermischung auf das Backblech oder in die Pfanne geben und zu einer gleichmäßigen Schicht verstreichen, dabei am Rand ein wenig hochziehen. Den Pizzaboden 18 Minuten backen, bis die Oberfläche goldbraun ist. Aus dem Ofen nehmen und die Oberfläche mit MCT-Öl bestreichen.

5. Für den Belag die Pizzasauce auf dem Boden verstreichen. Schinken oder Brät, Kräuter und nach Belieben weiteren Belag auf dem Boden verteilen.

6. Drei kleine flache Mulden in den Belag drücken, die Eier einzeln aufschlagen und vorsichtig in je eine Mulde gleiten lassen. Mit Salz und Pfeffer bestreuen.

7. Die Pizza im Backofen weitere 5 bis 7 Minuten backen, bis die Eier die gewünschte Konsistenz haben.

8. Die Pizza aus dem Ofen nehmen, mit Sauce hollandaise beträufeln und sofort servieren.

NÄHRWERTE (pro Portion)				
kcal	F	E	KH	B
571	53,5 g	19,5 g	5,8 g	5 g
	84 %	14 %	4 %	

DAS KETO-KOCHBUCH

Schwimmende Eierinseln

KETO

VORBEREITUNG: 25 Minuten
GARZEIT: 30 Minuten
MENGE: 4 Portionen

---

960 ml ungesüßte Mandelmilch mit Vanillegeschmack
1 Vanilleschote (ca. 8 cm lang)
6 große Eier, getrennt
10 EL Erythrit
¼ TL feines Meersalz
60 ml Braune-Butter-Sirup (Seite 88), zimmerwarm

KÜCHENGERÄT

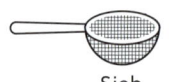
Sieb

Vielleicht denken Sie bei diesem Rezept eher an ein Dessert. Aber diese Eierspeise ist als süße, leckere Möglichkeit gedacht, das Fasten einmal anders als sonst zu brechen.

Falls Sie mehr Vanillesauce als nötig hergestellt haben, können Sie sie in einem luftdichten Behältnis einfrieren und später kalt oder warm servieren.

1. Für die Vanillesauce die Hälfte der Mandelmilch in einen Topf geben und zum Kochen bringen. Den Topf vom Herd nehmen.

2. Die Vanilleschote der Länge nach halbieren und 15 Minuten zum Einweichen in die Mandelmilch geben. Anschließend das Mark aus der Schote kratzen und in die Milch rühren. Die Schote wegwerfen.

3. Die Eigelbe, 5 Esslöffel Erythrit und das Salz in eine Schüssel geben und mit dem Schneebesen schaumig schlagen, bis sich das Erythrit vollständig aufgelöst hat. Unter ständigem Weiterschlagen langsam die aromatisierte Mandelmilch hinzufügen.

4. Die Milchmischung in den Topf gießen und bei geringer Hitze unter ständigem Rühren 15 bis 20 Minuten köcheln lassen, bis die Sauce so dick ist, dass sie leicht an einem Löffel haften bleibt. Geduldig bleiben! Wird dieser Schritt zu schnell oder bei starker Hitze ausgeführt, gerinnen die Eier.

5. Die Sauce durch ein feines Sieb streichen und beiseitestellen.

6. Für die „Inseln" das Eiweiß zu Eischnee schlagen, der so steif ist, dass er Spitzen bildet. Dann unter ständigem Weiterschlagen das restliche Erythrit langsam in den Eischnee rieseln lassen.

7. Die restliche Mandelmilch in einen Topf geben und zum Sieden bringen.

8. Für die einzelnen „Inseln" mit dem Schaumlöffel insgesamt acht eigroße Portionen vom Eischnee abstechen, in die Mandelmilch gleiten lassen und 30 Sekunden pochieren. Die „Insel" wenden und nochmals 30 Sekunden garziehen lassen. Zum Abtropfen auf ein sauberes Küchentuch setzen.

9. Die Vanillesauce auf vier tiefe Teller verteilen und jeweils zwei „Inseln" hineinsetzen. Mit Sirup beträufeln und sofort servieren.

ZEITSPARTIPP:
Den Sirup habe ich immer auf Vorrat im Kühlschrank. Das vereinfacht das Frühstück. Er lässt sich im Nu in einem kleinen Topf oder in der Mikrowelle erwärmen und ist sofort einsatzbereit für Frühstücksgerichte wie dieses.

NÄHRWERTE (pro Portion)

kcal	F	E	KH	B
181	14,2 g	10,5 g	1,7 g	1 g
	71%	23%	4%	

Zucchinipuffer mit Sauce hollandaise

KETO **NUSS FREI**

VORBEREITUNG: 8 Minuten plus 15 Minuten Abtropfzeit für die Zucchini

GARZEIT: 10 Minuten

MENGE: 4 Puffer (1 pro Portion)

---

2 mittelgroße Zucchini, geraspelt

2 TL feines Meersalz

1 großes Ei, verquirlt

30 g geriebener Parmesan oder (bei Milchunverträglichkeit) 15 g Nährhefe

2 EL fein zerkleinerte Frühlingszwiebeln

½ TL Cayennepfeffer oder schwarzer Pfeffer aus der Mühle, nach Belieben

60 ml Kokosöl, Speck- oder Entenfett

240 ml milchfreie oder traditionelle Sauce hollandaise (Seite 53)

1. Die Zucchini in eine Schüssel geben und mit Salz bestreuen. 10 bis 15 Minuten ziehen lassen. Die Flüssigkeit mit den Händen möglichst vollständig ausdrücken und wegschütten.

2. Für den Teig Ei, Parmesan, Frühlingszwiebeln und (nach Belieben) Pfeffer zu den Zucchini geben und das Ganze gründlich mischen.

3. In einer großen Pfanne auf mittlerer Stufe das Öl oder Fett erhitzen. Mit den Händen vier etwa 1,5 cm dicke Puffer formen und auf jeder Seite etwa 5 Minuten braten, bis sie goldbraun sind. Passen nicht alle Puffer gleichzeitig in die Pfanne, die fertigen auf ein Kuchengitter legen, auf Küchenpapier würden sie durchweichen.

4. Die Zucchinipuffer mit Sauce hollandaise servieren.

NÄHRWERTE (pro Portion)				
kcal	F	E	KH	B
436	46 g	3 g	2,3 g	0,4 g
	95 %	3 %	2 %	

Keto-Bagels

KETO **NUSS FREI** **MILCH FREI**

VORBEREITUNG: 5 Minuten
GARZEIT: 20 Minuten
MENGE: 12 Bagels (1 pro Portion)

Fett für die Backform
6 EL Eiklarpulver mit Vanillegeschmack
2 EL Kokosmehl
1 TL Backpulver
¼ TL feines Meersalz
½ TL Xanthan, nach Belieben (siehe Tipp)
60 ml Kokosöl, zerlassen
10 große Eier
2 TL Heidelbeerextrakt oder ein paar Tropfen Butteröl, nach Belieben

NÄHRWERTE (pro Portion)			
kcal	F	E	KH	B
119	8,9 g	7,8 g	2 g	1 g
	67 %	26 %	7 %	

1. Den Backofen auf 160 °C vorheizen. Zwei Donut-Bleche einfetten.
2. Eiklarpulver, Kokosmehl, Backpulver und Salz in eine mittelgroße Schüssel geben und mischen. Sofern gewünscht, das Xanthan in einer kleinen Schüssel mit dem Kokosöl glatt rühren.
3. Kokosöl (mit oder ohne Xanthan), Eier und nach Belieben Heidelbeerextrakt oder Butteröl zu den trockenen Zutaten geben und das Ganze zu einem glatten Teig verrühren.
4. Den Teig in die Mulden des Donut-Blechs füllen. Die Bagels 20 Minuten im Ofen backen, bis ihre Oberfläche goldbraun ist.
5. In einem luftdicht verschließbaren Behälter halten sich die Bagels im Kühlschrank bis zu einer Woche, eingefroren bis zu einem Monat.

TIPP:
Durch Xanthan erhalten die Brötchen einen angenehmen Biss.

Bagel mit Gravlax

KETO **NUSS FREI**

VORBEREITUNG: 5 Minuten
plus 24 Stunden Beizzeit für den Gravlax
MENGE: 1 Portion

---

1 EL (ca. 15 g) Doppelrahmfrischkäse
½ TL fein zerkleinerte Frühlingszwiebeln
1 Keto-Bagel (siehe oben), halbiert
1 kleine Scheibe Gravlax (Seite 248)
½ TL fein gehackter frischer Dill
1 TL Kapern
1 Zitronenachtel

1. Frischkäse und Frühlingszwiebeln in eine kleine Schüssel geben und verrühren.
2. Die Bagelhälften mit Frischkäse bestreichen. Gravlax, Dill und Kapern darauf verteilen und mit etwas Zitronensaft beträufeln.

NÄHRWERTE (pro Portion)			
kcal	F	E	KH	B
171	12,8 g	9,3 g	4,7 g	1 g
	67 %	22 %	11 %	

Frühstücks-Sushi

VORBEREITUNG: 10 Minuten
GARZEIT: 5 Minuten
MENGE: 1 Portion

Rindertalg, ausgelassenes Baconfett oder ungesalzene Butter

2 große Eier

¼ TL feines Meersalz

15 g geriebener scharfer Cheddar oder (bei Milchunverträglichkeit) 14 g Nährhefe

1 Blatt Nori

2 Scheiben Frühstücksspeck, kross gebraten

¼ Avocado, Fruchtfleisch in Scheiben geschnitten

½ gelbe Tomate, in Scheiben geschnitten

FÜR DEN DIP

2 EL Bacon-Mayonnaise (Seite 71) oder gekaufte Mayonnaise

1½ TL Sriracha-Sauce oder eine andere Chilisauce

In einem japanischen Restaurant hörte mein Mann, wie der Sushikoch einer Bedienung erzählte, dass er gut drei Esslöffel Zucker unter den Reis mischt, den er in ein Nori-Blatt wickelt. Sowohl Reis als auch Zucker haben einen hohen glykämischen Index! Reis haben wir deshalb schon vorher nicht mehr gegessen. Aber jetzt hatten wir einen zusätzlichen Grund, nie wieder Sushi zu essen, die in einem Restaurant zubereitet wurden.

1. Eine Pfanne einfetten und auf mittlerer Stufe erhitzen.

2. Eier und Salz in einer kleinen Schüssel verquirlen, in die heiße Pfanne geben und die Hitze verringern. Die Eiermasse mit Käse bestreuen und ohne zu rühren 3 bis 5 Minuten braten, bis sie durchgegart ist.

3. Das Nori-Blatt auf einem Stück Pergamentpapier ausbreiten und den Eierfladen darauflegen. Den Fladen so zuschneiden, dass an den Blatträndern jeweils 0,5 cm frei bleiben. Schinken, Avocado und Tomaten an den unteren Rand des Fladens legen und das Nori-Blatt vorsichtig, aber so fest wie möglich aufrollen. Die Rolle in fingerbreite Scheiben schneiden.

4. Für den Dip die Mayonnaise und die Sriracha-Sauce in eine kleine Schüssel geben und verrühren. Entweder über die Sushi-Röllchen träufeln oder getrennt dazu servieren.

NÄHRWERTE (pro Portion)				
kcal	F	E	KH	B
717	63 g	28 g	10,3 g	5 g
	79 %	16 %	6 %	

Cremiger Frühstücksshake

KETO

VORBEREITUNG: 4 Minuten
MENGE: 2 Portionen

240 ml ungesüßte Mandelmilch mit Vanillegeschmack

1 große Handvoll gecrushtes Eis

½ Avocado, Fruchtfleisch grob gewürfelt

60 g Doppelrahmfrischkäse

2 EL Erythrit oder 1 TL flüssiger Steviaextrakt, nach Belieben mehr

1 EL Zitronensaft

1 TL Erdbeerextrakt oder anderer Fruchtextrakt

¼ TL feines Meersalz

GESUNDHEITSPLUS (NACH BELIEBEN)

1 EL Aloe vera (Saftkonzentrat)

1 EL L-Glutaminpulver

1 EL Bio-Gelatinepulver

KÜCHENGERÄT

Mixer

Wer abnehmen will, sollte eigentlich Kalorien nicht in flüssiger Form sich zu nehmen. Denn Kauen setzt Hormone frei, die Sättigung signalisieren. Daher fühlt man sich mit fester Nahrung schneller gesättigt, selbst wenn sie genauso viele Kalorien liefert wie ein Shake. Doch bei der ketogenen Ernährung geht es ja nicht nur ums Abnehmen. Wenn Sie also einen leckeren ketogenen Shake suchen, ist dieses Rezept genau richtig. Genauso köstlich schmeckt der milchfreie Limettenshake (Seite 106).

Vielleicht meinen Sie, die Avocado hätte einen zu erdigen Geschmack für einen Shake. Doch der Zitronensaft gleicht das aus. Die Avocado verleiht dem Shake auch eine angenehm cremige Konsistenz sowie gesunde Fette für ein leckeres, erfrischend cremiges Frühstück.

1. Alle Zutaten in den Mixer geben und zu einem glatten Shake pürieren. Und genießen!

NÄHRWERTE (pro Portion)

kcal	F	E	KH	B
213	18,6 g	6,4 g	5,3 g	3 g
	79 %	12 %	10 %	

Milchfreier Limettenshake

VORBEREITUNG: 5 Minuten plus ca. 15 Minuten Kühlzeit
GARZEIT: 12 Minuten
MENGE: 2 Portionen

---

6 EL Erythrit or 1 TL flüssiger Steviaextrakt

1 EL abgeriebene Limettenschale (siehe Tipp)

60 ml frisch gepresster Limettensaft

6 große Eigelbe

¼ TL feines Meersalz

1 TL Limettenextrakt oder einige Tropfen Limettenöl, nach Belieben

60 ml Kokosöl

240 ml ungesüßte Mandelmilch oder nach Belieben 1 Hand voll gecrushtes Eis

GESUNDHEITSPLUS (NACH BELIEBEN)

1 EL Aloe vera (Saftkonzentrat)

1 EL L-Glutaminpulver

1 EL Bio-Gelatinepulver

KÜCHENGERÄT

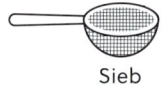
Sieb

---

1. Erythrit oder Stevia, Limettenschale und -saft, Eigelbe und Salz sowie nach Belieben Limettenextrakt oder -öl in einen mittelgroßen Topf geben und gründlich mischen. Das Kokosöl unterrühren.

2. Die Mixtur bei mittlerer Hitze unter ständigem Rühren etwa 12 Minuten leise köcheln lassen, bis sie so weit eingedickt ist, dass sie leicht an einem Löffeln haften bleibt. Eventuell die Hitze verringern, die Creme darf nicht kochen.

3. Die Creme durch ein Sieb in eine mittelgroße Schüssel streichen.

4. Eiswasser in eine große Schüssel füllen, die Schüssel mit der Creme hineinstellen und mindestens 15 Minuten rühren, bis die Creme richtig kalt ist.

5. Entweder gleich einen Shake daraus zubereiten oder bis zu 5 Tage im Kühlschrank aufbewahren.

6. Für einen Shake die Hälfte der Limettencreme mit der Mandelmilch oder dem Eis in den Mixer geben und pürieren. Die andere Hälfte der Limettencreme bis zum Verzehr im Kühlschrank aufbewahren.

TIPP:
Den Limettenabrieb können Sie durch einen zusätzlichen Teelöffel Limettensaft ersetzen (je nach persönlichem Geschmack auch mehr). Wenn Sie Limettenschalen oder die Schalen anderer Zitrusfrüchte verwenden wollen, kaufen Sie nur Früchte, bei denen ausdrücklich vermerkt ist: „Schale zum Verzehr geeignet".

VARIANTE: LIMETTENEIS AM STIEL
Die Limettencreme mit Mandelmilch mischen, in Stieleisformen füllen und ins Gefriergerät geben. Nach etwa 4 Stunden ist das Eis fest genug für den Verzehr. Ergibt 10 bis 12 Portionen.

NÄHRWERTE (pro Portion)

kcal	F	E	KH	B
397	40,8 g	8,1 g	1,8 g	0 g
	92%	8%	2%	

Mini-Quiches mit Schinken und Käse

KETO **NUSS FREI**

VORBEREITUNG: 10 Minuten
GARZEIT: 10 Minuten
MENGE: 24 Mini-Quiches
(2 pro Portion)

Fett für die Backform

24 große Eier

150 g gekochter Schinken, fein gewürfelt

60 g Schweizer Käser, fein geraspelt

60 g scharfer Cheddar, fein geraspelt

3 EL fein gehackte Blattpetersilie

2 EL frische Schnittlauchröllchen

1 TL feines Meersalz

1 TL schwarzer Pfeffer aus der Mühle

6 gelbe Kirschtomaten, geviertelt, nach Belieben

1. Den Backofen auf 160 °C vorheizen. Eine Muffinform für 24 Mini-Muffins gut einfetten.
2. Die Eier in eine große Schüssel geben und gründlich verquirlen. Schinken, beide Käsesorten, Petersilie, Schnittlauch, Salz und Pfeffer hinzufügen und das Ganze gründlich mischen.
3. Jede Mulde zu drei Vierteln mit der Eiermischung füllen.
4. Die Mini-Quiches 10 Minuten backen, bis sie durch und durch fest sind.
5. Nach Belieben jede Quiche mit einem auf Zahnstocher gespießten Tomatenviertel garnieren. Warm servieren.

ZEITSPARTIPP:

Wir essen an Feiertagen oder zu anderen besonderen Anlässen gerne Schinkenbraten, und dies ist mein Lieblingsrezept für die Verwertung der Reste. Wenn Mini-Quiches übrig bleiben, lasse ich sie kalt werden und wickele sie in Pergamentpapier ein. Im Kühlschrank halten sie sich bis zu 8 Tage, im Gefriergerät (luftdicht verpackt) bis zu einem Monat. Quiches aus dem Kühlschrank lassen sich im Backofen bei 160 °C in etwa 3 Minuten aufwärmen, der Käse beginnt dann zu schmelzen. In der Mikrowelle geht es noch schneller.

NÄHRWERTE (pro Portion)				
kcal	F	E	KH	B
253	16,1 g	21,9 g	4,8 g	1,1 g
	57 %	35 %	8 %	

Mit Ei gefüllte Avocado

KETO | NUSSFREI | MILCHFREI

VORBEREITUNG: 5 Minuten
GARZEIT: 20 Minuten
MENGE: 2 Portionen

1 große Avocado, halbiert und entkernt
2 große Eier
feines Meersalz
schwarzer Pfeffer aus der Mühle

ZUM GARNIEREN

4 gelbe Tomaten, geviertelt
1 EL fein gewürfelte rote Zwiebeln
4 EL milchfreie Nacho-Sauce (Seite 72)
2 EL fein gehackte frische Kräuter, z. B. Koriandergrün, Blattpetersilie oder Ihre Lieblingskräuter

1. Den Backofen auf 175 °C vorheizen.
2. Die Avocadohälften mit der Schnittfläche nach oben in eine kleine Auflaufform oder eine kleine ofenfeste Pfanne legen.
3. Jeweils ein Ei aufschlagen und in die Avocadohälften gleiten lassen und mit etwas Salz und Pfeffer bestreuen. Die Avocado im Ofen 15 bis 20 Minuten backen, bis die Eier die persönlich bevorzugte Konsistenz haben. (Ich mag es, wenn das Eiweiß fest und das Eigelb noch flüssig ist. In meinem Ofen dauert das 17 Minuten.)
4. Nach Belieben garnieren und heiß servieren.

FAMILIENSPASS:
Ich hätte gerne einen Avocadobaum vor meinem Haus, doch ich lebe in Wisconsin und unsere klirrend kalten Winter verträgt dieser Baum nicht. Mir bleibt nur die Avocado als hübsche Zimmerpflanze, die man aus einem Avocadokern sogar selber ziehen kann. Das macht Spaß und ist auch ein tolles Projekt für Kinder, bei dem sie etwas über das Keimen von Pflanzen lernen können. Es ist ganz einfach:

- *Ein kleines Glas mit Wasser füllen.*
- *Den Kern einer reifen Avocado unter lauwarmem Wasser waschen, bis alle Rückstände des Fruchtfleisches entfernt sind.*
- *Vier Zahnstocher ringsherum in den Kern stecken (siehe Foto rechts unten).*
- *Den Kern auf dem Glas so platzieren, dass sein abgeflachtes Ende ins Wasser reicht.*
- *Das Glas etwa 6 Wochen an einen warmen, sonnigen Platz stellen und verdunstetes Wasser immer wieder auffüllen.*
- *Hat sich ein kräftiger Keimling gebildet, den Kern in einen Blumentopf mit Anzuchterde so tief einsetzen, wie er vorher im Wasser stand.*

NÄHRWERTE (pro Portion)				
kcal	F	E	KH	B
490	45,8 g	10,7 g	11,6 g	7,6 g
	84%	9%	9%	

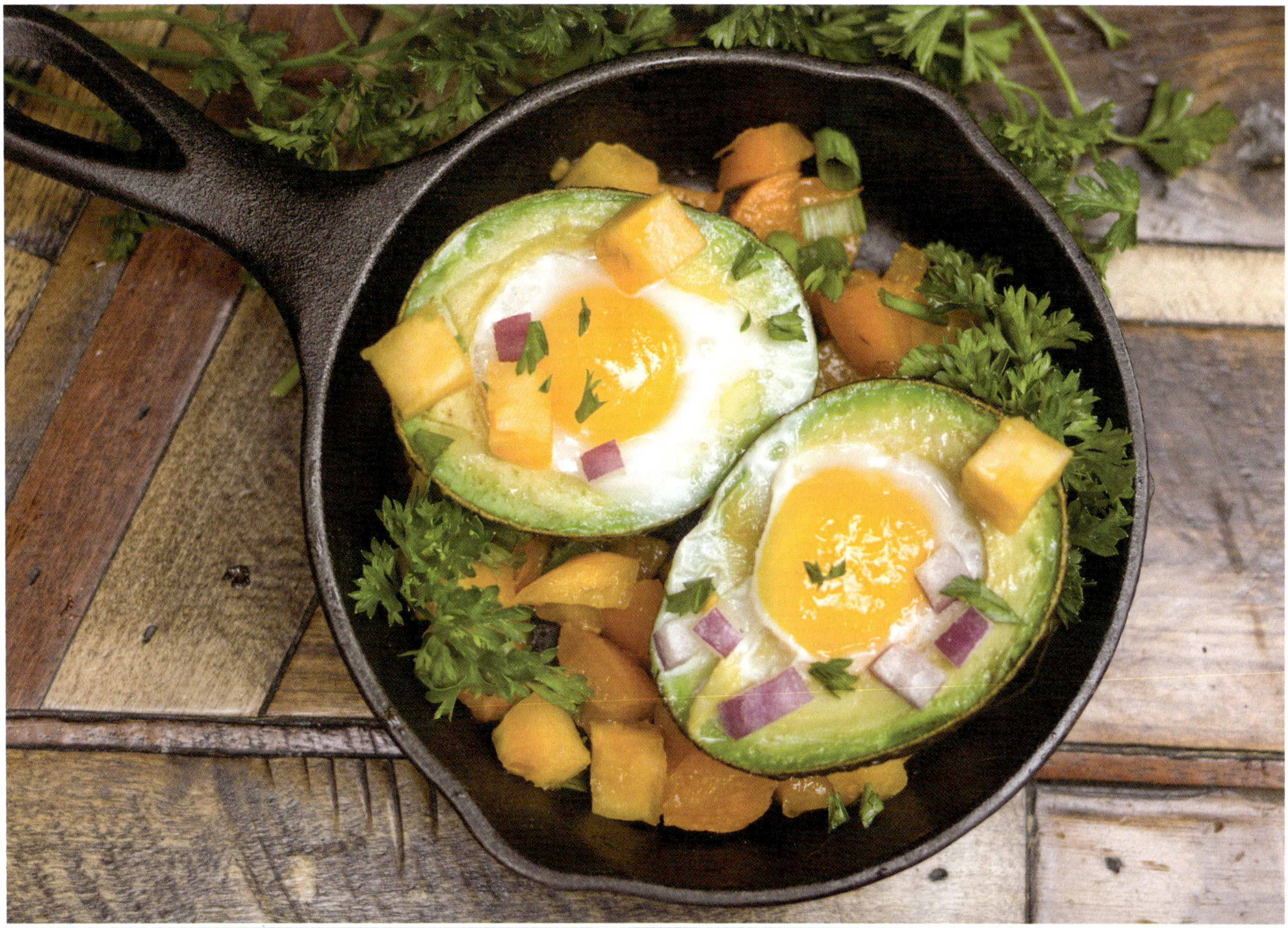

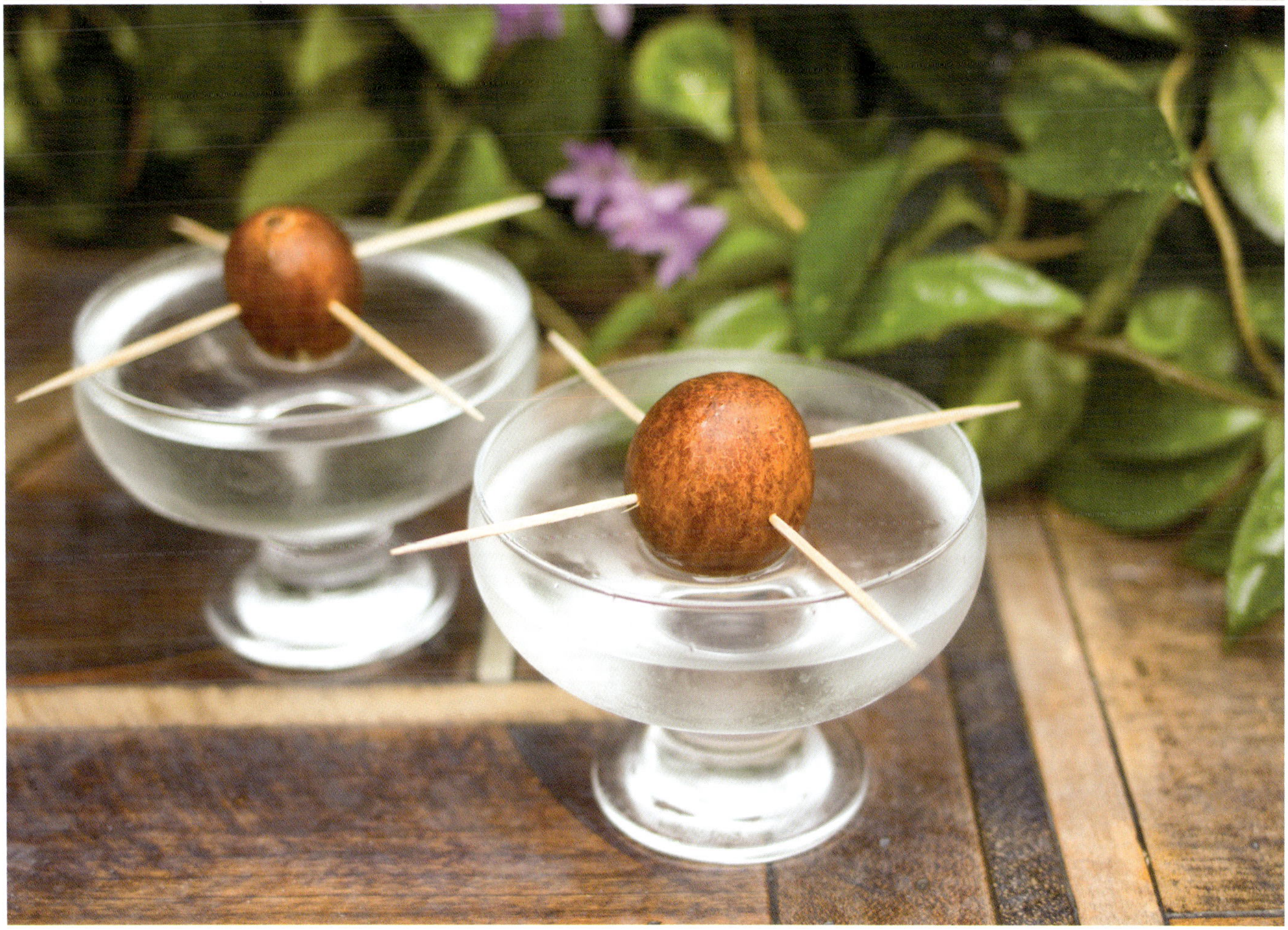

Erdbeer-Popovers

MIT ERDBEER-„BUTTER"

KETO | **MILCH FREI**

VORBEREITUNG: 10 Minuten
GARZEIT: 27 Minuten
MENGE: 12 Popovers (2 pro Portion)

Kokosöl zum Einfetten der Muffinform

3 EL Eiklarpulver mit Vanillegeschmack oder (wenn verträglich) 6 EL Molkeneiweißpulver mit Vanillegeschmack

1 TL Backpulver

¼ TL Backnatron

120 ml Kokosöl, geschmolzen

480 ml ungesüßte Mandelmilch, erwärmt (siehe Tipps)

4 große Eier

½ TL feines Meersalz

1 TL Erdbeerextrakt (siehe Tipps)

1 TL flüssiger Steviaextrakt

FÜR DIE ERDBEER-„BUTTER"

60 ml Kokosöl, geschmolzen

2 EL Erythrit oder 1 Tropfen flüssiger Steviaextrakt

1 TL Erdbeerextrakt

1 Tropfen rosa Lebensmittelfarbe, nach Belieben

1 Prise feines Meersalz

Popovers sind ein luftiges Eierteiggebäck und schmecken am besten frisch aus dem Ofen. Wenn Sie nicht alle zwölf Popovers auf einmal verbrauchen, sollten Sie nur so viele backen, wie Sie gerade benötigen. Den restlichen Teig können Sie in einem luftdicht verschließbaren Behälter bis zu fünf Tage im Kühlschrank aufbewahren.

1. Den Backofen auf 220 °C vorheizen.

2. Eine 12er-Muffinform oder zwei 6er-Popover-Formen einfetten und etwa 8 Minuten in den vorgeheizten Ofen stellen.

3. In der Zwischenzeit Eiklar- oder Molkeneiweißpulver, Backpulver und Backnatron in eine mittelgroße Schüssel geben und gründlich mischen. Die Hälfte des Kokosöls (60 ml) sowie Mandelmilch, Eier, Salz, Erdbeerextrakt und Stevia hinzufügen und das Ganze zu einem glatten Teig verarbeiten.

4. Die heißen Backform(en) vorsichtig aus dem Ofen nehmen und auf eine hitzebeständige Unterlage stellen. In jede Mulde der Form(en) jeweils 1 Teelöffel des restlichen Kokosöls geben und den Teig zwei Drittel hoch einfüllen. Die Popovers 15 Minuten backen, dann die Hitze auf 160 °C verringern und weitere 10 bis 12 Minuten backen, bis sie außen goldbraun und knusprig sind. Die Ofentür während der gesamten Backzeit nicht öffnen!

5. In der Zwischenzeit alle Zutaten für die Erdbeer-„Butter" in eine mittelgroße Schüssel geben und zu einer glatten, cremigen „Butter" verrühren.

6. Die Popovers ofenwarm mit der Erdbeer-„Butter" servieren.

TIPPS:
Es ist sehr wichtig, die Mandelmilch zu erwärmen, sonst wird das geschmolzene Kokosöl fest und die Zutaten lassen sich nicht zu einem glatten Teig verbinden.
Wer Erdbeeren nicht mag, kann auch einen anderen Fruchtextrakt verwenden. Beispielsweise mit Himbeer- oder Kirschextrakt schmecken die Popovers auch sehr lecker.

VARIANTE: HERZHAFTE POPOVERS
Die Popovers schmecken herzhaft, wenn Sie unaromatisiertes Eiklar- oder Molkeneiweißpulver verwenden und sowohl den Erdbeer- als auch den Steviaextrakt weglassen.

NÄHRWERTE (pro Portion)

kcal	F	E	KH	B
308	30 g	8,6 g	1,7 g	0 g
	88 %	11 %	2 %	

DAS KETO-KOCHBUCH

#

MIT APFEL-KARAMELL-SAUCE

VORBEREITUNG: 5 Minuten
GARZEIT: 20 Minuten
MENGE: 2 Portionen

---

2 EL ungesalzene Butter oder Kokosöl

FÜR DEN TEIG

3 große Eier

180 ml ungesüßte Mandelmilch

3 EL Eiklarpulver mit Vanillegeschmack oder (wenn verträglich) Molkeneiweißpulver mit Vanillegeschmack

1 TL Backpulver

1 TL flüssiger Steviaextrakt oder 3 EL Erythrit

2 TL Apfelextrakt

¼ TL feines Meersalz

**FÜR DIE SAUCE
(ERGIBT CA. 360 ML)**

110 g Butter oder 120 ml Kokosöl

6 EL Erythrit

120 ml ungesüßte Mandelmilch

¼ TL feines Meersalz

1 TL Apfelextrakt

KÜCHENGERÄT

Mixer

Dutch Baby Pancakes – ein Frühstücksklassiker der amerikanischen Küche – sind schlichte Pfannkuchen, die im Backofen statt in der Pfanne gebacken werden. In diesem Rezept werden die Ofenpfannkuchen mit einer köstlichen Apfel-Karamell-Sauce serviert.

1. Den Backofen auf 200 °C vorheizen.

2. Butter oder Kokosöl in eine Gusspfanne (20 cm Durchmesser) geben und bei mittlerer Hitze schmelzen lassen. Beiseitestellen.

3. Alle Zutaten für den Teig in den Mixer geben und in etwa 1 Minute zu einem schaumigen Teig verarbeiten. Den Teig in die Pfanne gießen und 18 bis 20 Minuten im Ofen backen, bis der Pfannkuchen aufgegangen und goldbraun ist.

4. Alle Zutaten für die Sauce griffbereit neben den Herd stellen, denn sie müssen zügig und unter ständigem Rühren hinzugefügt werden, sonst verbrennt das Erythrit. Die Butter in einem Topf mit schwerem Boden bei starker Hitze aufschäumen lassen. Sobald sich braune Flecken zeigen, nacheinander das Erythrit, die Mandelmilch und das Salz in die Butter rühren. Weiterrühren, bis die Sauce glatt und cremig ist. Zum Schluss den Apfelextrakt unterrühren.

5. Die Sauce ein paar Minuten im Topf abkühlen lassen. Anschließend in ein luftdicht verschließbares Glas füllen und ohne Deckel auf Zimmertemperatur abkühlen lassen.

6. Den Pfannkuchen aus dem Ofen nehmen und in zwei Portionen teilen. Zum Servieren jede Portion mit 2 Esslöffeln Sauce beträufeln.

7. Die restliche Sauce hält sich bis zu 2 Wochen im Kühlschrank. Zur weiteren Verwendung jeweils die benötigte Menge in einen kleinen Topf geben und bei niedriger Hitze erwärmen.

NÄHRWERTE (pro Portion)				
kcal	F	E	KH	B
698	67 g	23 g	3,5 g	0,7 g
	86 %	13 %	2 %	

Mogel-Porridge mit Apfel und Zimt

KETO | NUSS FREI | MILCH FREI

VORBEREITUNG: 2 Minuten
GARZEIT: 5 Minuten
MENGE: 1 Portion

2 große Eier

80 ml vollfette Kokosmilch aus der Dose oder (wenn verträglich) Crème double (40 % Fett)

2 EL Erythrit

1 TL Apfelextrakt

¼ TL feines Meersalz

2 EL Kokosöl oder (wenn verträglich) ungesalzene Butter

1 Prise Zimt

Mögen Sie Porridge mit Apfel und Zimt und vermissen ihn jetzt? Dann probieren Sie mal diesen cremigen Frühstücksbrei. Sein Aroma erinnert mich an ein gemütliches Frühstück im Herbst. Falls Ihre Kinder nicht gerne Eier essen, ist dieser Brei eine gute Möglichkeit, ihnen welche unterzumogeln. Eine meiner Klientinnen erzählte mir: „Unser Kinderarzt riet mir seit Jahren, mein Sohn solle Eier essen. Doch dieses Rezept ist das Erste, womit es funktionierte. Er liebt diesen Brei, weil er Apfelgeschmack sehr gerne mag. Er sagt, er schmecke wie Apfelkuchen in einem warmen Müsli."

1. Eier, Kokosmilch oder Crème double, Erythrit, Apfelextrakt und Salz in eine kleine Schüssel geben und gründlich verrühren.

2. Das Kokosöl oder die Butter in einen mittelgroßen Topf geben und bei mittlerer Hitze schmelzen lassen. Die Eiermischung hinzufügen und 4 Minuten stocken lassen. Dabei immer wieder mit einem Holzlöffel die Eimasse vom Topfboden schaben, bis sie bröcklig ist. Dann die Bröckchen mit einem Schneebesen lockern.

3. Den Brei in eine Servierschüssel füllen und mit Zimt bestreuen. Warm servieren.

NÄHRWERTE (pro Portion)				
kcal	F	E	KH	B
528	51,9 g	13,4 g	2,6 g	0 g
	88 %	10 %	2 %	

Keto-Frühstückseier

VORBEREITUNG: 2 Minuten
GARZEIT: 7 Minuten
MENGE: 3 Portionen

6 große Eier

6 TL ungesalzene Butter oder (wenn Butter nicht verträglich) ausgelassenes Speckfett

½ TL feines Meersalz

1 TL fein gehackte frische Kräuter, z. B. Schnittlauch

3 Scheiben Keto-Brot (Seite 288), in 2 EL ausgelassenem Speckfett geröstet, zum Dippen, nach Belieben

1. Einen mittelgroßen Topf zur Hälfte mit Wasser füllen und dieses zum Kochen bringen. Die Hitze so verringern, dass das Wasser nur noch leicht sprudelt.

2. Die Eier nacheinander vorsichtig in das Wasser geben und 5 bis 7 Minuten garen. Nach 5 Minuten ist das Eigelb noch flüssig, nach 7 Minuten beginnt es fester zu werden.

3. Die Eier herausnehmen und 30 Sekunden unter kaltem Wasser abschrecken, dann in Eierbecher setzen.

4. Mit einem Messer von jedem Ei die Spitze abschlagen und jeweils einen Teelöffel Butter oder Speckfett auf das warme Eigelb geben. Jedes Ei mit etwas Salz und Kräutern bestreuen. Die Dotter am besten mit dem in Fett gebratenen Brot dippen.

5. Weich gekochte Eier schmecken am besten, wenn man sie erst kurz vor dem Verzehr gart und sofort heiß genießt.

NÄHRWERTE (pro Portion)				
kcal	F	E	KH	B
260	20,5 g	17,9 g	1,4 g	0 g
	71%	28%	2%	

Frühstückslasagne

VORBEREITUNG: 10 Minuten
GARZEIT: 45 Minuten
MENGE: 12 Portionen

FÜR DIE „LASAGNEBLÄTTER"

18 große Eier
feines Meersalz
schwarzer Pfeffer aus der Mühle
Fett zum Einfetten der Pfanne

FÜR DIE SAUCE

450 g grobe Schweinsbratwürste, das Brät aus der Haut gedrückt und zerbröckelt
450 g Doppelrahmfrischkäse
360 ml Rinderknochenbrühe (Seite 48)
feines Meersalz
schwarzer Pfeffer aus der Mühle

450 g dünn geschnittener Kochschinken, in feinen Streifen
1 große Kugel (125 g) Mozzarella, grob geraspelt
125 g Parmesan, gerieben

1. Den Backofen auf 160 °C vorheizen.
2. Für die Lasagneblätter eine sehr große Pfanne gut einfetten und bei mittlerer Hitze heiß werden lassen. Die Eier aufschlagen und wie ein weiches Rührei stocken lassen. Salzen und pfeffern, dann vom Herd nehmen und beiseitestellen.
3. Für die Sauce das Bratwurstbrät in eine große Pfanne geben unter ständigem Rühren 5 bis 6 Minuten krümelig braten. Den Frischkäse und die Brühe hinzufügen und die Mischung unter Rühren leise köcheln lassen, bis sie andickt. Die Hitze verringern und die Sauce unter ständigem Rühren weitere 2 Minuten simmern lassen. Mit Salz und Pfeffer abschmecken und vom Herd nehmen.
4. In einer eckigen Auflaufform mit ca. 7 cm hohem Rand (Fassungsvermögen ca. 3 Liter) die Lasagne aufschichten: eine dünne Schicht Sauce, darauf die Schinkenstreifen, gefolgt von einer Schicht Rührei, dann noch einmal Sauce, 4 Esslöffel Mozzarella und 4 Esslöffel Parmesan gleichmäßig darauf verteilen. In der Reihenfolge weiter aufschichten. Zum Schluss eine Schicht Schinkenstreifen auflegen und mit dem restlichen Käse bestreuen.
5. Die Lasagne 25 bis 30 Minuten im Ofen backen, bis der Käse geschmolzen und leicht gebräunt ist. Heiß servieren.

ZEITSPARTIPP:
Für ein stressfreies Frühstück können Sie diese Lasagne ein oder zwei Tage vorher fix und fertig vorbereiten und im Kühlschrank aufbewahren. So bleibt für den Morgen nur die maximal 30-minütige Backzeit.

NÄHRWERTE (pro Portion)

kcal	F	E	KH	B
423	29,5 g	34,5 g	4,9 g	0 g
	63 %	33 %	5 %	

TIPPS FÜR DIE ZUBEREITUNG
eines perfekten Omeletts

Für die Füllung eines Omeletts gibt es endlose Varianten. Doch das Omelett selbst wird immer nach der gleichen Methode zubereitet. Die nachfolgenden Tipps sollen Ihnen helfen, zu jeder Zeit ein perfektes Omelett zu braten, egal welche Füllung Sie wählen.

- Stellen Sie alle Zutaten, inklusive des Serviertellers, griffbereit neben den Herd. Ist das Omelett erst mal in der Pfanne, kann es schon zu fest oder braun werden, während Sie eine Zwiebel oder Tomate holen.
- Verquirlen Sie die Eier in einer Schüssel kräftig mit einem Esslöffel Wasser. So erhalten Sie ein cremiges, fluffiges Omelett.
- Geben Sie genügend Butter oder Kokosöl in die Pfanne, damit nichts am Pfannenboden anhaftet. Butter muss schäumen, bevor Sie die Eier hineingeben. Rühren Sie die Eimasse bei geringer Hitze vorsichtig mit dem Pfannenwender.
- Hören Sie mit dem Rühren auf, sobald die Eimasse leicht gestockt ist. Dieser Zeitpunkt ist der Schlüssel zu einem weichen Omelett mit glatter Unterseite und fluffiger Oberseite. Je früher Sie mit dem Rühren aufhören, umso flüssiger beziehungsweise cremiger bleibt die Oberseite des Omeletts.
- Braten Sie das Omelett immer langsam und maximal bei mittlerer Hitze. Proteine (auch die im Ei) schrumpfen bei starker Hitze und werden fest.
- Für Wagemutige: Wer Hühnerleber mag, kann sie gebraten oder gedünstet und in Würfel geschnitten zur Omelettfüllung geben.

OMELETT MIT SCHINKEN

VORBEREITUNG: 3 Minuten
GARZEIT: 2 Minuten
MENGE: 1 Portion

2 große Eier
1 EL Wasser
⅛ TL feines Meersalz
⅛ TL schwarzer Pfeffer aus der Mühle
1 EL Kokosöl oder ungesalzene Butter
30 g Kochschinken, klein gewürfelt
30 ml milchfreie Nacho-Sauce (Seite 72)
1 oder 2 Scheiben Keto-Brot (Seite 288), in 2 EL ausgelassenem Speckfett geröstet, nach Belieben

1. Die Eier aufschlagen und in eine kleine Schüssel geben. Wasser, Salz und Pfeffer hinzufügen und das Ganze mit einer Gabel gründlich verquirlen.
2. Eine kleine Pfanne (20 cm Durchmesser) auf mittlerer Stufe erhitzen. Kokosöl oder Butter zugeben und heiß werden lassen. Die Eier hinzufügen und ein paar Sekunden rühren (wie bei einem Rührei), dann mit einem Pfannenwender bis zum Pfannenrand gleichmäßig glatt streichen. Die Hitze verringern, damit das Omelett nicht bräunt oder anbrennt.
3. Das Omelett etwa eine Minute braten, bis die Unterseite gestockt und die Oberseite noch cremig beziehungsweise flüssig ist.
4. Die Pfanne vom Herd nehmen. Den Schinken und die „Käse"-Sauce in die Mitte des Omeletts geben oder die Sauce zum Dippen in einem Schüsselchen separat dazu reichen. Das Omelett zusammenfalten und auf einen Teller gleiten lassen.
5. Nach Belieben Keto-Brot dazu servieren.

NÄHRWERTE (pro Portion)

kcal	F	E	KH	B
552	48 g	25 g	4,9 g	0,7 g
	78 %	18 %	4 %	

OMELETT MIT LACHS UND SCHNITTLAUCH

KETO | **NUSSFREI** | **MILCHFREI**

VORBEREITUNG: 5 Minuten
plus 24 Stunden für den Gravlax
GARZEIT: 2 Minuten
MENGE: 1 Portion

---

30 g Gravlax (Seite 248), klein gewürfelt

2 TL fein geschnittene frische Schnittlauchröllchen

1 TL fein gehackter frischer Dill

2 große Eier

1 EL Wasser

⅛ TL feines Meersalz

⅛ TL schwarzer Pfeffer aus der Mühle

1 EL Kokosöl oder ungesalzene Butter

1 oder 2 Scheiben Keto-Brot (Seite 288), in 2 EL ausgelassenem Speckfett geröstet, nach Belieben

1. Gravlax, Schnittlauch und Dill in eine kleine Schüssel geben, gründlich mischen und beiseitestellen.

2. Die Eier aufschlagen und in eine andere kleine Schüssel geben. Wasser, Salz und Pfeffer hinzufügen und das Ganze mit einer Gabel gründlich verquirlen.

3. Eine kleine Pfanne (20 cm Durchmesser) auf mittlerer Stufe erhitzen. Kokosöl oder Butter zugeben und heiß werden lassen. Die Eier hinzufügen und ein paar Sekunden rühren (wie bei einem Rührei), dann mit einem Pfannenwender bis zum Pfannenrand gleichmäßig glatt streichen. Die Hitze verringern, damit das Omelett nicht bräunt oder anbrennt.

4. Das Omelett etwa eine Minute braten, bis die Unterseite gestockt und die Oberseite noch cremig beziehungsweise flüssig ist.

5. Die Pfanne vom Herd nehmen. Die Gravlax-Kräutermischung in die Mitte des Omeletts geben. Das Omelett zusammenfalten und auf einen Teller gleiten lassen. Nach Belieben mit geröstetem Keto-Brot servieren.

NÄHRWERTE (pro Portion)				
kcal	F	E	KH	B
357	27,6 g	26,1 g	2 g	0 g
	70 %	29 %	2 %	

FRÜHSTÜCK

OMELETT MIT ZIEGENKÄSE UND KRÄUTERN

VORBEREITUNG: 5 Minuten
GARZEIT: 2 Minuten
MENGE: 1 Portion

1 EL (ca. 28 g) Ziegenkäse

1 EL fein geschnittene frische Schnittlauchröllchen

1½ TL fein gehackte frische Blattpetersilie

½ TL fein gehackter frischer Estragon

2 große Eier

1 EL Wasser

⅛ TL feines Meersalz

⅛ TL schwarzer Pfeffer aus der Mühle

1 EL Kokosöl oder ungesalzene Butter

1 oder 2 Scheiben Keto-Brot (Seite 288), in 2 EL ausgelassenem Speckfett geröstet, nach Belieben

1. Ziegenkäse, Schnittlauch, Petersilie und Estragon in eine kleine Schüssel geben und gründlich mischen.

2. Die Eier aufschlagen und in eine andere kleine Schüssel geben. Wasser, Salz und Pfeffer hinzufügen und das Ganze mit einer Gabel gründlich verquirlen.

3. Eine kleine Pfanne (20 cm Durchmesser) auf mittlerer Stufe erhitzen. Kokosöl oder Butter zugeben und heiß werden lassen. Die Eier hinzufügen und ein paar Sekunden rühren (wie bei einem Rührei), dann mit einem Pfannenwender bis zum Pfannenrand gleichmäßig glatt streichen. Die Hitze verringern, damit das Omelett nicht bräunt oder anbrennt.

4. Das Omelett etwa eine Minute braten, bis die Unterseite gestockt und die Oberseite noch cremig beziehungsweise flüssig ist.

5. Die Pfanne vom Herd nehmen. Die Ziegenkäse-Kräutermischung in die Mitte des Omeletts geben. Das Omelett zusammenfalten und auf einen Teller gleiten lassen. Nach Belieben mit dem gerösteten Keto-Brot servieren.

NÄHRWERTE (pro Portion)				
kcal	F	E	KH	B
445	35,9 g	28,8 g	2,2 g	0 g
	73 %	26 %	2 %	

OMELETT MIT ZWIEBELN UND PILZEN

VORBEREITUNG: 5 Minuten
GARZEIT: 10 Minuten
MENGE: 1 Portion

30 g in feine Scheiben geschnittene Champignons

2 EL in sehr feine Ringe geschnittene Zwiebeln

2 EL Kokosöl oder ungesalzene Butter

1 Prise und ¼ TL feines Meersalz

2 große Eier

1 EL Wasser

⅛ TL schwarzer Pfeffer aus der Mühle

1 oder 2 Scheiben Keto-Brot (Seite 288), in 2 EL ausgelassenem Speckfett geröstet, nach Belieben

1. Einen Esslöffel Kokosöl oder Butter in einer mittelgroßen Pfanne erhitzen. Champignons und Zwiebeln hinzufügen und 6 bis 8 Minuten dünsten, bis die Pilze goldbraun und die Zwiebeln glasig sind. Dabei die Mischung ab und zu wenden und auf dem Pfannenboden ausbreiten. Darauf achten, dass die Pilze nicht zu braun werden. Zum Schluss mit einer Prise Salz würzen. Vom Herd nehmen und in Reichweite stellen.

2. Die Eier aufschlagen und in eine kleine Schüssel geben. Wasser, Salz und Pfeffer hinzufügen und das Ganze mit einer Gabel gründlich verquirlen.

3. Eine kleine Pfanne (20 cm Durchmesser) auf mittlerer Stufe erhitzen. Das restliche Kokosöl oder die restliche Butter zugeben und heiß werden lassen. Die Eier hinzufügen und ein paar Sekunden rühren (wie bei einem Rührei), dann mit einem Pfannenwender bis zum Pfannenrand gleichmäßig glatt streichen. Die Hitze verringern, damit das Omelett nicht bräunt oder anbrennt.

4. Das Omelett etwa eine Minute braten, bis die Unterseite gestockt und die Oberseite noch cremig beziehungsweise flüssig ist.

5. Die Pfanne vom Herd nehmen. Die Zwiebel-Pilzmischung in die Mitte des Omeletts geben. Das Omelett zusammenfalten und auf einen Teller gleiten lassen. Nach Belieben mit geröstetem Keto-Brot servieren.

NÄHRWERTE (pro Portion)				
kcal	F	E	KH	B
455	38,8 g	24 g	3,9 g	0,6 g
	77 %	21 %	3 %	

Frühstücks-Burger
MIT AHORNSIRUPAROMA

KETO | NUSSFREI | MILCHFREI

VORBEREITUNG: 10 Minuten plus 30 Minuten Gefrierzeit und 3 Stunden Ruhezeit

GARZEIT: 10 Minuten

MENGE: 24 kleine Burger-Patties (2 Stück pro Portion)

- 1 kg Schweineschulter ohne Knochen, in 2,5 cm große Würfel geschnitten
- 225 g Schinkenspeck, fein gewürfelt
- 80 ml Rinderknochenbrühe (Seite 48)
- 2¼ TL fein gehackte frische Blattpetersilie
- 2¼ TL fein gehackter frischer Salbei
- 2 TL fein gehackter frischer Thymian
- 1½ TL feines Meersalz
- 1 TL Chiliflocken
- 1 TL Ahornextrakt
- ½ TL geriebene Muskatnuss
- ½ TL geriebener frischer Ingwer
- ½ TL schwarzer Pfeffer aus der Mühle
- ¼ TL flüssiger Steviaextrakt, nach Belieben
- 1 EL Schweineschmalz oder Kokosöl zum Braten

Hackfleisch selbst herzustellen, ist aufwendig. Doch es lohnt sich, weil man so genau weiß, wie frisch es ist und welche Fleischstücke dafür verwendet wurden. Wenn Sie keinen Fleischwolf besitzen, gehen Sie am besten zu einem Metzger, bei dem Sie sich ein Stück Fleisch aussuchen können, das dann frisch durchgedreht wird. Natürlich können Sie auch fertiges Hackfleisch bei einem guten (Bio-)Metzger kaufen.

1. Ein Backblech (oder Tablett), das ins Gefriergerät passt, mit Backpapier auslegen. Die Fleischwürfel nebeneinander auf das Blech legen und 30 Minuten in das Gefriergerät stellen.

2. Das Fleisch aus dem Gefriergerät nehmen und durch den Fleischwolf drehen.

3. Das Hackfleisch und die restlichen Zutaten – außer dem Fett zum Braten – in eine große Schüssel geben und mit der Hand gründlich durchkneten, bis sich alles gut vermischt hat. Um das Hackfleisch abzuschmecken, ein Klümpchen davon mit etwas Schmalz oder Kokosöl bei mittlerer Hitze in einer kleinen Pfanne braten. Gegebenenfalls nachwürzen.

4. Aus dem Hackfleischteig 24 etwa 5 cm große Burger-Patties formen und für 3 Stunden im Kühlschrank durchziehen lassen, damit sich die Aromaten gut mit dem Hackfleisch verbinden.

5. Das Schmalz oder Kokosöl in einer großen Pfanne auf mittlerer Stufe erhitzen und die Hamburger auf jeder Seite etwa 5 Minuten braten, bis sie durch sind (Kerntemperatur 75 °C).

ZEITSPARTIPP:

Die fertigen Hamburger lassen sich sehr gut einfrieren. Für einen größeren Vorrat können Sie die Zutatenmengen problemlos verdoppeln.

NÄHRWERTE (pro Portion)

kcal	F	E	KH	B
334	27 g	21,4 g	0,7 g	0 g
	73 %	26 %	1 %	

Chai-Muffins

 KETO · NUSS FREI · MILCH FREI

VORBEREITUNG: 15 Minuten
GARZEIT: 20 Minuten
MENGE: 12 Muffins (1 Stück pro Portion)

Fett für die Muffinform

FÜR DEN TEIG

60 g Kokosmehl
6 EL Erythrit
¼ TL feines Meersalz
¼ TL Backnatron
5 große Eier
1 TL flüssiger Steviaextrakt
Mark einer Vanilleschote (ca. 15 cm lang) oder 1 TL Vanilleextrakt
180 ml stark aufgebrühter Masala Chai (indischer Gewürztee), zuckerfrei
120 ml Kokosöl oder (wenn verträglich) ungesalzene Butter, geschmolzen

FÜR DIE STREUSEL (NACH BELIEBEN)

6 EL Chai-„Zucker" (Seite 360)
2 EL Kokosöl, zerlassen, oder (wenn verträglich) ungesalzene Butter, zimmerwarm

FÜR DIE CHAI-GLASUR (NACH BELIEBEN)

120 ml Kokosöl, zimmerwarm
180 ml stark aufgebrühter Masala Chai (indischer Gewürztee), zuckerfrei, abgekühlt
3 EL Erythrit
Mark einer Vanilleschote (ca. 15 cm lang) oder 1 TL Vanilleextrakt
⅛ TL feines Meersalz

1. Den Backofen auf 175 °C vorheizen. Eine 12er-Muffinform einfetten und in jede Mulde ein Muffin-Papierförmchen setzen.

2. Kokosmehl, Erythrit, Salz und Backnatron in eine mittelgroße Schüssel geben und gründlich mischen.

3. Die Eier aufschlagen und in eine andere mittelgroße Schüssel geben. Stevia, Vanillemark oder -extrakt, Chai (Tee), Kokosöl oder Butter hinzufügen und das Ganze gründlich mischen. Die Eiermischung langsam unter die Mehlmischung rühren, bis ein sehr glatter Teig entstanden ist.

4. Die Papierförmchen zu zwei Dritteln mit dem Teig füllen.

5. Für die Streusel (nach Belieben) den Chai-„Zucker" und das Kokosöl oder die Butter in eine Schüssel geben und mit einer Gabel zu krümeligen Streuseln verkneten. Sind sie zu trocken, tropfenweise etwas Fett zufügen. Einen knappen Esslöffel Streusel auf jeden Muffin geben.

6. Die Muffins 18 bis 20 Minuten backen. Sie sind fertig, wenn an einem in die Mitte gesteckten Holzstäbchen kein Teig haften bleibt.

7. Die Muffins aus dem Ofen nehmen und abkühlen lassen.

8. Alle Zutaten für die Glasur (nach Belieben) in den Mixer geben und glatt pürieren. Auf jeden Muffin ein wenig Glasur träufeln.

9. In einem luftdicht verschließbaren Behälter halten sich die Muffins im Kühlschrank bis zu einer Woche und im Gefriergerät bis zu einem Monat.

TIPP:
Bei der ketogenen Ernährung geht es nicht immer ums Abnehmen. Doch wer Gewicht reduzieren möchte, dem rate ich, mit Kokosmehl zubereitete Backwaren zu meiden, also auch diese Muffins.

NÄHRWERTE (pro Portion)				
kcal	F	E	KH	B
218	21,6 g	3,7 g	3,2 g	2,1 g
	89%	7%	6%	

Frühstückstortillas mit Spiegelei

KETO | NUSS FREI

VORBEREITUNG: 10 Minuten
GARZEIT: 18 Minuten
MENGE: 4 Portionen

FÜR DEN BELAG (ZUM AUSWÄHLEN)

110 g Rinderhack, krümelig und braun gebraten

120 ml Chili con Carne, erwärmt

4 Scheiben Schinkenspeck, kross gebraten und zerbröckelt

120 ml Salsa

1 Avocado, entkernt, geschält und gewürfelt

1 Frühlingszwiebeln, in feine Ringe geschnitten

½ Paprikaschote, entkernt und klein gewürfelt

1 Chilischote, in feine Ringe geschnitten

3–4 EL gehackter frischer Koriander

4 Spiegeleier

FÜR DIE TORTILLAS

3 große Eier, Eigelb und Eiweiß sauber getrennt (die Eigelbe aufheben)

2 EL Eiklarpulver, neutral, oder (wenn verträglich) Molkeneiweißpulver, neutral

1 TL Zwiebelpulver

1 TL Taco-Gewürz (Seite 84), nach Belieben

2 EL Doppelrahmfrischkäse, zimmerwarm, oder (bei Milchunverträglichkeit) 2 verquirlte Eigelbe

2 EL (evtl. mehr) Kokosöl, Schweineschmalz, Ghee oder ungesalzene Butter

1. Den Belag nach Belieben auswählen und vorbereiten, außer den Spiegeleiern, die erst kurz vor dem Servieren gebraten werden.

2. Für die Tortillas: Das Eiweiß in eine trockene Metallschüssel geben und mit einem Handmixer sehr steif schlagen. Nacheinander langsam Eiklar- oder Molkeneiweißpulver, Zwiebelpulver und Taco-Gewürz untermischen. Dann den Frischkäse oder die Eigelbe vorsichtig unterrühren.

3. Kokosöl oder ein anderes Fett in einer kleinen Pfanne (20 cm Durchmesser) auf mittlerer Stufe erhitzen. 2 bis 3 Esslöffel der Eischneemischung hinzufügen und mit dem Löffelrücken zu einem runden Fladen formen (ca. 12 cm Durchmesser und ca. 0,5 cm dick). Die Tortilla auf beiden Seiten jeweils 2 Minuten braten, bis sie fest und goldbraun sind. Aus der Pfanne heben, auf Küchenpapier abtropfen lassen und warm halten. Mit den restlichen Tortillas genauso verfahren. Bei Bedarf weiteres Fett in die Pfanne geben.

4. Wenn alle Tortillas fertig sind, (wenn gewünscht) die Spiegeleier in 2 Esslöffel heißem Fett braten.

5. Jede Tortilla auf einen Teller legen und das Hackfleisch sowie den weiteren ausgewählten Belag darauf verteilen. Jeweils ein Spiegelei obenauf setzen. Meine Lieblingskombination besteht aus Chili con Carne, Spiegelei, Schinkenspeck, Avocado und Salsa.

6. Übrig gebliebene Tortillas halten sich in einem luftdicht verschließbaren Behälter bis zu einer Woche im Kühlschrank und bis zu einem Monat im Gefriergerät. Zum Aufwärmen die Tortillas bei mittlerer Hitze in einer heißen Pfanne auf jeder Seite 30 Sekunden erwärmen (gefrorene dauern länger).

NÄHRWERTE (pro Portion)				
kcal	F	E	KH	B
524	39 g	35 g	9,5 g	4,4 g
	67 %	27 %	7 %	

Zimt-Vanillepudding

KETO | NUSS FREI | MILCH FREI

VORBEREITUNG: 5 Minuten zum Auskülen plus 1 Stunde

GARZEIT: 5 Minuten

MENGE: 4 Portionen

---

480 ml vollfette Kokosmilch aus der Dose

1 EL Bio-Gelatinepulver

3 große Eigelbe

1 TL flüssiger Steviaextrakt

1 TL Zimt

2 TL Ghee, nach Belieben

Mark einer Vanilleschote (ca. 15 cm lang) oder 1 TL Vanilleextrakt

1 TL Ahornextrakt

¼ TL feines Meersalz

1 Scheibe Schinkenspeck, gebraten und in 2,5 cm große Stücke geschnitten

1. Etwa 60 Milliliter der Kokosmilch in eine kleine Schüssel gießen und die Gelatine obenauf streuen. Beiseitestellen.

2. Die restliche Kokosmilch in einen mittelgroßen Topf geben und nacheinander Eigelbe, Stevia, Zimt und nach Belieben Ghee sehr gründlich einrühren. Die Milch-Eier-Mischung bei niedriger Hitze 5 Minuten erwärmen, aber keinesfalls aufkochen lassen, sonst gerinnt das Eigelb.

3. Die Milch-Eier-Mischung vom Herd nehmen. Die Kokosmilch mit der Gelatine, Vanillemark oder -extrakt, Ahornextrakt und Salz hinzufügen und das Ganze sehr gründlich verrühren.

4. Den Pudding in vier Tassen füllen und eine Stunde in den Kühlschrank stellen, bis er fest ist.

5. Zum Servieren den Pudding mit Schinkenstückchen garnieren. Zimmerwarm schmeckt der Pudding am besten, er kann aber auch gekühlt verzehrt werden.

NÄHRWERTE (pro Portion)				
kcal	F	E	KH	B
332	31 g	6,9 g	5,2 g	0 g
	84%	8%	6%	

Vorspeisen

Lachsdip mit Lauchzwiebeln

KETO | NUSS FREI

VORBEREITUNG: 5 Minuten plus 1 Stunde Ruhezeit

MENGE: 8 Portionen

170 g Doppelrahmfrischkäse, zimmerwarm

3 EL Mayonnaise

1 EL Limettensaft

½ TL feines Meersalz

2 TL fein gehackter frischer Dill

⅛ TL schwarzer Pfeffer aus der Mühle

220 g eingekochter Lachs (Seite 260) oder Lachs aus Dose, abgetropft

2 Frühlingszwiebeln, in feine Ringe geschnitten

Meine Mutter serviert diesen Dip immer bei Familientreffen. Er gehört zu meinen Lieblingsdips. Ich mag ihn besonders gern zu Staudensellerie-Sticks, Essiggurken, geröstetem Keto-Brot (Seite 288) oder Dutch Baby Pancakes (Seite 114).

1. Frischkäse, Mayonnaise, Limettensaft, Salz, Dill und Pfeffer in eine mittelgroße Schüssel geben und zu einem glatten, cremigen Dip verrühren. Lachs und Frühlingszwiebeln unterheben.

2. Den Dip zugedeckt mindestens eine Stunde im Kühlschrank ziehen lassen. In einem luftdicht verschließbaren Behälter kann er bis zu 5 Tage im Kühlschrank aufbewahrt werden.

NÄHRWERTE (pro Portion)				
kcal	F	E	KH	B
145	12,8 g	6,9 g	1 g	0 g
	79 %	19 %	3 %	

Antipasti-Teller

 **KETO** **NUSS FREI**

VORBEREITUNG: 2 Minuten
MENGE: 6 Portionen

340 g Mozzarella, in Scheiben geschnitten

2 EL extra natives Olivenöl oder MCT-Öl

2 EL fein gehacktes Basilikum und/oder Oregano

feines Meersalz

schwarzer Pfeffer aus der Mühle

24 Oliven, entsteint

110 g Salami, in hauchdünne Scheiben geschnitten

1. Den Mozzarella auf einem Teller oder Frühstücksbrett fächerförmig anordnen und mit Öl beträufeln. Kräuter sowie je eine Prise Salz und Pfeffer darüberstreuen. Oliven und Salami hinzufügen – fertig zum Servieren!

NÄHRWERTE (pro Portion)

kcal	F	E	KH	B
289	21,9 g	18,8 g	4,1 g	0,9 g
	68 %	26 %	6 %	

Carpaccio

KETO **NUSS FREI**

VORBEREITUNG: 10 Minuten plus 2 Stunden Gefrierzeit
MENGE: 4 Portionen

225 g Rinderfilet oder hauchfein geschnittener Bresaola (siehe Tipp)

4 EL Fatburner-Salatdressing (Seite 64)

2 Handvoll Rucola

1 mittelgroße gelbe Tomate, entkernt, das Fruchtfleisch gewürfelt

2 EL große oder 3 EL kleine Kapern

60 g Parmesan, frisch geraspelt

½ TL feines Meersalz

½ TL schwarzer Pfeffer aus der Mühle

1. Wenn Rinderfilet verwendet wird, das Filetstück in Pergamentpapier wickeln und 2 Stunden ins Gefriergerät legen. Das halbgefrorene Fleisch auswickeln und mit einem sehr scharfen Messer in 3 Millimeter dünne Scheiben schneiden. Jede Fleischscheibe zwischen Pergamentpapier legen und mit der glatten Seite des Fleischklopfers vorsichtig papierdünn klopfen.
2. Die Filet- oder Bresaola-Scheiben leicht überlappend auf einer runden Servierplatte anordnen und mit 1½ Teelöffeln Salatdressing beträufeln.
3. Rucola, Tomaten und Kapern mit dem restlichen Salatdressing mischen.
4. Zum Servieren das Carpaccio mit Salz und Pfeffer würzen. Den Salat in die Mitte setzen und mit Parmesan bestreuen.

ZEITSPARTIPP:
Bitten Sie Ihren Metzger, das Rinderfilet in dünne Scheiben zu schneiden und mit dem Fleischbeil hauchdünn auszustreichen. Dann sollten Sie das Carpaccio aber sofort zubereiten. Lagern die feinen Filetscheiben zu lange, verlieren sie sehr viel Feuchtigkeit.

TIPP:
Wenn Sie kein rohes Fleisch verwenden möchten, können Sie Bresaola nehmen. Dieser luftgetrocknete Rinderschinken stammt aus Italien und ist sehr zart und mild.

NÄHRWERTE (pro Portion)				
kcal	F	E	KH	B
256	17,8 g	21,7 g	1,9 g	0,6 g
	63%	34%	3%	

Chicorée-Schiffchen mit Curryhühnchen

KETO · NUSSFREI · MILCHFREI

VORBEREITUNG: 15 Minuten plus 3 Stunden Kühlzeit
GARZEIT: 1 Stunde 45 Minuten
MENGE: 12 Portionen

---

900 g Hühnerschenkel

2 TL feines Meersalz

1 TL schwarzer Pfeffer aus der Mühle

3 EL MCT-Öl, Schweineschmalz oder ausgelassenes Speckfett

½ mittelgroße Küchenzwiebel, gewürfelt

1 geröstete Knoblauchknolle (Seite 52), die Zehen ausgedrückt

480 ml Hühnerknochenbrühe (Seite 48)

4 Stangen Staudensellerie, gewürfelt

1 kleine Frühlingszwiebel, weiße und grüne Teile fein zerkleinert

360 ml Mayonnaise

2 EL fein gewürfelte Essiggurken

3 EL Currypulver

3 Chicorée, weiß und/oder rot, Blätter abgelöst und gewaschen

1 rote Zwiebel, in feine Ringe geschnitten oder gewürfelt, nach Belieben

KÜCHENGERÄT

Küchenmaschine

1. Das Hühnerfleisch mit einem Teelöffel Salz und dem Pfeffer würzen. MCT-Öl oder ein anderes Fett in einer Pfanne mit hohem Rand oder einem Schmortopf auf mittlerer Stufe erhitzen. Das Hühnerfleisch hinzufügen und 8 Minuten braten, bis es auf allen Seiten goldbraun ist.

2. Zwiebelwürfel und Knoblauchzehen zugeben und weitere 8 Minuten dünsten, bis die Zwiebeln goldbraun sind.

3. Die Brühe zugießen. Die Hitze verringern und das Ganze 1½ Stunden leise köcheln lassen, bis sich das Hühnerfleisch fast von den Knochen löst. Die Hühnerschenkel herausnehmen und abkühlen lassen.

4. Das Hühnerfleisch von den Knochen lösen und in kleine Stücke schneiden (Knochen und Brühe als Zutat für eine Knochenbrühe aufheben).

5. Hühnerfleisch, Staudensellerie, Frühlingszwiebeln und Currypulver in eine größere Schüssel geben.

6. Mayonnaise, Essiggurken, Currypulver und das restliche Salz in der Küchenmaschine zu einem cremigen Dressing verarbeiten.

7. Das Dressing in die Schüssel mit dem Fleisch geben und das Ganze mischen, bis alles mit Dressing überzogen ist. Die Mischung mindestens 3 Stunden im Kühlschrank ziehen lassen, damit sich die Aromen gut verbinden. Da das Curryhühnchen zimmerwarm serviert werden soll, die Schüssel rechtzeitig aus dem Kühlschrank nehmen.

8. Zum Servieren auf die Chicoréeblätter jeweils 2 Esslöffel Curryhühnchen setzen und nach Belieben mit roten Zwiebeln garnieren.

NÄHRWERTE (pro Portion)				
kcal	F	E	KH	B
378	32,8 g	15,3 g	7,2 g	4,9 g
	78 %	16 %	8 %	

Gegrillter Halloumi
MIT SCHINKEN UND PESTO

KETO | **NUSSFREI**

VORBEREITUNG: 5 Minuten
GARZEIT: 12 Minuten
MENGE: 6 Portionen

225 g Halloumi, in 0,5 cm dicke Scheiben geschnitten

1 EL MCT-Öl oder zerlassene ungesalzene Butter

6 Scheiben luftgetrockneter Schinken

60 ml Pesto (Seite 284)

1 mittelgroße gelbe Tomate, gewürfelt

frischer Majoran und/oder frisches Basilikum, nach Belieben

Halloumi ist ein halbfester, leicht zäher und salziger Käse. Seine Textur erinnert an Feta, doch sein Geschmack ist ganz anders. Besonders gut ist, dass man Halloumi sowohl grillen als auch braten kann. Warm entfaltet der Käse seine Cremigkeit und seine salzige Note tritt in den Hintergrund. Als herzhafte Vorspeise ist er perfekt geeignet.

1. Einen Tisch- oder Kontaktgrill auf mittlere Temperatur vorheizen.
2. Ober- und Unterseite der Käsescheiben mit MCT-Öl oder Butter bestreichen. Den Käse auf jeder Seite 3 Minuten grillen, bis sich die Rillen des Grills goldbraun abzeichnen.
3. In der Zwischenzeit die Schinkenscheiben mit etwas Abstand zueinander auf einer Servierplatte anrichten.
4. Den gegrillten Käse auf die Schinkenscheiben setzen und mit Pesto beträufeln. Mit Tomaten und nach Belieben mit Majoran- und/oder Basilikumblättern garnieren. Warm servieren.

NÄHRWERTE (pro Portion)

kcal	F	E	KH	B
185	15 g	11,3 g	1,3 g	0 g
	73 %	24 %	3 %	

VORSPEISEN

KÄSESTICKS IN
Knusperschinken

KETO | **NUSS FREI**

VORBEREITUNG: 10 Minuten
GARZEIT: 4 Minuten
MENGE: 8 Röllchen (2 pro Portion)

---

8 Cheesestrings oder andere Käsesticks (siehe Tipp), gefroren

8 sehr dünne Scheiben luftgetrockneter Schinken

fein gehackte frische Kräuter, z. B. Salbei, Estragon oder Thymian für eine Kräuterkruste, nach Belieben

2 EL MCT-Öl

2 EL ungesalzene Butter

Marinarasauce, hausgemacht (Seite 68) oder gekauft, zum Dippen, nach Belieben

1. Jeden Käsestick in eine Scheibe Schinken so einrollen, dass der Käse beim Braten nicht herauslaufen kann: Den Stick an die untere Kante des Schinkens legen, einmal rollen, dann den rechten und linken Schinkenrand über die Schmalseiten des Sticks schlagen und straff weiterrollen.

2. Ist eine Kräuterkruste gewünscht, das Schinkenröllchen mit leichtem Druck in den Kräutern wälzen.

3. Das MCT-Öl und die Butter in einer Pfanne auf mittlerer Stufe erhitzen. Die Schinken-Käse-Röllchen hinzufügen und unter Wenden braten, bis sie außen leicht knusprig sind und der Käse weich ist. Das dauert nur wenige Minuten.

4. Die Röllchen aus der Pfanne nehmen und auf Küchenpapier 2 Minuten abkühlen und abtropfen lassen. Nach Belieben ein Schälchen Marinarasauce als Dip dazu reichen.

TIPP:

Cheesestrings sind einzeln abgepackte Käsesticks (ca. 12 cm, je 20 g). Man kann solche Sticks aber auch ganz schnell selbst aus einem Stück Gouda oder Emmentaler schneiden.

NÄHRWERTE (pro Portion)				
kcal	F	E	KH	B
334	28,4 g	17,3 g	2 g	0 g
	76 %	21 %	3 %	

Staudensellerie-Schiffchen

 KETO NUSS FREI MILCH FREI

VORBEREITUNG: 15 Minuten
GARZEIT: 12 Minuten
MENGE: 8 Portionen
(2 Schiffchen pro Portion)

4 große Eier

4 EL Mayonnaise oder Bacon-Mayonnaise (Seite 71)

1 EL selbst gemachter Dijonsenf (Seite 55)

1½ TL fein gehackter frischer Dill oder andere frische Kräuter

1 TL Paprikapulver

feines Meersalz

schwarzer Pfeffer aus der Mühle

8 große Stangen Staudensellerie

16 entsteinte Oliven

frische Dillstängel zum Garnieren

Zum Garnieren streue ich gerne etwas Hibiskus-Meersalz über die Füllung der Sellerie-Schiffchen. Dieses in der spanischen Küche sehr beliebte rötliche Salz bringt noch etwas Farbe ins Spiel. Falls Sie kein Hibiskus-Salz zur Hand haben, können genauso gut auch einfaches Meersalz verwenden.

1. Die Eier in einen Topf legen und mit kaltem Wasser bedecken. Das Wasser zum Kochen bringen, dann den Deckel auflegen und den Topf vom Herd nehmen. Die Eier im heißen Wasser 10 bis 12 Minuten ziehen lassen, dann in einer Schüssel mit Eiswasser abschrecken und schälen.

2. Eier in etwa 6 Millimeter dicke Scheiben schneiden. Acht der größten Scheiben auswählen, das Eigelb entfernen und die Eiweißringe für die „Segel" beiseite legen.

3. Das Eigelb und die restlichen Eischeiben in eine große Schüssel geben und mit einer Gabel zerdrücken. Mayonnaise, Senf, Dill oder andere fein gehackte Kräuter, Paprikapulver sowie etwas Salz und Pfeffer hinzufügen und das Ganze mit einer Gabel oder einem Holzlöffel gründlich mischen.

4. Wenn nötig, harte Fäden von den Selleriestangen abziehen. Mit dem Gemüseschäler einen dünnen Streifen von der Rundung der Stangen abschneiden, damit die Schiffchen nicht kippen. Dann in etwa 8 cm große Stücke schneiden und mit der Eier-Mayonnaise-Mischung füllen.

5. Für die „Segel" die beiseite gelegten Eiweißringe halbieren. In jede Hälfte eine Olive setzen und aufrecht mit einem Zahnstocher auf die Schiffchen stecken.

6. Die Schiffchen auf eine Servierplatte setzen und mit etwas Meersalz bestreuen. Üppig mit Dill garnieren.

NÄHRWERTE (pro Portion)				
kcal	F	E	KH	B
192	17,2 g	7 g	3,2 g	1,5 g
	81 %	15 %	7 %	

Schinkensalat

KETO | **NUSSFREI** | **MILCHFREI**

VORBEREITUNG: 15 Minuten
GARZEIT: 12 Minuten
MENGE: 12 Portionen

2 große Eier

450 g gekochter Schinken, in kleine Würfel geschnitten

2 EL fein gewürfelter Staudensellerie

1½ EL fein gewürfelte Essiggurke

2 TL feine Frühlingszwiebelringe

240 ml Mayonnaise

1 EL Senf, bevorzugt selbst gemachter (Seite 54–57)

1 Salatgurke

½ kleine rote Zwiebel, klein gewürfelt, nach Belieben

1 kleine Essiggurke, klein gewürfelt, nach Belieben

1. Die Eier in einen Topf legen und mit kaltem Wasser bedecken. Das Wasser zum Kochen bringen, dann den Deckel auflegen und den Topf vom Herd nehmen. Die Eier im heißen Wasser 10 bis 12 Minuten ziehen lassen, dann in einer Schüssel mit Eiswasser abschrecken und schälen.

2. Die Eier in kleine Würfel schneiden und in eine große Schüssel geben. Schinken, Sellerie, Essiggurken und Frühlingszwiebeln hinzufügen. Mayonnaise und Senf in einer separaten Schüssel gründlich verrühren und über die Schinkenmischung geben. Den Salat gründlich mischen. Wenn er nicht sofort serviert wird, in den Kühlschrank stellen.

3. Zum Servieren die Salatgurke in zwölf ca. 4 cm dicke Scheiben schneiden und auf jede Gurkenscheibe etwa 1½ Esslöffel Schinkensalat setzen. Nach Belieben mit Zwiebel- und/oder Essiggurkenwürfeln garnieren.

NÄHRWERTE (pro Portion)				
kcal	F	E	KH	B
189	17,1 g	6,7 g	1,8 g	0,5 g
	81 %	14 %	4 %	

Gefüllte Käsekörbchen

KETO · NUSSFREI

VORBEREITUNG: 15 Minuten
GARZEIT: 10 Minuten
MENGE: 12 Körbchen (1 pro Portion)

---

230 g fein geriebener Parmesan

FÜR DIE FÜLLUNG

1 Bund Rucola, in schmale Streifen geschnitten

4 Scheiben Frühstücksspeck, kross gebraten und zerbröckelt

2 mittelgroße gelbe Tomaten, geviertelt

2 EL Mayonnaise

3 Stängel Blattpetersilie, grob gehackt

55 g Blauschimmelkäse, zerbröckelt

Auf den ersten Blick mag die Zubereitung der Käsekörbchen aufwendig aussehen. Doch hat man erst mal den Dreh raus, ist es ganz einfach. Bereiten Sie die Füllung vor, aber füllen Sie die Körbchen erst kurz vor dem Servieren, sonst wird der Käse weich und verliert seine leckere Knusprigkeit.

1. Den Backofen auf 190 °C vorheizen. Zwei Backbleche mit Backpapier auslegen. Eine Mini-Muffinform bereitstellen.

2. Ein rundes Ausstechförmchen mit einem Durchmesser von 5 cm (oder einen selbst gebastelten Pappring) auf das Backblech legen und mit einem gehäuften Esslöffel Parmesan füllen. Den Käse gleichmäßig im Förmchen verteilen, dann das Förmchen vorsichtig abheben. In einem Abstand von mindestens 5 cm den nächsten „Käsetaler" platzieren, insgesamt sechs. Auf das zweite Blech ebenfalls sechs „Taler" setzen und beiseitestellen.

3. Das erste Blech 5 Minuten in den Ofen schieben, bis der Käse leicht gebräunt ist und Blasen wirft. Das Blech aus dem Ofen nehmen und dann sehr zügig vorgehen, denn der Käse wird sehr schnell fest. Für die Körbchen die Käsetaler nacheinander mit einem Pfannenwender vom Blech heben und in eine Mulde der Muffinform setzen. Dann sanft nach unten und an die Wand der Mulde drücken. Falls die Käsetaler zum Formen zu kalt und zu spröde werden, das Backblech noch mal 30 Sekunden in den Ofen schieben. Die Körbchen etwa 5 Minuten fest werden lassen, dann vorsichtig herauslösen und auf einen großen Teller setzen.

4. Für die Füllung Rucola, Frühstücksspeck, Tomaten und die Mayonnaise in einer Schüssel gründlich mischen.

5. Kurz vor dem Servieren in jedes Körbchen 2 Esslöffel der Füllung geben und mit Petersilie und Blauschimmelkäse garnieren.

NÄHRWERTE (pro Portion)

kcal	F	E	KH	B
131	10,1 g	9,1 g	1,4 g	0 g
	69 %	28 %	4 %	

Speckkörbchen mit Rucolasalat

KETO **NUSS FREI** **MILCH FREI**

VORBEREITUNG: 10 Minuten
GARZEIT: 30 Minuten
MENGE: 16 Körbchen (2 pro Portion)

2 EL Kokosöl für die Form

12 Scheiben Frühstücksspeck

1 Bund Rucola

6 EL hausgemachtes Ranch-Dressing (milchfrei Seite 60 oder aus Frischkäse Seite 61), nach Belieben mehr zum Garnieren

2 EL fein geschnittene Schnittlauchröllchen

4 Kirschtomaten, geviertelt

1. Den Backofen auf 190 °C vorheizen. Auf die Fettpfanne des Ofens eine Mini-Muffinform (24er) mit den Muldenöffnungen nach unten legen und die nach oben ragenden Außenseiten der Mulden mit Kokosöl einfetten.

2. 8 Scheiben des Frühstücksspecks der Länge nach halbieren (ergibt 16 lange Streifen). Die restlichen 4 Scheiben einmal der Länge nach und dann nochmals quer halbieren (ergibt 16 kurze Streifen). Für jedes der 16 Körbchen werden ein langer und ein kurzer Streifen benötigt.

3. Für die Körbchen einen kurzen Streifen über eine der nach oben weisenden Muffinförmchen legen, sodass die Enden gleich lang überhängen. Einen langen Streifen fest um die herabhängenden Enden und rund um das Förmchen wickeln und sein Ende mit einem Zahnstocher feststecken. Mit den restlichen Streifen genauso verfahren, bis alle 16 Körbchen fertig sind.

4. Die Speckkörbchen 15 bis 20 Minuten im Ofen backen, bis sie gut gebräunt, aber noch nicht kross sind. Sind sie zu knusprig, lassen sie sich nicht mehr von den Förmchen lösen, ohne zu zerbrechen.

5. Die Fettpfanne aus dem Ofen nehmen und die Körbchen ein paar Minuten abkühlen lassen, dann vorsichtig von der Muffinform ablösen. Auf einen Teller setzen und vollständig abkühlen lassen.

6. In der Zwischenzeit den Rucola in kleine Stücke schneiden und in einer Schüssel mit dem Ranch-Dressing mischen.

7. Zum Servieren die Speckkörbchen mit Rucolasalat füllen, mit Schnittlauch bestreuen und die Tomaten obenauf legen. Nach Belieben noch etwas Ranch-Dressing darüberträufeln.

NÄHRWERTE (pro Portion)				
kcal	F	E	KH	B
274	25 g	10 g	3 g	0 g
	82 %	14 %	4 %	

Nirvana-Fleischbällchen

KETO **NUSS FREI**

VORBEREITUNG: 8 Minuten
GARZEIT: 15 Minuten
MENGE: 8 Portionen

FÜR DIE FLEISCHBÄLLCHEN

225 g Schweinehackfleisch

225 g Hühnerhackfleisch (bevorzugt vom dunkleren Fleisch)

55 g Doppelrahmfrischkäse, zimmerwarm

2 große Eier

2 EL fein gehackter Staudensellerie

1–3 EL (7–21 g) Blauschimmelkäse, Menge nach Belieben

1 TL feines Meersalz

½ TL schwarzer Pfeffer aus der Mühle

FÜR DIE SAUCE

110 g ungesalzene Butter oder 120 ml Kokosöl

120 ml Chilisauce, nach eigener Wahl

ZUM SERVIEREN

120 ml hausgemachtes Ranch-Dressing, (milchfrei Seite 60 oder aus Frischkäse Seite 61)

Staudensellerie-Sticks

zerbröckelter Blauschimmelkäse

1. Den Backofen auf 175 °C vorheizen. Ein Backblech mit hohem Rand mit Backpapier auslegen.

2. Alle Zutaten für die Fleischbällchen in eine mittelgroße Schüssel geben und gründlich zu einem geschmeidigen Teig verkneten. Aus dem Teig 5 cm große Bällchen formen und auf das Backblech setzen.

3. Die Fleischbällchen im Ofen 15 Minuten backen, bis sie durchgegart sind (Kerntemperatur mindestens 75°). Herausnehmen und in eine Schüssel legen.

4. Für die Sauce die Butter oder das Kokosöl und die Chilisauce in eine kleine Schüssel geben und gründlich verrühren. Die Sauce über die Fleischbällchen gießen und die Bällchen wenden, bis sie vollkommen mit der Sauce überzogen sind.

5. Mit Ranch-Dressing, Sellerie-Sticks und Blauschimmelkäse servieren.

TIPP:
Um den Geschmack zu testen, braten Sie ein Bröckchen des Bräts in der Pfanne. Es muss köstlich schmecken, wenn nicht, fehlt wahrscheinlich noch etwas Salz.

NÄHRWERTE (pro Portion)

kcal	F	E	KH	B
282	22,3 g	19,2 g	1 g	0 g
	71%	27%	1%	

Griechische Häppchen

KETO | NUSS FREI

VORBEREITUNG: 8 Minuten
MENGE: 16 Häppchen
(2 pro Portion)

1 Salatgurke

¼ TL feines Meersalz

¼ TL schwarzer Pfeffer aus der Mühle

4 Scheiben Zervelatwurst, geviertelt

110 g Feta, in 16 kleine Würfel geschnitten

8 Kirschtomaten, halbiert

16 Kalamata-Oliven ohne Stein

2 EL griechisches Salatdressing (Seite 66)

1. Von der Salatgurke 16 etwa 0,5 cm dicke Scheiben abschneiden und nebeneinander auf eine große Servierplatte legen.

2. Die Gurkenscheiben mit Salz und Pfeffer würzen. Auf jede Scheibe ein Salamiviertel, einen Fetawürfel, eine Tomatenhälfte und eine Olive aufschichten und mit einem Zahnstocher feststecken.

3. Zum Servieren die Häppchen mit Dressing beträufeln.

NÄHRWERTE (pro Portion)				
kcal	F	E	KH	B
120	8,3 g	4,9 g	7,1 g	1,6 g
	62 %	16 %	23 %	

Frühlingsrollen

KETO · NUSS FREI · MILCH FREI

VORBEREITUNG: 15 Minuten plus 10 Minuten Marinierzeit

GARZEIT: 10 Minuten

MENGE: 8 Frühlingsrollen (2 Stück pro Portion)

FÜR DIE HÜLLE

1 Kopf Rot- oder Weißkohl

1 EL feines Meersalz

Koriander- oder Schnittlauchstängel oder Frühlingszwiebelblätter zum Zubinden der Röllchen, nach Belieben

FÜR DIE FÜLLUNG

225 g Schweine- oder Hühnerhackfleisch

3 EL fein gehackte Frühlingszwiebeln

2 EL fein gehackte frische Blattpetersilie

2 Knoblauchzehen, fein gehackt

1 EL MCT-Öl oder dunkles Sesamöl

2 TL Limettensaft

1 TL geriebener frischer Ingwer

½ TL feines Meersalz

¼ TL abgeriebene Limettenschale

¼ TL schwarzer Pfeffer aus der Mühle

1 EL Kokosöl zum Braten

FÜR DEN DIP

60 ml Knochenbrühe (Seite 48; siehe Tipp)

3 EL Kokosöl

2 EL Limettensaft

2 EL Erythrit oder 1 Tropfen flüssiger Steviaextrakt

1 EL Mandelbutter

1 EL Coconut aminos (sojafreie Würzsauce) oder Tamari-Sauce (glutenfreie Würzsauce)

1 TL Fischsauce

1 TL geriebener frischer Ingwer

½ Knoblauchzehe, fein gehackt

1. Für die Hülle: Eine große Schüssel mit Eiswasser vorbereiten.
2. In einem großen Topf 3 Liter gesalzenes Wasser zum Kochen bringen.
3. Acht große Blätter vom Kohlkopf lösen und die Mittelrippe am Stielansatz 3 cm einschneiden (eventuell vorhandene holzige Rippenteile zuvor entfernen). Den restlichen Kohlkopf beiseite legen.
4. Die Kohlblätter 30–60 Sekunden in das sprudelnd kochende Wasser legen, bis sie gerade beginnen zusammenzufallen. Herausnehmen und sofort 60 Sekunden im Eiswasser abschrecken. Anschließend die Blätter nebeneinander auf sauberen Küchentüchern zum Trocken flach ausbreiten.
5. Für die Füllung: Vom Kohlkopf 200 Gramm in Streifen abhobeln und fein hacken.
6. Den Kohl mit den Zutaten der Füllung – außer dem Kokosöl – in eine große Schüssel geben und gründlich mischen. Zum Marinieren mindestens 10 Minuten in den Kühlschrank stellen (ideal ist über Nacht).
7. Im Wok oder in einer großen Pfanne das Kokosöl auf hoher Stufe erhitzen. Die Füllung hinzufügen und unter ständigem Rühren bräunen. In eine Schüssel geben und beiseitestellen.
8. Für den Dip: Alle Zutaten in einen kleinen Topf geben und auf mittlerer Stufe unter ständigem Rühren köcheln lassen, bis die Sauce sehr sämig ist. In eine kleine Servierschüssel füllen und kalt werden lassen.
9. Für die Röllchen: Ein Kohlblatt, der Stielansatz zeigt in Ihre Richtung, auf der Arbeitsfläche ausbreiten. Ein Achtel der Füllung in die Mitte des Blattes setzen und etwas flach drücken. Den unteren Blattteil über die Füllung legen und die Seitenränder darüber schlagen, dann das Blatt straff zusammenrollen. Nach Belieben mit Koriander- oder Schnittlauchstängeln oder Frühlingszwiebelblättern zusammenbinden. Mit den restlichen Kohlblättern genauso verfahren.

TIPP:
Sie können auch gekaufte Brühe verwenden, doch mit der hausgemachten Knochenbrühe wird die Sauce sämiger.

NÄHRWERTE (pro Portion)

kcal	F	E	KH	B
288	22 g	19 g	3,5 g	0,6 g
	69 %	26 %	5 %	

Speck-Käse-Röllchen

KETO **NUSS FREI**

VORBEREITUNG: 10 Minuten
GARZEIT: 8 Minuten
MENGE: 4 Portionen

---

60 g Frühstücksspeck, in hauchfeine Scheiben geschnitten

120 g Mozzarella, in 1,5 cm kleine Stücke geschnitten und gefroren

2 EL fein gehackte frische Kräuter, z. B. Koriander oder Blattpetersilie, nach Belieben

2 EL MCT-Öl

2 EL ungesalzene Butter

60 ml Grillsenf (Seite 56) oder Keto-Ketchup (Seite 70)

1. Jeweils ein Käsestückchen mit einem Streifen Frühstücksspeck so umwickeln, dass es vollständig bedeckt ist. Das Ende des Speckstreifens mit einem Zahnstocher befestigen, sonst geht das Röllchen wieder auf.

2. Nach Belieben für eine Kräuterkruste die Röllchen in den fein gehackten Kräutern wälzen.

3. Das MCT-Öl und die Butter in einer Pfanne auf mittlerer Stufe erhitzen. Nur so viele Röllchen in die Pfanne geben, dass sie locker nebeneinander liegen. Die Röllchen unter Wenden braten, bis der Speck leicht knusprig und der Käse weich ist. Das dauert nur wenige Minuten. Aus der Pfanne nehmen und auf einen Teller legen. Sofort die nächste Partie braten.

4. Die Speck-Käse-Röllchen noch warm mit Senf oder Ketchup servieren.

VARIANTE:
Sie können statt des Frühstücksspecks auch dünn geschnittenen rohen Schinken nehmen und in 2 bis 3 cm breite Streifen schneiden. Der Schinken haftet aneinander, sodass Sie keine Zahnstocher zum Fixieren brauchen.

ZEITSPARTIPP:
Die Speck-Käse-Röllchen können Sie auf Vorrat wickeln und ungebraten einfrieren.

NÄHRWERTE (pro Portion)

kcal	F	E	KH	B
317	27,5 g	10,9 g	7,6 g	0,6 g
	78 %	13 %	9 %	

Knusprige Käsestangen

 KETO NUSS FREI

VORBEREITUNG: 10 Minuten
GARZEIT: 30 Minuten
MENGE: 6 Portionen

---

60 g extra-scharfer Cheddar, geraspelt und gefroren

3 Eiweiße von großen Eiern

⅛ TL Weinstein

2 TL Taco-Gewürz (Seite 84)

KÜCHENGERÄT

Küchenmaschine

1. Den Backofen auf 150 °C vorheizen. Ein Backblech mit Backpapier auslegen.
2. Den gefrorenen Käse in den Mixer geben und in winzige Stücke schreddern.
3. Das Eiweiß und den Weinstein in die Rührschüssel der Küchenmaschine geben und zu einem sehr steifen Eischnee verarbeiten.
4. Den Käse gleichmäßig über den Eischnee streuen und mit einem Gummispatel sehr vorsichtig unterheben, damit der Eischnee nicht zusammenfällt.
5. Den Eischnee in einen großen verschließbaren Gefrierbeutel geben und eine Beutelecke so abschneiden, dass ein etwa 1,2 cm großes Loch entsteht. Den Eischnee vorsichtig in 6 cm lange, ungefähr 1,2 cm breite Streifen auf das Backblech spritzen. Auf jeden der Eischnee-Streifen ein wenig Taco-Gewürz streuen.
6. Die Käsestangen 20 bis 30 Minuten im Ofen backen. Je länger man sie backt, umso knuspriger werden sie, aber sie sollten nicht zu braun werden. Besonders knusprig werden sie, wenn man den Ofen nach der Backzeit ausstellt und die Käsestangen noch mindestens 30 Minuten im Ofen belässt.
7. Frisch gebacken schmecken die Käsestangen am besten, aber man kann sie auch in einem luftdicht verschließbaren Behälter bis zu einer Woche aufbewahren.

NÄHRWERTE (pro Portion)				
kcal	F	E	KH	B
57	3,5 g	4,6 g	1,8 g	0,7 g
	55 %	32 %	13 %	

Gerichte mit Rind und Lamm

Hackbraten

KETO | **NUSS FREI** | **MILCH FREI**

VORBEREITUNG: 10 Minuten plus 15 Minuten Ruhezeit
GARZEIT: 1 Stunde 25 Minuten
MENGE: 8 Portionen

- 1 EL ungesalzene Butter oder MCT-Öl
- 1 mittelgroße Zwiebel, klein gewürfelt
- 1 TL feines Meersalz
- 900 g Rinderhack
- 225 g gemahlene Rinderleber oder weitere 225 g Rinderhack
- 2 große Eier
- 100 g frische Champignons, klein gewürfelt
- 60 ml Tomatensauce, hausgemachte (Seite 67) oder aus der Dose
- 2 TL Flüssigrauch
- 30 g Nährhefe oder (wenn verträglich) sehr würziger geriebener Hartkäse
- 8 Scheiben Frühstücksspeck
- 480 ml Keto-Ketchup (Seite 70) oder 600 ml Keto-Grillsauce (Seite 74) oder 480 ml hausgemachte Tomatensauce (Seite 67)

ZEITSPARTIPP:

Reste des Hackbratens eignen sich ausgezeichnet für Sandwiches aus Keto-Brot (Seite 288): Zwei Brotscheiben in ausgelassenem Speckfett rösten. Auf eine Brotscheibe eine Scheibe Hackbraten legen, mit etwas Keto-Grillsauce beträufeln und 6 oder 7 Rucolablätter oder ein Blatt roten Kopfsalat darauflegen und die zweite Brotscheibe obenauf setzen.

Eine meiner Rezepttesterinnen, die dieses Gericht besonders mag, sagte mir: „Ich weiß nicht so genau, woran es liegt, vielleicht am Raucharoma, an der deftigen Käsenote oder am köstlichen Geschmack des Frühstücksspecks – auf jeden Fall ist das jetzt mein Lieblingsrezept für Hackbraten." Sie verriet mir auch noch eine Verfeinerung, die Sie ausprobieren sollten, wenn Sie besonders knusprigen Frühstücksspeck mögen. Hier ihr Tipp: „Während der Hackbraten ruht, nehme ich die Speckscheiben herunter, lege sie in eine mit Alufolie ausgekleidete Pfanne und brate sie noch mal 10 Minuten im Ofen. Anschließend zerbrösele ich den krossen Frühstücksspeck und streue die Brösel kurz vor dem Servieren über die aufgeschnittenen Hackbratenscheiben."

1. Den Backofen auf 200 °C vorheizen.

2. In einer schweren Pfanne auf mittlerer Stufe die Butter oder das MCT-Öl erhitzen. Zwiebeln und Salz hinzufügen und unter gelegentlichem Rühren die Zwiebeln goldgelb dünsten (dauert je nach Größe der Zwiebelwürfel 10 bis 15 Minuten). In eine Schüssel geben und abkühlen lassen.

3. Hackfleisch, Leber oder weiteres Rinderhack, Eier, Pilze, Tomatensauce, Flüssigrauch, Nährhefe und die abgekühlten Zwiebeln in eine große Schüssel geben und mit den Händen sehr gründlich vermengen.

4. Die Hackmasse in eine antihaftbeschichtete Kastenform (ca. 23 × 13 × 8 cm) füllen und quer mit den Speckscheiben bedecken. Die Enden der Speckscheiben in die Hackmasse stecken, damit sich der Frühstücksspeck beim Backen nicht wölbt.

5. Den Hackbraten eine Stunde backen, bis die Kerntemperatur 75 °C beträgt oder beim Draufdrücken herauslaufender Saft vollkommen klar und nicht mehr rosa ist. Aus dem Ofen nehmen und 15 Minuten ruhen lassen.

6. Den Hackbraten vorsichtig aus der Form stürzen und auf eine Servierplatte setzen. Mit Ketchup, Grill- oder Tomatensauce servieren.

NOCH EIN TIPP:

Die Hackmasse in eine 12er-Muffinform geben und darin backen. Die „Hacktörtchen" sehen nicht nur hübsch aus, sondern lassen sich auch ausgezeichnet einfrieren.

NÄHRWERTE (pro Portion)

kcal	F	E	KH	B
569	36,8 g	48,9 g	8,4 g	2,2 g
	58 %	34 %	6 %	

Asiatische Hackbällchen

KETO · NUSS FREI · MILCH FREI

VORBEREITUNG: 12 Minuten
GARZEIT: 25 Minuten
MENGE: 8 Portionen

Bei der Sauce für die Fleischbällchen läuft einem das Wasser im Mund zusammen. Ich empfehle Ihnen, sie mit hausgemachter Knochenbrühe zu kochen. Mit gekaufter Brühe gelingt sie auch, wird aber nicht so schön sämig. Eine gute Prise Guarkernmehl hilft jedoch, sie etwas anzudicken.

Mit Zahnstochern versehen, können Sie die Fleischbällchen als Vorspeise oder Fingerfood servieren. Außerdem passen sie ausgezeichnet zur Zucchini-„Pasta" (Seite 294) oder Kohl-„Pasta" aus dem Schongarer (Seite 296). Man kann sie auch schlicht und einfach mit gedünstetem Pak Choi anrichten (siehe Rezeptfoto).

FÜR DIE HACKBÄLLCHEN

- 900 g Rinderhack
- 2 große Eier, verquirlt
- 35 g Champignons, fein gewürfelt
- 4 EL fein zerkleinerte Frühlingszwiebeln
- 2 EL Coconut aminos (sojafreie Würzsauce) oder Tamari-Sauce (glutenfreie Würzsauce)
- 2 TL geriebener frischer Ingwer
- 1 Knoblauchzehe, gut zerdrückt

FÜR DIE SAUCE

- 60 ml Rinderknochenbrühe (Seite 48)
- 60 ml Kokosöl
- 60 ml Coconut aminos
- 5 EL Erythrit
- 2 EL fein zerkleinerte Frühlingszwiebeln
- 2 TL geriebener frischer Ingwer
- 1 Knoblauchzehe, fein gewürfelt
- ¼ TL Guarkernmehl (bei Verwendung gekaufter Brühe)
- schwarze Sesamsamen, nach Belieben

1. Den Backofen auf 200 °C vorheizen.
2. Alle Zutaten für die Hackbällchen in eine große Schüssel geben und mit den Händen sehr gründlich vermengen. Aus der Hackmasse etwa 4 cm große Bällchen formen und auf ein Backblech mit erhöhtem Rand setzen.
3. Die Fleischbällchen 20 Minuten im Ofen backen, bis sie gebräunt sind.
4. Für die Sauce Brühe, Kokosöl, Coconut aminos, Erythrit, Frühlingszwiebeln, Ingwer und Knoblauch in einen kleinen Topf geben. Die Mischung bei mittlerer Hitze unter ständigem Rühren kurz aufkochen lassen. Vom Herd nehmen.
5. Wenn gekaufte Brühe verwendet wird, das Guarkernmehl in die Sauce rühren. Die Sauce 5 Minuten ruhen und andicken lassen. Hat sie dann noch nicht die gewünschte sämige Konsistenz, noch eine weitere Prise Guarkernmehl unterrühren.
6. Die Fleischbällchen auf Tellern anrichten und auf jedes Bällchen etwas Sauce träufeln. Nach Belieben mit Sesamsamen garnieren.

NÄHRWERTE (pro Portion)

kcal	F	E	KH	B
403	28 g	33,2 g	3,1 g	0 g
	63 %	33 %	3 %	

Steak

MIT SAUCE BÉARNAISE AUS BRAUNER BUTTER

KETO | **NUSS FREI**

VORBEREITUNG: 5 Minuten
plus 40 Minuten Ruhezeit vor und
5 Minuten nach der Steakzubereitung
GARZEIT: 10 Minuten
MENGE: 4 Portionen

---

2 T-Bone- oder Ribeye-Steaks, jeweils 4 bis 5 cm dick (insgesamt ca. 900 g)

1 EL feines Meersalz (nach Belieben mehr)

2 TL schwarzer Pfeffer aus der Mühle (nach Belieben mehr)

Kokosöl oder Schweineschmalz, geschmolzen

60 ml hausgemachte Sauce béarnaise aus brauner Butter (Seite 76) oder Butterersatz mit Kräutern (Seite 50)

KÜCHENGERÄT

Grill

NÄHRWERTE (pro Portion)

kcal	F	E	KH	B
761	59,6 g	52,4 g	0,3 g	0 g
	71 %	28 %	0 %	

1. Die Steaks großzügig mit Salz und Pfeffer würzen. Die Gewürze leicht andrücken und 40 Minuten bei Zimmertemperatur einziehen lassen.

2. Den Grill auf hohe Hitze vorheizen. Bei Verwendung eines Holzkohlengrills die durchgeglühte Kohle vorsichtig auf eine Seite des Grillbeckens schieben. So steht sowohl direkte als auch indirekte Hitze zur Verfügung.

3. Den Grillrost mit Kokosöl oder Schweineschmalz einfetten. Bei hoher Hitze die Steaks auf beiden Seiten 2 bis 3 Minuten grillen, dann bei niedriger Hitze weitergrillen, bis die Steaks den gewünschten Garpunkt erreicht haben.

4. Für dieses Rezept gelten nach dem Anbraten folgende Orientierungswerte:

Garpunkt	weitere Grillzeit	Grilltemperatur
rare	3 Minuten	50 bis 52 °C
medium-rare	4 Minuten	55 bis 57 C°
medium	5 Minuten	60 bis 63 °C
medium-well	6 bis 7 Minuten	65 bis 68 °C
well done	8 bis 10 Minuten	70 bis 80 °C

5. Um die Hitzezufuhr zu verringern, beim Holzkohlengrill die Steaks mit der Grillzange auf die Seite ohne Holzkohle schieben, beim Elektro- oder Gasgrill die Temperatur gemäß Gebrauchsanleitung einstellen. Wenn vorhanden, den Grilldeckel schließen.

6. Die Steaks vom Grill nehmen und auf eine Platte legen. Zum Warmhalten mit Alufolie abdecken und das Fleisch 5 Minuten ruhen lassen. Mit Sauce béarnaise oder „Kräuterbutter" servieren.

TIPPS:

Die gewürzten Steaks kann man lose in Pergamentpapier einschlagen und bis zu 4 Tage im Kühlschrank durchziehen lassen. Die Steaks aber rechtzeitig herausnehmen, da sie zum Grillen Zimmertemperatur haben müssen.

Rindfleisch ist eine schmackhafte Möglichkeit, Ihren Zinkspiegel zu erhöhen. Gramm für Gramm enthält es mehr Zink als jedes andere Nahrungsmittel, außer Austern. Zink spielt eine Schlüsselrolle bei der Bildung von Schilddrüsenhormonen. Zinkmangel kann zu einer Schilddrüsenunterfunktion führen. Ein niedriger Zinkspiegel führt oft zu einer Gier nach Salzigem oder nach etwas Süßem nach dem Essen. Symptome sind auch weiße Flecken auf den Fingernägeln oder Haarausfall. Durch eine Schilddrüsenunterfunktion verursachter Haarausfall bessert sich oft auch durch Medikamente nicht, wenn kein zusätzliches Zink eingenommen wird. Doch Vorsicht, fragen Sie erst Ihren Arzt! Die Dosierung eines Zinkpräparats muss auf Ihre individuellen Bedürfnisse abgestimmt sein. Bei einer Überdosierung oder wenn Sie Ihren Zinkspiegel zu schnell erhöhen, kann es zu Nebenwirkungen wie Übelkeit und Erbrechen kommen.

DAS KETO-KOCHBUCH

Zucchini bolognese

KETO · **NUSSFREI**

VORBEREITUNG: 15 Minuten
GARZEIT: 1 Stunde 50 Minuten
MENGE: 8 Portionen

1 EL Kokosöl

110 g Frühstücksspeck oder Pancetta, klein gewürfelt

1 mittelgroße Zwiebel, klein gewürfelt

1 große Stange Staudensellerie, klein gewürfelt

1 Knoblauchzehe, fein gewürfelt

1 TL feines Meersalz

½ TL schwarzer Pfeffer aus der Mühle

2 Lorbeerblätter

3 EL fein gehackte frische Blattpetersilie

3 EL fein gehackter frischer Thymian

3 EL fein gehackter frischer Oregano

½ TL gemahlener Zimt

½ TL geriebene Muskatnuss

450 g Rinderhack

225 g Bratwurstbrät oder Schweinehack

225 g fein zerkleinerte Rinderleber

480 ml Tomatensauce, hausgemacht (Seite 67) oder aus der Dose

600 g (2 Dosen) Pizzatomaten

240 ml Brühe aus Rinder- oder Hühnerknochen (Seite 48)

½ TL flüssiger Steviaextrakt (nach Belieben)

4 EL Crème double (40 % Fett; wenn verträglich)

2 EL ungesalzene Butter (wenn verträglich)

2 mittelgroße Zucchini, mit dem Spiralschneider in Spaghetti-dünne Streifen geschnitten und auf einem Sieb abgetropft

110 g geriebener Parmesan (wenn verträglich)

1. Das Kokosöl in einem großen Topf auf mittlerer Stufe erhitzen. Den Frühstücksspeck hinzufügen und unter häufigem Rühren braten, bis er gebräunt und das Fett ausgelassen ist.

2. Zwiebeln und Sellerie zugeben und unter häufigem Rühren 4 bis 5 Minuten weich garen.

3. Knoblauch, Salz, Pfeffer, Lorbeerblätter, Petersilie, Thymian, Oregano, Zimt und Muskatnuss hinzufügen und 30 Sekunden verrühren. Den Herd auf niedrige Hitze stellen.

4. Rinderhack, Bratwurstbrät oder Schweinehack und die Leber zugeben. Die Mischung unter häufigem Rühren 7 Minuten garen, bis das Fleisch nicht mehr rosa ist.

5. Die Tomatensauce zufügen und unter Rühren 1 bis 2 Minuten mitkochen.

6. Pizzatomaten, Brühe und, falls eine leichte Süße gewünscht ist, den Steviaextrakt unterrühren.

7. Die Sauce kurz aufkochen lassen, dann bei niedriger Hitze 1½ Stunden köcheln lassen, bis sie eingedickt und sämig ist. Zwischendurch immer wieder rühren, damit die Sauce nicht am Topfboden haften bleibt.

8. Wenn keine Milchunverträglichkeit besteht, zum Schluss Crème double und Butter unterrühren und die Sauce noch weitere 2 Minuten köcheln lassen.

9. Die Sauce vom Herd nehmen, nach Belieben abschmecken und die Lorbeerblätter entfernen.

10. Zum Servieren die Zucchini-Spaghetti auf Tellern anrichten und die heiße Sauce darübergeben. Wenn verträglich, mit Parmesan bestreuen.

NÄHRWERTE (pro Portion)				
kcal	F	E	KH	B
468	30 g	33,6 g	15,2 g	4,1 g
	58 %	29 %	13 %	

Asiatische Nudeln
MIT RINDERHACK

KETO · **NUSS FREI** · **MILCH FREI**

VORBEREITUNG: 10 Minuten
GARZEIT: 6 bis 8 Stunden
MENGE: 6 Portionen

Kokosöl zum Einfetten

1 Stück (ca. 5 cm) frischer Ingwer, geschält und gerieben

800 g Weißkohl, in feine Streifen geschnitten

1 mittelgroßer Zucchino, in ca. 1 cm große Würfel geschnitten

1 mittelgroße Zwiebel, fein gewürfelt

450 g Rinderhack

2 EL Kokosöl

1 TL dunkles Sesamöl

60 ml Coconut aminos (sojafreie Würzsauce) oder Tamari-Sauce (glutenfreie Würzsauce)

60 ml Brühe aus Hühnerknochen (Seite 48)

2 EL Tomatensauce, hausgemacht (Seite 67) oder aus der Dose

1 TL bis 1 EL Chilisauce

1 EL Erythrit oder 1 Tropfen flüssiger Steviaextrakt

450 g Kelpnudeln oder 200 g Shirataki-Nudeln (beide im Asialaden erhältlich)

Frühlingszwiebeln, in Ringe geschnitten, nach Belieben

1. Den Topf des Schongarers (Fassungsvermögen mindestens 4 Liter) mit Kokosöl einfetten.

2. Ingwer, Weißkohl, Zucchini, Zwiebeln, Hackfleisch, Kokos- und Sesamöl in den Topf geben. Das Hackfleisch mithilfe eines Holzlöffels in mundgerechte Bröckchen zerteilen.

3. In einer kleinen Schüssel Coconut aminos oder Tamari-Sauce, Tomaten- und Chilisauce sowie Erythrit oder Steviaextrakt mischen.

4. Die Würzmischung und die Kelpnudeln (Shirataki-Nudeln werden später hinzufügt) unter die Gemüse-Hackfleisch-Mischung heben und das Ganze bei mittlerer Hitze 6 bis 8 Stunden garen.

5. Werden Shirataki-Nudeln verwendet, die Nudeln mit lauwarmem Wasser abspülen, abtropfen lassen und am Ende der Garzeit gründlich unter die Gemüse-Hackfleisch-Mischung heben, um sie zu erwärmen.

6. Zum Servieren das Gericht nach Belieben mit Frühlingszwiebeln garnieren.

KÜCHENGERÄT

Schongarer

NÄHRWERTE (pro Portion)				
kcal	F	E	KH	B
286	18,1 g	23,4 g	6,9 g	2,3 g
	57 %	33 %	10 %	

Gegrilltes Steak mit Chimichurri

KETO | NUSSFREI | MILCHFREI

VORBEREITUNG: 15 Minuten plus 2 Stunden Marinierzeit und 45 Minuten Ruhezeit
GARZEIT: 8 Minuten
MENGE: 6 Portionen

---

800 g Flank-Steak (Dünnung, Flanke vom Rind)
feines Meersalz
schwarzer Pfeffer aus der Mühle
MCT-Öl zum Einfetten

FÜR DIE MARINADE
60 ml MCT-Öl
2 Knoblauchzehen, fein gehackt
2 EL feines Meersalz
1 EL schwarzer Pfeffer aus der Mühle
1 TL getrockneter Oregano
1 TL getrockneter Thymian

ZUM SERVIEREN
180 ml Fatburner-Sauce Chimichurri (Seite 80)
6 Zitronenschnitze

KÜCHENGERÄT

Grill

1. Zwei große Lagen Frischhaltefolie auf der Arbeitsfläche ausbreiten. Das Fleisch darauflegen und eine weitere genauso große Lage Folie darüberlegen. Mit einem Fleischklopfer (Plattiereisen) oder der glatten Seite eines Fleischhammers das Fleisch klopfen, bis seine gesamte Fläche etwa 2 cm dünn ist. Für ein gleichmäßiges Ergebnis das Fleisch eventuell samt Folie einmal wenden.

2. Die Zutaten für die Marinade in eine große Schüssel geben und gründlich mischen. Das Fleisch in der Marinade wenden und zum Marinieren 2 Stunden oder über Nacht in den Kühlschrank stellen.

3. Etwa 45 Minuten vor dem Grillen das Fleisch aus dem Kühlschrank nehmen und auf beiden Seiten mit Salz und Pfeffer würzen. Bis zur Verwendung ruhen lassen, damit es Zimmertemperatur annehmen kann.

4. Den Grill auf mittlere Hitze vorheizen.

5. Den Grillrost mit Öl einfetten. Das Fleisch bis zum gewünschten Garpunkt grillen – für *medium-rare* auf jeder Seite 3 bis 4 Minuten. Für ein gitterförmiges Grillmuster das Fleisch nach 1½ Minuten um 45 Grad drehen.

6. Das Fleisch vom Grill nehmen und auf einem Schneidebrett 5 bis 8 Minuten ruhen lassen. Danach quer zur Faser in dünne Scheiben schneiden.

7. Die Fleischscheiben auf Tellern anrichten und mit Chimichurri und Zitrone servieren. Zitronensaft fügt ein wenig Säure hinzu und harmonisiert die Aromen.

NÄHRWERTE (pro Portion)				
kcal	F	E	KH	B
391	27,5 g	31,7 g	2,8 g	0,6 g
	63 %	32 %	3 %	

Rollbraten mit
PILZEN UND TERIYAKI-SAUCE

KETO | NUSSFREI | MILCHFREI

VORBEREITUNG: 15 Minuten plus 2 Stunden Marinierzeit und 45 Minuten Ruhezeit
GARZEIT: 45 Minuten
MENGE: 6 Portionen

---

900 g Flank-Steak (Dünnung, Flanke vom Rind)
2 EL Kokosöl zum Anbraten

FÜR DIE MARINADE

120 ml Coconut aminos (sojafreie Würzsauce) oder Tamari-Sauce (glutenfreie Würzsauce)
3 EL MCT-Öl
1 EL geriebener frischer Ingwer
2 Knoblauchzehen, fein gehackt
½ TL flüssiger Steviaextrakt

FÜR DIE FÜLLUNG

60 ml Kokosöl
2 Bund Frühlingszwiebeln, in feine Ringe geschnitten
3 EL geriebener frischer Ingwer
feines Meersalz

FÜR DIE TERIYAKI-SAUCE

240 ml Coconut aminos oder Tamari-Sauce
120 ml MCT-Öl
6 EL feines Erythrit
1 TL geriebener frischer Ingwer
½ TL flüssiger Steviaextrakt
1 TL Fischsauce
⅛ bis ¼ TL Guarkernmehl, nach Belieben
2 TL fein geschnittene Frühlingszwiebeln

1. Zwei große Lagen Frischhaltefolie auf der Arbeitsfläche ausbreiten. Das Fleisch darauflegen und eine weitere genauso große Lage Folie darüberlegen. Mit einem Fleischklopfer (Plattiereisen) oder der glatten Seite eines Fleischhammers das Fleisch klopfen, bis seine gesamte Fläche 2 cm dünn ist. Für ein gleichmäßiges Ergebnis das Fleisch eventuell samt Folie einmal wenden.

2. Bei Bedarf die Fleischränder mit einem scharfen Messer begradigen, sodass ein Rechteck oder Quadrat entsteht.

3. Die Zutaten für die Marinade in eine große Schüssel geben und gründlich mischen. Das Fleisch in der Marinade wenden und zum Marinieren für 2 Stunden oder über Nacht in den Kühlschrank stellen.

4. Etwa 45 Minuten vor dem Braten das Fleisch aus dem Kühlschrank nehmen, damit es Zimmertemperatur annehmen kann.

5. In der Zwischenzeit die Füllung zubereiten: Das Kokosöl in einem mittelgroßen Topf auf mittlerer Stufe erhitzen. Während das Öl heiß wird, Frühlingszwiebeln und Ingwer mit einer Prise Salz in einer Schüssel mischen. Die Mischung in das heiße Öl geben und unter Rühren eine Minute dünsten. Vom Herd nehmen.

6. Das Fleisch so auf der Arbeitsfläche ausbreiten, dass die Fleischfasern von rechts nach links verlaufen und nicht von unten nach oben. So wird der Rollbraten zarter und lässt sich später quer zur Faser in Scheiben schneiden.

7. Die Frühlingszwiebel-Ingwer-Mischung gleichmäßig auf dem Fleisch verteilen, dabei am oberen Rand 2,5 cm frei lassen. Den Rollbraten von unten her fest zusammenrollen und alle 4 cm mit Küchenzwirn zusammenbinden.

8. Den Backofen auf 220 °C vorheizen.

9. Die 2 Esslöffel Kokosöl in einer großen Pfanne auf mittlerer Stufe erhitzen. Den Rollbraten hinzufügen und auf jeder Seite 1 Minute anbraten.

10. Den Rollbraten aus der Pfanne nehmen und in einen Bräter mit Rosteinsatz legen (Staudenselleriestangen können den Rost ersetzen). Der Braten gart gleichmäßiger, wenn er erhöht liegt.

11. Den Rollbraten im Ofen 20 Minuten garen, bis die Kerntemperatur 58 °C beträgt. Vor dem Aufschneiden 10 Minuten ruhen lassen.

FÜR DIE PILZE

6 EL Kokosöl

450 g Champignons, in Scheiben geschnitten

1 Knoblauchzehe, in feine Scheiben geschnitten

2 EL von der Teriyaki-Sauce

¼ TL feines Meersalz

¼ TL schwarzer Pfeffer aus der Mühle

ZEITSPARTIPP:

Lassen Sie sich das Fleisch vom Metzger dünn klopfen.

12. Für die Teriyaki-Sauce Coconut aminos oder Tamari-Sauce, MCT-Öl, Erythrit, Ingwer, Stevia und Fischsauce in einem kleinen Topf unter Rühren zum Kochen bringen. Bei niedriger Hitze die Sauce warm halten. Für eine dickere Konsistenz das Guarkernmehl unterrühren und die Sauce 5 Minuten ruhen lassen. Hat sie dann noch nicht die gewünschte Konsistenz, noch einen weiteren $\frac{1}{8}$ Teelöffel Guarkernmehl unterrühren. Die Frühlingszwiebeln erst ganz zum Schluss hinzufügen.

13. Für die Pilze das Kokosöl auf mittlerer Stufe in einer großen Pfanne erhitzen. Pilze, Knoblauch, 2 Esslöffel der Teriyaki-Sauce, Salz und Pfeffer hinzufügen und unter häufigem Rühren 5 Minuten dünsten, bis die Pilze leicht gebräunt sind. Dann bei niedriger Hitze 8 Minuten garen, bis die Pilze weich sind.

14. Zum Servieren den Rollbraten in 1,5 cm dicke Scheiben schneiden. Die Fleischscheiben mit den Pilzen anrichten und mit Teriyaki-Sauce beträufeln. Die restliche Sauce in einem Schälchen als Dip reichen.

NÄHRWERTE (pro Portion)

kcal	F	E	KH	B
821	66 g	45,9 g	8 g	1,6 g
	72 %	22 %	4 %	

Schwedische Fleischbällchen

VORBEREITUNG: 8 Minuten
GARZEIT: 1 Stunde
MENGE: 8 Portionen als Hauptgericht, 16 Portionen als Vorspeise

FÜR DIE BÄLLCHEN
700 g Rinderhack
150 g Schweinhack
1 großes Ei
60 ml Tomatensauce, hausgemacht (Seite 67) oder aus der Dose
1 kleine Zwiebel
1 EL Coconut aminos (sojafreie Würzsauce) oder Tamari-Sauce (glutenfreie Würzsauce)
1 EL Senfpulver
1 Knoblauchzehe, zerdrückt
2 TL feines Meersalz
1 TL schwarzer Pfeffer aus der Mühle
1 TL Flüssigrauch

FÜR DIE SAUCE
120 g ungesalzene Butter
60 g Doppelrahmfrischkäse, zimmerwarm
80 ml Rinderknochenbrühe (Seite 48)
60 g geriebener Parmesan
⅛ TL geriebene Muskatnuss

Diese köstlichen Fleischbällchen eignen sich, mit Zahnstochern versehen, als Vorspeise oder Fingerfood. Als Hauptgericht passen sie ausgezeichnet zur Zucchini-„Pasta" (Seite 296) oder zur Kohl-„Pasta" aus dem Schongarer (Seite 294).

1. Den Backofen auf 160 °C vorheizen.
2. Alle Zutaten für die Fleischbällchen in eine große Schüssel geben und mit den Händen sehr gründlich vermengen.
3. Aus der Hackmasse etwa 4 cm große Bällchen formen und auf ein Backblech mit erhöhtem Rand setzen.
4. Die Fleischbällchen 45 bis 60 Minuten im Ofen backen, bis sie durchgegart und gebräunt sind.
5. In der Zwischenzeit die Sauce zubereiten: Die Butter bei mittlerer Hitze in einem Topf erhitzen, bis sie aufschäumt und sich braune Flecken bilden. Dabei ständig rühren, damit die Butter nicht anbrennt. Die Hitze verringern, Doppelrahmfrischkäse, Brühe, Parmesan und Muskatnuss unterrühren und die Sauce unter häufigem Rühren mindestens 15 Minuten leise köcheln lassen. Bei längerer Garzeit entfalten sich die Aromen noch besser.
6. Die Fleischbällchen auf einer Servierplatte anrichten und die Sauce separat dazu reichen. Oder auf eine Gemüse-„Pasta" setzen und die Sauce darübergießen (siehe Rezeptfoto).

NÄHRWERTE (pro Portion)				
kcal	F	E	KH	B
426	32,1 g	31,3 g	2,1 g	0 g
	68 %	29 %	2 %	

Reuben-Sandwich

KETO | NUSS FREI | MILCH FREI

VORBEREITUNG: 10 Minuten
GARZEIT: 5 Minuten
MENGE: 6 Sandwiches

FÜR DAS THOUSAND-ISLAND-DRESSING

180 ml hausgemachte Bacon-Mayonnaise (Seite 71) oder eine gekaufte Mayonnaise

4 EL fein gewürfelte Dillgurken

60 ml Tomatensauce, hausgemacht (Seite 67) oder aus der Dose

2 EL Erythrit oder 1 Tropfen flüssiger Steviaextrakt

⅛ TL feines Meersalz

⅛ TL Fischsauce

FÜR SANDWICH UND BELAG

450 g Corned Beef

2 EL Fett von ausgelassenem Frühstücksspeck

1 Laib Keto-Brot (Seite 288), in 12 Scheiben geschnitten

500 g Sauerkraut

1. Alle Zutaten für das Dressing in ein Schraubglas geben. Den Deckel fest verschließen und das Glas schütteln, bis sich alle Zutaten gut miteinander vermischt haben.
2. Das Corned Beef in 0,6 cm dicke Scheiben schneiden. Beiseite legen.
3. Das Speckfett in einer großen Pfanne auf mittlerer Stufe erhitzen. Die Brotscheiben portionsweise hinzufügen und auf beiden Seiten goldgelb rösten.
4. Corned Beef und Sauerkraut in Schichten auf sechs Brotscheiben verteilen und Thousand-Island-Dressing beträufeln. Jeweils eine zweite Brotscheibe obenauf setzen.

NÄHRWERTE (pro Portion)

kcal	F	E	KH	B
291	23,6 g	10,6 g	9,1 g	1,6 g
	73 %	15 %	13 %	

Querrippe
AUS DEM SCHONGARER

KETO | **NUSS FREI** | **MILCH FREI**

VORBEREITUNG: 10 Minuten
GARZEIT: 8 Stunden
MENGE: 8 Portionen

---

3 Scheiben Frühstücksspeck, klein gewürfelt

2 EL klein gewürfelte Zwiebeln

240 ml Tomatensauce, hausgemacht (Seite 67) oder aus der Dose

60 ml Coconut aminos (sojafreie Würzsauce) oder Tamari-Sauce (glutenfreie Würzsauce)

3 EL feines Erythrit

60 ml Kokosessig

1 geröstete Knoblauchknolle (Seite 52), Zehen ausgelöst, oder 3 rohe Knoblauchzehen, mit der Messerklinge zerdrückt

2 TL Flüssigrauch

8 Stücke (ca. 1,8 kg) Querrippe vom Rind, ungefähr gleich groß

KÜCHENGERÄTE

Schongarer   Mixer

Ich liebe dieses Rezept! Häufig verwende ich das von den Knochen gelöste Fleisch als Belag für Sandwiches aus geröstetem Keto-Brot (Seite 288) oder als Zutat für Aufläufe.

1. Frühstücksspeck und Zwiebeln in eine Pfanne geben und braten, bis der Frühstücksspeck knusprig ist. Tomatensauce, Coconut aminos oder Tamari-Sauce, Erythrit, Essig, Knoblauch und Flüssigrauch hinzufügen und rühren, bis eine sämige Sauce entstanden ist. Die Sauce in den Mixer geben und pürieren, bis sie sehr glatt und cremig ist.

2. Die Sauce in den Topf des Schongarers (Fassungsvermögen 4 bis 6 Liter) gießen und die Fleischstücke nebeneinander hineinlegen.

3. Das Fleisch bei geschlossenem Deckel 7 bis 8 Stunden garen, bis es so weich ist, dass es sich leicht von den Knochen lösen lässt.

4. Zum Servieren die Fleischstücke auf Teller geben und mit der Sauce beträufeln.

NÄHRWERTE (pro Portion)

kcal	F	E	KH	B
749	68,6 g	28,4 g	1,8 g	0,5 g
	82%	15%	1%	

Gefüllte Portobellos
MIT MILCHFREIER NACHO-SAUCE

KETO | NUSSFREI | MILCHFREI

VORBEREITUNG: 15 Minuten
GARZEIT: 40 Minuten
MENGE: 8 Portionen

900 g Rumpsteak am Stück

8 große Portobellos (Riesenchampignons), gesäubert und Stiel entfernt

3 EL MCT-Öl oder geschmolzenes Entenfett oder Schweineschmalz

feines Meersalz

schwarzer Pfeffer aus der Mühle

FÜR DIE ZWIEBEL-PAPRIKA-MISCHUNG

2 EL Bratfett (Schweineschmalz, Entenfett oder Kokosöl oder, wenn verträglich, ungesalzene Butter)

1 große (ca. 150 g) Zwiebel, klein gewürfelt

1 rote, 1 gelbe und 1 grüne Paprikaschote, entkernt und klein gewürfelt

1 TL feines Meersalz

¼ TL schwarzer Pfeffer aus der Mühle

240 ml milchfreie Nacho-Sauce (Seite 72)

1. Das Fleisch für 30 Minuten ins Gefriergerät legen, damit es sich besser schneiden lässt. Den Backofen auf 230 °C vorheizen.

2. Inzwischen die Zwiebel-Paprika-Mischung vorbereiten: Das Bratfett in einer großen Pfanne auf mittlerer Stufe erhitzen. Die Zwiebeln hinzufügen und unter gelegentlichem Rühren 30 Minuten dünsten, bis sie goldbraun und karamellisiert sind. Dabei eventuell die Hitze verringern, damit sie nicht anbrennen.

3. Die Pilzhüte mit der Öffnung nach oben auf ein Backblech legen und mit einem Esslöffel MCT-Öl oder Enten- bzw. Schweinefett bestreichen. Die Pilze 12 Minuten im Ofen backen, bis sie goldbraun sind und eine Gabel sich leicht einstechen lässt. Aus dem Ofen nehmen und die Innenseite der Pilzhüte mit Salz und Pfeffer würzen.

4. Eine Grillpfanne bei starker Hitze vorheizen. Das Fleisch aus dem Gefriergerät nehmen und in hauchdünne Scheiben schneiden. Die Fleischscheiben auf beiden Seiten mit dem restlichen MCT-Öl oder Enten- bzw. Schweinefett bestreichen. Das Fleisch auf jeder Seite 45 bis 60 Sekunden braten und anschließend warm halten.

5. Die Paprikawürfel sowie Salz und Pfeffer unter die fertigen Zwiebeln heben. Die Mischung bei mittlerer Hitze 10 Minuten dünsten, bis die Paprika weich ist.

6. Zum Servieren die Pilzhüte mit Fleischscheiben füllen, dann die Nacho-Sauce darauf verteilen und mit der Zwiebel-Paprika-Mischung krönen.

NÄHRWERTE (pro Portion)

kcal	F	E	KH	B
651	57 g	31 g	5 g	1,3 g
	79 %	19 %	3 %	

Taco-Salat

IN KNUSPRIGER KÄSESCHALE

KETO ▪︎□□ | **NUSSFREI**

VORBEREITUNG: 15 Minuten
GARZEIT: 35 Minuten
MENGE: 6 Portionen

FÜR DIE KÄSESCHALE
450 g Parmesan, gerieben

FÜR DEN SALAT
350 g Rinderhack
2 EL fein gewürfelte Zwiebeln
½ rote, ½ gelbe, ½ grüne Paprikaschote, entkernt und klein gewürfelt
1 EL Taco-Gewürz (Seite 84)
240 ml Salsa
4 EL gehackter frischer Koriander
1 Kopf Burgundersalat oder ein anderer Blattsalat mit rötlichen Blättern
600 g gelbe Tomaten, in Würfel geschnitten
120 g Cheddar, gehobelt
1 kleine Frühlingszwiebel, in Ringe geschnitten
6 schwarze Oliven ohne Stein, in dünne Scheiben geschnitten
1 kleine Handvoll frische Korianderblätter, nach Belieben
6 EL Sauerrahm, nach Belieben

1. Den Backofen auf 190 °C vorheizen. Auf ein Backblech drei kleine Bögen Backpapier (ca. 22 × 22 cm) nebeneinander bzw. versetzt legen. Drei Schüsselchen oder Marmeladengläser (Durchmesser 12 bis 13 cm) umgedreht bereitstellen und hitzeabweisende Schutzhandschuhe bereitlegen.

2. Für die sechs Käseschalen jeweils 75 Gramm Parmesan auf einen Bogen Backpapier geben und zu einer Kreisfläche mit 15 cm Durchmesser gleichmäßig verstreichen. In zwei Partien à drei Stück arbeiten, weil der Käse nach dem Backen schnell hart wird und sich nicht mehr formen lässt. Nach der ersten Partie das Backpapier erneuern.

3. Den Käse 9 bis 10 Minuten backen, bis er leicht gebräunt ist. Schutzhandschuhe anziehen, den Käse aus dem Ofen nehmen und nun sehr zügig arbeiten. Für jede Käseschale einen Bogen Backpapier mit gebackenem Käse möglichst mittig über eins der Schüsselchen oder Gläser stülpen und den Käse am Rand herunterdrücken. Das Backpapier abziehen und den Käse 5 Minuten abkühlen lassen. Danach die Käseschale vorsichtig von der Schüssel heben und vollständig aushärten lassen.

4. Wird eine Käsescheibe zu fest zum Formen, einfach eine weitere Minute in den Ofen schieben.

5. Für den Salat eine große Pfanne auf mittlerer Stufe erhitzen. Das Hackfleisch hinzufügen und mit einem Holzlöffel bröckelig zerteilen. Zwiebeln, Paprikaschoten und Taco-Gewürz hinzufügen und das Ganze unter Rühren garen, bis das Hackfleisch gebräunt ist. Salsa und Koriander unterrühren. Die Hackfleisch-Paprika-Mischung bei geringer Hitze warm halten.

6. Zum Servieren jede Käseschale dick mit zerkleinerten Salatblättern auskleiden. Dann nacheinander Hackfleisch-Paprika-Mischung, Tomaten, Cheddar, Frühlingszwiebeln und Oliven gleichmäßig auf die sechs Schalen verteilen. Nach Belieben mit Korianderblättchen und Sauerrahm garnieren.

NÄHRWERTE (pro Portion)

kcal	F	E	KH	B
363	24,3 g	29,5 g	9,6 g	2,3 g
	60 %	31 %	9 %	

Geschmorte Lammhaxen

MIT PILZEN

KETO | NUSS FREI | MILCH FREI

VORBEREITUNG: 10 Minuten
GARZEIT: 3½ Stunden
MENGE: 8 Portionen

---

2 EL Bratfett (ausgelassenes Frühstücksspeckfett, Schweineschmalz oder MCT-Öl)

4 Lammhaxen

2½ TL feines Meersalz

1 mittelgroße rote Zwiebel, in feine Ringe geschnitten

450 g Champignons, gesäubert

2 geröstete Knoblauchknollen (Seite 52), Zehen ausgelöst und klein gehackt, oder 4 rohe Knoblauchzehen, fein gehackt

1 mittelgroße gelbe Tomate, gewürfelt

1,2 l Rinderknochenbrühe (Seite 48), evtl. mehr

2 EL fein gehackter frischer Rosmarin

10–12 frische Thymianstängel, zu einem Bündel zusammengebunden

60 ml Butterersatz mit Kräutern (Seite 50)

1. Den Backofen auf 200 °C vorheizen.

2. Den Boden eines großen Schmortopfes mit einem Esslöffel Bratfett bestreichen und auf mittlerer Stufe erhitzen. Die Lammhaxen mit 2 Teelöffeln Salz würzen und in dem heißen Fett auf allen Seiten braun anbraten. Herausnehmen, auf einen großen Teller legen und beiseitestellen.

3. Das restliche Fett in den Schmortopf geben und erhitzen. Zwiebeln, Pilze, Knoblauch und das restliche Salz hinzufügen und 12 bis 14 Minuten garen, bis die Pilze sehr braun sind. Die Pilze zwischendurch wenden.

4. Tomaten, 480 Milliliter Brühe, Rosmarin und Thymian zugeben und das Ganze unter häufigem Rühren 30 Minuten garen, bis die Flüssigkeit auf die Hälfte eingekocht ist.

5. Die Lammhaxen und die restliche Brühe hinzufügen. Die Brühe soll das Fleisch bedecken, ggf. weitere Brühe zugießen.

6. Den Topf mit geschlossenem Deckel in den Ofen schieben und die Haxen 2½ Stunden garen. Etwa alle 45 Minuten überprüfen, ob die Flüssigkeit zu stark eingekocht ist und bei Bedarf Brühe nachgießen, damit nichts anbrennt. Nach gut einer Stunde die Lammhaxen wenden.

7. Nach 2½ Stunden den Topfdeckel abnehmen und die Haxen zum Bräunen weitere 15 Minuten garen. Am Ende der Garzeit sollte das Fleisch sehr weich sein und sich leicht vom Knochen lösen.

8. Zum Servieren das Lammfleisch mit etwas Butterersatz bestreichen und mit den Pilzen anrichten.

NÄHRWERTE (pro Portion)				
kcal	F	E	KH	B
465	25,9 g	51,1 g	6,8 g	2,2 g
	50 %	44 %	6 %	

Lamm tikka masala

KETO | NUSS FREI | MILCH FREI

VORBEREITUNG: 15 Minuten plus 2 Stunden Marinierzeit
GARZEIT: 1 Stunde
MENGE: 8 Portionen

900 g Lammkeule, ausgelöst

FÜR DIE MARINADE

240 ml vollfette Kokosmilch aus der Dose

1 geröstete Knoblauchknolle (Seite 52), Zehen ausgelöst und püriert, oder 3 rohe Knoblauchzehen, fein gehackt

1 EL geriebener frischer Ingwer

½ TL Cayennepfeffer

½ TL gemahlener Kreuzkümmel

½ TL gemahlener Koriander

1 TL feines Meersalz

FÜR DIE MASALA-SAUCE

3 EL Kokosöl

1 große Zwiebel, fein gewürfelt

1 geröstete Knoblauchknolle (Seite 52), Zehen ausgelöst und püriert, oder 3 rohe Knoblauchzehen, fein gehackt

2 TL geriebener frischer Ingwer

1 EL Tomatenmark

1 EL Garam masala (siehe Tipp)

¼ TL Cayennepfeffer

2 große Tomaten (bevorzugt gelbe), gewürfelt (Saft auffangen)

1 TL flüssiger Steviaextrakt

½ TL feines Meersalz

160 ml vollfette Kokosmilch

1 kleine Handvoll frischer Koriander, gehackt

Keto-Naan-Brot (Seite 290), nach Belieben

Dieses leckere Gericht gehört zu den Favoriten meiner Rezepttester. Es passt ausgezeichnet zur Kohl-„Pasta" aus dem Schongarer (Seite 294). Am liebsten aber serviere ich es – wie auf dem Rezeptfoto – einfach zu Konjak-Reis (in gut sortierten Supermärkten erhältlich) und löffle es mit Keto-Naan-Brot (Seite 290) auf.

1. Das Fleisch in mundgerechte Stücke schneiden.

2. Alle Zutaten für die Marinade in eine Schüssel geben und gründlich mischen. Das Fleisch hinzufügen und wenden, bis jedes Stück mit Marinade überzogen ist. Zugedeckt 2 Stunden im Kühlschrank marinieren lassen.

3. Für die Masala-Sauce das Kokosöl in einer großen Pfanne auf mittlerer Stufe erhitzen. Die Zwiebeln hinzufügen und unter häufigem Rühren 8 Minuten garen, bis sie goldgelb sind. Knoblauch, Ingwer, Tomatenmark, Garam masala und Cayennepfeffer zugeben und unter ständigem Rühren 5 Minuten garen, bis sich ein würziger Duft entfaltet. Die Tomaten samt Saft, Steviaextrakt und Salz unterrühren. Die Hitze verringern und die Mischung 15 Minuten simmern lassen.

4. Die Kokosmilch zugießen und die Sauce im offenen Topf weitere 30 Minuten simmern lassen. Vom Herd nehmen und warm halten.

5. In der Zwischenzeit den Backofengrill auf höchster Stufe vorheizen. Die marinierten Fleischstücke aus dem Kühlschrank nehmen und mit etwas Abstand auf Grillspieße stecken. Die Spieße etwa 15 cm von der Grillspirale entfernt auf jeder Seite 2 Minuten grillen, bis das Fleisch außen leicht kross ist.

6. Die Spieße aus dem Ofen nehmen und 5 Minuten ruhen lassen. Anschließend das Fleisch von den Spießen streifen und in die warme Sauce geben. Koriander unterrühren und die Sauce nach Belieben mit Salz abschmecken.

7. Nach Belieben mit Keto-Naan-Brot servieren.

TIPP:
Für ein selbst gemachtes Garam masala mischen Sie 2 TL gemahlenen Koriander, ½ TL schwarzen Pfeffer aus der Mühle, ¼ TL gemahlenen Kardamom und ¼ TL gemahlenen Zimt.

VARIANTE:
Für Chicken tikka masala, einen Klassiker der indischen Küche, brauchen Sie lediglich das Lammfleisch durch 900 Gramm Hühnerfleisch zu ersetzen. Am besten verwenden Sie dafür Hühnerschenkel und schneiden das ausgelöste Fleisch in 2,5 cm große Stücke.

NÄHRWERTE (pro Portion)

kcal	F	E	KH	B
489	37,8 g	29,7 g	6,8 g	1,2 g
	70 %	24 %	6 %	

AUFLAUF MIT
Zucchini-Muffins und Hackfleisch

 KETO | NUSS FREI

VORBEREITUNG: 10 Minuten plus 30 Minuten für die Zubereitung der Muffins

GARZEIT: 30 Minuten

MENGE: 8 Portionen

---

450 g Rinderhack

½ mittelgroße Zwiebel, fein gewürfelt

1 TL feines Meersalz

¼ TL schwarzer Pfeffer aus der Mühle

24 Zucchini-Muffins (Seite 312)

225 g Doppelrahmfrischkäse, zimmerwarm

120 ml Rinderknochenbrühe (Seite 48)

170 g Cheddar, gehobelt

1. Den Backofen auf 200 °C vorheizen.

2. Eine gusseiserne Pfanne auf mittlerer Stufe erhitzen. Hackfleisch und Zwiebeln hinzufügen und unter häufigem Rühren 5 bis 7 Minuten garen, bis das Hackfleisch durchgebraten ist. Mit Salz und Pfeffer würzen.

3. Die Hackfleisch-Zwiebel-Mischung in eine Auflaufform geben, in die 24 Mini-Muffins nebeneinander hineinpassen. Die Mischung gleichmäßig auf dem Boden der Form verstreichen und die Muffins nebeneinander darauf setzen.

4. Doppelrahmfrischkäse und Brühe in einer kleinen Schüssel zu einer glatten Sauce verrühren. Die Sauce gleichmäßig auf den Muffins verteilen und den Cheddar darüberstreuen.

5. Den Auflauf 20 bis 25 Minuten im Ofen backen, bis der Käse Blasen wirft und leicht gebräunt ist. Heiß servieren.

TIPP:

Wenn Sie gekaufte Brühe verwenden, nehmen Sie für die Sauce besser nur 60 Milliliter, sonst wird sie zu dünn. Die handelsüblichen Brühen dicken nicht so gut an wie die selbst gemachte Knochenbrühe.

NÄHRWERTE (pro Portion)

kcal	F	E	KH	B
457	35 g	30,5 g	4,8 g	1,2 g
	69 %	27 %	4 %	

Gerichte mit Schweinefleisch

Einfache Mortadella-Ravioli

KETO

VORBEREITUNG: 8 Minuten
GARZEIT: 6 Minuten
MENGE: 4 Portionen

12 dünne Scheiben Mortadella

340 g Ziegenkäse (Weich- oder Frischkäse), zerbröckelt

12 frische Basilikumblätter

360 ml Marinarasauce, hausgemacht (Seite 68) oder aus dem Glas

1 EL ungesalzene Butter oder Kokosöl

1. Die Mortadellascheiben auf einer sauberen Arbeitsfläche nebeneinander ausbreiten. In die Mitte jeder Scheibe ungefähr 2 Esslöffel Ziegenkäse setzen und ein Basilikumblatt obenauf legen.

2. Jede Wurstscheibe zu einem quadratischen Päckchen zusammenfalten und die losen Ränder der Ravioli mit einem Zahnstocher feststecken.

3. Die Marinarasauce in einen Topf geben und bei mittlerer Hitze erwärmen.

4. In der Zwischenzeit Butter oder Kokosöl in einer großen Pfanne auf mittlerer Stufe erhitzen. Die Ravioli hinzufügen und 6 Minuten braten, bis sie auf beiden Seiten leicht gebräunt sind und der Käse geschmolzen ist. Vom Herd nehmen und die Zahnstocher entfernen.

5. Die Sauce auf eine Servierplatte oder einzelne Teller verteilen und die Ravioli obenauf legen. Sofort servieren.

ZEITSPARTIPP:
Die ungebratenen Mortadella-Ravioli halten sich bis zu 2 Tage im Kühlschrank. Nehmen Sie die Ravioli aber rechtzeitig heraus, denn vor dem Braten sollten sie Raumtemperatur haben.

NÄHRWERTE (pro Portion)

kcal	F	E	KH	B
677	55,6 g	34,7 g	9,1 g	0,8 g
	74 %	21 %	5 %	

Geräucherte Schweinekoteletts

MIT APFELGLASUR

KETO · NUSS FREI · MILCH FREI

VORBEREITUNG: 7 Minuten plus 4 Stunden Marinierzeit
GARZEIT: 2 Stunden
MENGE: 4 Portionen

Mit diesem Rezept lernen Sie Schweinekoteletts von einer ganz neuen Seite kennen – nicht trocken und zäh, wie ich sie in Erinnerung habe. Mit dem Einlegen in einer aromatisierten Salzlake wird nicht nur ein Pökeleffekt erzielt, es verleiht dem Fleisch auch ein erstaunliches Aroma. Beim Räuchern im Barbecue-Smoker wird der Geschmack noch vertieft, insbesondere wenn man Apfelholzschnitzel verwendet. Heraus kommen köstliche Koteletts mit weichem, saftigem Biss und einer intensiven würzig-rauchigen Note.

FÜR DIE LAKE
- 1 l Wasser
- 6 Teebeutel Apfeltee
- 90 g feines Meersalz
- 6 EL Erythrit, nach Belieben

FÜR DIE KOTELETTS
- 4 Stielkoteletts, etwa 3,5 cm dick
- 2 EL geräuchertes Paprikapulver
- 1 EL feines Erythrit
- 2 TL Zwiebelpulver
- 2 TL feines Meersalz
- ½ TL gemahlener Thymian
- MCT-Öl

FÜR DIE APFELGLASUR
- 1 Teebeutel Apfeltee
- 60 ml kochendes Wasser
- 60 g ungesalzene Butter oder 60 ml Kokosöl oder ausgelassenes Speckfett, zimmerwarm
- 3 EL Erythrit
- 1 TL Apfelextrakt
- 1 Prise feines Meersalz (nicht bei Verwendung von Speckfett)

KÜCHENGERÄT

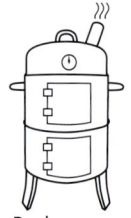
Barbecue-Smoker mit Thermometer

4 große Handvoll Holzschnitzel (bevorzugt Apfelholz)

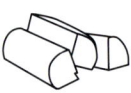
5 oder 6 Holzscheite

1. Für die Lake das Wasser in einem mittelgroßen Topf zum Kochen bringen. Die Apfelteebeutel hinzufügen und 3 Minuten ziehen lassen. Die Teebeutel herausnehmen, gründlich ausdrücken und wegwerfen. Salz und nach Belieben Erythrit hinzufügen und rühren, bis sich das Salz vollkommen aufgelöst hat. Die Lake in eine große Auflaufform geben (so groß, dass die Koteletts nebeneinander liegen können). Die Lake auf Raumtemperatur abkühlen lassen.

2. Die Koteletts nebeneinander in die abgekühlte Lake legen und mindestens 4 Stunden oder über Nacht in den Kühlschrank stellen.

3. Inzwischen die Holzschnitzel und -scheite eine Stunde in Wasser einweichen.

4. Zum Garen die Koteletts aus der Lake nehmen und gründlich unter fließendem kaltem Wasser waschen. Gut abtrocknen.

5. Paprikapulver, Erythrit, Zwiebelpulver, Salz und Thymian in einer kleinen Schüssel gründlich mischen.

6. Die Koteletts auf beiden Seiten mit etwas MCT-Öl bestreichen und großzügig mit der Gewürzmischung einreiben. Vor dem Garen sollte das Fleisch Raumtemperatur haben.

7. Den Smoker vorbereiten und das eingeweichte Holz hinzufügen. Auf 110 °C vorheizen. Unabhängig von der Heizquelle (Holz, Strom, Propangas, Holzkohle) und den benötigten Vorbereitungsmaßnahmen (z. B. eine Schüssel mit Wasser) gilt hier generell: genau an die Gebrauchsanleitung halten!

8. Die Koteletts auf den Rost legen, auf dem sie optimal dem Rauch ausgesetzt sind. Zwischen den Koteletts mindestens 2,5 cm Abstand lassen, damit der Rauch auch ihre Randseiten gut erreicht.

9. Die Koteletts räuchern, bis ihre Kerntemperatur 65 bis 68 °C beträgt. Wie lange die Garzeit dauert, hängt von der Dicke des Fleisches ab – bei 3,5 cm dicken Koteletts sind es etwa 2 Stunden.

TIPP:

Stielkoteletts sind relativ mager und werden schnell trocken, wenn man die empfohlene Kerntemperatur überschreitet. Bei den von Fett durchzogenen Nackenkoteletts liegt die Kerntemperatur höher (70 bis 75 °C). Besonders schnell und einfach lässt sich die Kerntemperatur mit einem speziellen Digitalthermometer messen, einem sogenannten Thermo-Pen. In Sekundenschnelle zeigt er die Kerntemperatur gut lesbar auf einem kleinen Display an.

10. In der Zwischenzeit die Glasur zubereiten: Den Apfelteebeutel in eine Tasse geben, mit 60 Milliliter kochendem Wasser übergießen und 3 Minuten ziehen lassen. Herausnehmen, gut ausdrücken und wegwerfen. Butter, Kokosöl oder Speckfett, Erythrit, Apfelextrakt und Salz (Letzteres nicht bei Verwendung von Speckfett) unter den Tee rühren. Die Mischung in den Mixer geben und glatt pürieren. Abkühlen lassen, wobei eine pastenähnliche Glasur entsteht, die sich gut auf die Koteletts streichen lässt.

11. Zum Servieren die Koteletts mit Apfelglasur bestreichen.

NÄHRWERTE (pro Portion)				
kcal	F	E	KH	B
418	36,6 g	19 g	3 g	1,4 g
	79 %	18 %	3 %	

Krakauer mit gedünstetem Weißkohl

 KETO NUSS FREI MILCH FREI

VORBEREITUNG: 5 Minuten
GARZEIT: 35 Minuten
MENGE: 6 Portionen

---

6 Scheiben Frühstücksspeck, klein gewürfelt

1 geröstete Knoblauchknolle (Seite 52), Zehen ausgelöst, oder 3 rohe Knoblauchzehen, fein gehackt

60 ml Rinderknochenbrühe (Seite 48)

½ mittelgroße Zwiebel

1 TL flüssiger Steviaextrakt

¼ TL Chiliflocken

¼ TL feines Meersalz

1 EL Kümmelsamen

1,5 kg Weißkohl, in sehr feine Streifen geschnitten

450 g Krakauer Brühwurst, in dicke Scheiben geschnitten

120 ml Senf, am besten selbst gemachter (Seite 54–57)

1. Den Frühstücksspeck in einem großen Schmortopf bei mittlerer Hitze knusprig braten. Die Speckwürfel mit einem Sieblöffel herausnehmen und auf Küchenpapier abtropfen lassen. Das ausgelassene Speckfett im Topf belassen.

2. Knoblauch, Brühe, Zwiebeln, Stevia, Chiliflocken, Salz und Kümmel gründlich in das Speckfett rühren. Den Weißkohl unterheben und zugedeckt 10 bis 15 Minuten garen, bis er bissfest ist.

3. Die Krakauer unter den Weißkohl heben und das Ganze zugedeckt weitere 10 bis 15 Minuten schmoren lassen, bis der Weißkohl weich und die Wurst durchgegart ist.

4. Zum Servieren Weißkohl und Wurst auf Tellern anrichten und mit Speckwürfeln bestreuen. Senf dazu reichen.

ZEITSPARTIPP:
Noch schneller geht dieses Gericht, wenn Sie einfach Sauerkraut verwenden und es zusammen mit der Wurst erhitzen (was ich für das Rezeptfoto getan habe).

NÄHRWERTE (pro Portion)

kcal	F	E	KH	B
351	26,1 g	17,1 g	12,2 g	4,2 g
	67 %	19 %	14 %	

Salatwraps mit Hackfleischfüllung

KETO ■□□ · **NUSSFREI** · **MILCHFREI**

VORBEREITUNG: 12 Minuten
GARZEIT: 15 Minuten
MENGE: 4 Portionen

FÜR DAS DRESSING

4 Scheiben (ca. 110 g) Frühstücksspeck, in 1 cm breite Streifen geschnitten (quer zur Faser schneiden)

200 g Champignons, in feine Scheiben geschnitten

3 EL Kokosessig

60 ml hausgemachte Rinder- oder Hühnerknochenbrühe (Seite 48)

2 EL MCT-Öl

½ TL flüssiger Steviaextrakt, nach Belieben

feines Meersalz

schwarzer Pfeffer aus der Mühle

2 EL fein gehackte Blattpetersilie

FÜR DIE FÜLLUNG

450 g Schweinehack

1 kleine Zwiebel, fein gewürfelt

2 Knoblauchzehen, fein gehackt

1 EL Coconut aminos oder glutenfreie Tamari-Sauce

¼ TL Fischsauce, nach Belieben

1 EL Kokosessig

2 TL fein gehackter frischer Ingwer

1 Bund Frühlingszwiebeln, in feine Ringe geschnitten

2 TL dunkles Sesamöl

FÜR DIE SALATWRAPS

1 Kopf Salat (Frisée, Kopf- oder Burgundersalat, Blätter gewaschen und trocken getupft)

je 1 Handvoll frische Minze-, Basilikum- und Korianderblätter

½ Salatgurke, in feine Scheiben geschnitten

100 g Schalotten oder Zwiebeln, in feine Ringe geschnitten und goldbraun gedünstet (siehe Tipp)

1. Für das Dressing den Frühstücksspeck in eine mittelgroße Pfanne geben und bei mittlerer Hitze unter häufigem Rühren braten, bis er beginnt knusprig zu werden. Die Pilze hinzufügen und unter gelegentlichem Rühren 5 bis 6 Minuten garen, bis sie weich sind.

2. Essig und Brühe unterrühren und das Ganze etwa eine Minute köcheln lassen, bis die Flüssigkeit auf die Hälfte reduziert ist. MCT-Öl und nach Belieben Stevia unterrühren. Mit Salz und Pfeffer würzen und die Petersilie unterheben. Vom Herd nehmen und beiseitestellen.

3. Für die Füllung das Hackfleisch in eine mittelgroße Pfanne geben und bei mittlerer Hitze bräunen. Dabei das Fleisch mit einem Holzlöffel in Bröckchen teilen und häufig durchrühren. Das Hackfleisch mit einem Sieblöffel aus der Pfanne nehmen und in eine Schüssel geben.

4. Das Bratenfett in der Pfanne belassen. Zwiebeln hinzufügen und unter Rühren glasig dünsten. Knoblauch, Coconut aminos oder Tamari-Sauce, Fischsauce (falls verwendet), Essig und Ingwer unterrühren. Hackfleisch, Frühlingszwiebeln und Sesamöl unterheben und die Mischung unter leichtem Rühren 2 Minuten garen.

5. Für die Wraps die Salatblätter an den Rand einer großen Servierplatte legen. Auf die freie Fläche die Kräuter, Gurken und Zwiebeln in getrennten Häufchen setzen. Das Dressing in eine kleine und die Hackfleischfüllung in eine größere Schüssel geben. So kann sich jeder die Salatblätter selbst füllen und wie einen Burrito zusammenrollen.

TIPP:
Zum Braten der Schalotten- bzw. Zwiebelringe 60 ml Kokos- oder MCT-Öl in einer kleinen Pfanne auf mittlerer Stufe erhitzen. Schalotten bzw. Zwiebeln hinzufügen und unter gelegentlichem Rühren 15 Minuten braten, bis sie goldbraun (keinesfalls schwarz) sind. Falls sie zu schnell bräunen, die Hitze verringern. In ein Sieb geben und gut abtropfen lassen.

ZEITSPARTIPP:
Das Dressing kann man einen Tag im Voraus zubereiten und im Kühlschrank aufbewahren. So braucht man es zum Servieren nur erwärmen.

NÄHRWERTE (pro Portion)

kcal	F	E	KH	B
468	25,9 g	44,5 g	14,2 g	3,9 g
	50 %	38 %	12 %	

Pikant gepökelter Schweinebauch

KETO | NUSS FREI | MILCH FREI

VORBEREITUNG: 8 Minuten
plus 3 Tage Pökelzeit

GARZEIT: 7 Stunden

MENGE: 24 Portionen
(pro Portion eine 5 cm dicke Scheibe)

---

4 EL Kreuzkümmelsamen

4 EL Fenchelsamen

3 EL Koriandersamen

4 TL schwarze Pfefferkörner

1 EL plus 1 TL weiße Pfefferkörner

4 Zimtstangen

3 Sternanis

4 TL Knoblauchzehen

180 g feines Meersalz

200 g Erythrit

2,7 kg Schweinebauch am Stück

2 l Hühner- oder Rinderknochenbrühe (Seite 48)

500 g Kimchi, nach Belieben

KÜCHENGERÄT

Küchenmaschine

Mit diesem Rezept bereiten Sie Schweinebauch auf Vorrat zu, damit sich der Aufwand lohnt. In Scheiben geschnitten, lässt sich das Fleisch ausgezeichnet portionsweise einfrieren. Nach einem anstrengenden Tag ist es angenehm, die benötigten Portionen einfach aus dem Gefriergerät zu nehmen und in der Pfanne knusprig zu braten. Als Beilage eignet sich Kimchi, ein koreanisches Nationalgericht, besonders gut. Dieser wie Sauerkraut durch Milchsäuregärung fermentierte Chinakohl bildet mit seinen weiteren Zutaten ein wahres Feuerwerk an Vitaminen und anderen gesunden Nährstoffen. Erhältlich ist Kimchi in gut sortierten Asialäden.

1. Kreuzkümmel-, Fenchel- und Koriandersamen, schwarze und weiße Pfefferkörner sowie Zimtstangen, Sternanis und Knoblauch in die Küchenmaschine oder eine gesäuberte Kaffeemühle geben. Die Gewürzmischung fein zermahlen und in eine mittelgroße Schüssel geben. Salz und Erythrit hinzufügen und gründlich untermischen.

2. Den Schweinebauch auf allen Seiten mit der Gewürzmischung großzügig einreiben. Das Fleisch in eine große, flache Glas- oder Keramikschale legen (es soll flach liegen). Das Gefäß fest mit Alufolie verschließen und 3 Tage in den Kühlschrank stellen.

3. Für die Zubereitung den Backofen auf 90 °C vorheizen.

4. Den Schweinebauch aus dem Kühlschrank nehmen und unter fließendem kaltem Wasser abwaschen. Das Fleisch flach in einen ausreichend großen Bräter legen und mit Brühe bedecken. Den Bräter fest mit dem Deckel oder mit Alufolie verschließen.

5. Den Schweinebauch im Ofen 7 Stunden garen.

6. Das gegarte Fleisch aus dem Bräter nehmen und die Flüssigkeit weggießen. Den Schweinebauch in 5 cm dicke Scheiben schneiden und die nicht gleich benötigte Menge einfrieren.

7. Zum Servieren die Fleischscheiben in einer gusseisernen Pfanne bei mittlerer Hitze braten, bis die Schwarte knusprig ist. Nach Belieben Kimchi als Beilage reichen.

NÄHRWERTE (pro Portion)

kcal	F	E	KH	B
350	28,8 g	18,3 g	5,3 g	2,6 g
	74 %	21 %	6 %	

Stromboli

VORBEREITUNG: 10 Minuten
GARZEIT: 25 Minuten
MENGE: 6 Portionen

FÜR DEN TEIG

60 g ungesalzene Butter
140 g Mozzarella, geraspelt
1 TL Knoblauchpulver
1 TL Chiliflocken
3 EL sehr fein zerbröselte Schweinekrusten-Chips
2 EL Kokosmehl
1 großes Ei, verquirlt
Kokosöl zum Einfetten

FÜR DIE FÜLLUNG

85 g Mozzarella, in kleine Würfel geschnitten
12 Scheiben Salami
60 ml Pizzasauce (Seite 67) oder Marinarasauce (Seite 68)

Normalerweise verwende ich weder Kokos- noch Mandelmehl, da sie den Ketose-Status beeinträchtigen können. Doch für dieses Rezept ist eine geringe Menge Kokosmehl nötig, sonst funktioniert es nicht optimal. Jeder Mensch hat eine individuelle Toleranz für Ballaststoffe und Kohlenhydrate. Stellen Sie also sicher, dass das Kokosmehl in Ihrem Toleranzbereich liegt. Ein Ketontest (siehe Seite 15) sagt Ihnen, ob Sie in Ketose sind – damit sind Sie selbst Ihr bester Berater.

1. Den Backofen auf 200 °C vorheizen.
2. Für den Teig die Butter in einem kleinen Topf schmelzen und kurz beiseitestellen.
3. Mozzarella, Knoblauchpulver und Chiliflocken in einen größeren Topf geben und auf kleiner Stufe erhitzen, bis der Käse geschmolzen ist. Zum Mischen mit einer Gabel umrühren.
4. Schweinekrustenbrösel, Kokosmehl, Ei und die geschmolzene Butter hinzufügen und das Ganze zu einem glatten Teig verrühren.
5. Einen Bogen Backpapier auf der Arbeitsfläche ausbreiten und mit etwas Kokosöl einfetten. Den Teig zu einem 36 × 20 cm großen Rechteck ausrollen. An den Längsseiten den Teig symmetrisch in einem Abstand von 1,5 cm jeweils 5 cm tief einschneiden. Diese Streifen werden später über die Füllung geklappt.
6. Mozzarella und Salami in der Mitte des Teigs gleichmäßig verteilen, sodass zu den Schnittstellen und den Schmalseiten etwa 1 cm frei bleibt. Die Streifen von beiden Seiten über die Füllung klappen, sodass sie ein wenig überlappen. Die Teigkanten an den Schmalseiten mit dem Daumen oder den Zinken einer Gabel zusammendrücken, damit der Käse nicht herauslaufen kann.
7. Den Teig samt Backpapier auf ein Backblech heben und 14 bis 18 Minuten im Ofen backen, bis er leicht goldbraun ist.
8. Zum Servieren die Stromboli in Streifen schneiden und die Sauce als Dip dazu reichen.

NÄHRWERTE (pro Portion)

kcal	F	E	KH	B
355	27,9 g	21,6 g	4,8 g	1,2 g
	71 %	24 %	5 %	

Mini-Salatwraps

VORBEREITUNG: 5 Minuten
MENGE: 3 Portionen

6 große Kopfsalatblätter, z. B. Bataviasalat, gewaschen und trocken getupft

3 EL Mayonnaise

2 EL Senf, am besten hausgemachter (Seite 54–57), nach Belieben

110–170 g gekochter Schinken, dünn geschnitten

½ Avocado, Fruchtfleisch in dünne Scheiben geschnitten

60 g Schweizer Käse, dünn geschnitten (wenn verträglich)

6 Schnittlauchstängel, nach Belieben

WEITERE FÜLLUNG (NACH BELIEBEN)

6 Tomatenscheiben

2 EL fein gewürfelte rote Zwiebeln

2 EL fein gewürfelte Salatgurke

1. Die Salatblätter flach auf die Arbeitsfläche legen und in der Mitte jedes Blattes 1½ Teelöffel Mayonnaise und nach Belieben 1 Teelöffel Senf verstreichen.

2. Schinken, Avocado und Käse gleichmäßig auf die Salatblätter verteilen. Nach Belieben weitere Füllung hinzufügen. (Meine Lieblingsfüllungen stehen in der zusätzlichen Zutatenliste, aber vieles andere ist ebenfalls möglich).

3. Die seitlichen Blattränder ein wenig über die Füllung schlagen und das Salatblatt wie einen Burrito zusammenrollen. Nach Belieben mit einem Schnittlauchstängel zusammenbinden.

NÄHRWERTE (pro Portion)				
kcal	F	E	KH	B
339	27,3 g	14,5 g	10,5 g	4,6 g
	72 %	17 %	12 %	

Gefüllte Chorizo im Speckmantel

KETO · NUSS FREI

VORBEREITUNG: 10 Minuten

GARZEIT: 20 Minuten

MENGE: 6 Portionen
(2 Stück pro Portion)

---

225 g Doppelrahmfrischkäse, cremig gerührt

60 g Cheddar, gerieben

1 Knoblauchzehe, sehr fein gehackt

1 EL fein gehackter frischer Koriander

½ TL gemahlener Kreuzkümmel

½ TL feines Meersalz

12 kleine Jalapeños (sehr scharfe Chilischoten)

6 Chorizo-Bratwürste (frische grobe Bratwurst, pikant gewürzt)

12 dünne Scheiben Frühstücksspeck

1. Den Backofen auf 190 °C vorheizen.
2. Frischkäse, Cheddar, Knoblauch, Koriander, Kreuzkümmel und Salz in eine mittelgroße Schüssel geben und gründlich mischen. Die Mischung in einen Spritzbeutel mit schmaler Tülle geben oder in einen großen verschließbaren Gefrierbeutel und zum Spritzen eine der unteren Ecken knapp abschneiden.
3. Am Stielansatz der Jalapeños einen kleinen „Deckel" abschneiden und mit einem schmalen Messer oder winzigen Löffel die Samen und die weißen Fruchtwände vorsichtig herauskratzen, ohne das Fruchtfleisch zu verletzen.
4. Die Jalapeños mithilfe des Spritzbeutels mit der Käse-Gewürz-Mischung füllen.
5. Jede Bratwurst halbieren und das Brät herausdrücken. Jeweils eine Portion in der Handfläche flach drücken, eine Jalapeño in die Mitte legen und mit Brät umhüllen. Das Brät zu einem eiförmigen Klops formen.
6. Jeden Klops mit einer Scheibe Frühstücksspeck umwickeln und diese mit einem Zahnstocher fixieren.
7. Die Klopse auf ein Backblech mit hohem Rand legen und im Ofen 20 Minuten braten, bis sie durchgegart sind und der Speck knusprig ist.

NÄHRWERTE (pro Portion)				
kcal	F	E	KH	B
764	66,7 g	36,6 g	2,4 g	1 g
	79 %	19 %	1 %	

Gerichte mit Geflügel

DAS KETO-KOCHBUCH

Lasagne-Röllchen

KETO NUSS FREI

VORBEREITUNG: 10 Minuten
GARZEIT: 25 Minuten
MENGE: 4 Portionen

FÜR DIE FÜLLUNG

210 g Ricotta

1 großes Ei, verquirlt

35 g Parmesan, gerieben

170 g Mozzarella, geraspelt

3 mittelgroße Tomaten, in feine Scheiben geschnitten

1 Handvoll Basilikumblätter

16 knapp 3 mm dünne Scheiben Puten- oder Hühnerbrustaufschnitt (ca. 300 g)

480 ml Marinarasauce, hausgemacht (Seite 68) oder aus dem Glas

VARIANTE: MILCHFREIE LASAGNE-RÖLLCHEN

Ersetzen Sie den Ricotta, Mozzarella und Parmesan durch das pürierte Fruchtfleisch von 3 Avocados sowie 20 Gramm Nährhefe. Die Avocado sorgt für die Cremigkeit und die Nährhefe für einen käseähnlichen Geschmack. Basilikum und Marinarasauce steuern das typische italienische Aroma bei.

Für diese fabelhafte ketogene Lasagne wird Käse verwendet. Ich habe jedoch auch eine milchfreie Variante angegeben. Vielen Menschen, die ich in Sachen ketogener Ernährung berate, empfehle ich, vor allem beim Einstieg in diese Ernährungsweise Milch und Milchprodukte wegzulassen, um zu sehen, ob sie eventuell an einer Unverträglichkeit leiden. Damit jeder diese köstliche italienische Keto-Mahlzeit genießen kann, ersetzen in der milchfreien Variante Avocados die Cremigkeit des Ricottas.

Bei diesem Rezept bilden Putenschinken oder Hühnerbrust die Lasagneblätter – ein perfekter eiweißreicher Ersatz für herkömmliche Pasta. Als Beilage eignet sich das hausgemachte Keto-Brot (Seite 288) ausgezeichnet. Im Handumdrehen wird es zu einem leckeren Knoblauchbrot, wenn man es in etwas Butter (wenn verträglich) oder MTC-Öl röstet und mit Knoblauch einreibt.

1. Den Backofen auf 160 °C vorheizen. Ein Backblech mit Backpapier auslegen.

2. Für die Füllung: Ricotta und Ei in eine Rührschüssel geben und sehr gründlich mischen. Den Parmesan unterrühren und anschließend den Mozzarella hinzufügen. Zum Schluss die Mischung noch mal kräftig durchrühren.

3. Die Scheiben des Puten- oder Hühnerbrustaufschnitts auf der sauberen Arbeitsfläche nebeneinander ausbreiten. Die Käsemischung gleichmäßig auf den Scheiben verteilen und glatt streichen.

4. Jeweils 3 Tomatenscheiben auf die Käsemischung legen und 3 oder 4 Basilikumblätter obenauf setzen.

5. Die Aufschnittscheiben von der Schmalseite her so eng wie möglich zusammenrollen und mit der „Naht" nach unten auf das Backblech setzen.

6. Auf jedes Röllchen 2 oder 3 Esslöffel Marinarasauce träufeln.

7. Die Lasagne-Röllchen im Ofen 20 bis 25 Minuten backen, bis der Käse geschmolzen ist.

NÄHRWERTE (pro Portion)

kcal	F	E	KH	B
467	25,7 g	50 g	9,3 g	2,6 g
	50 %	43 %	8 %	

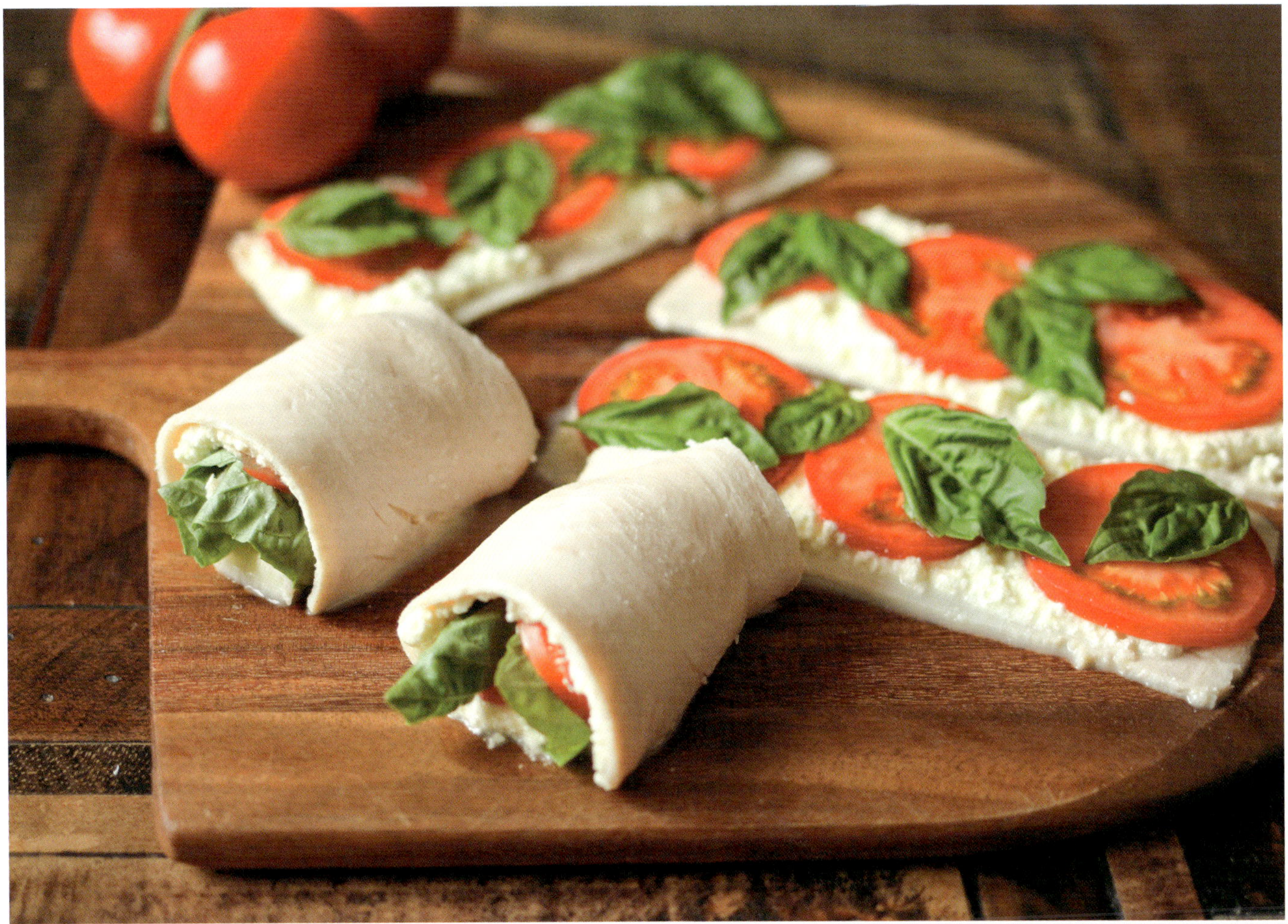

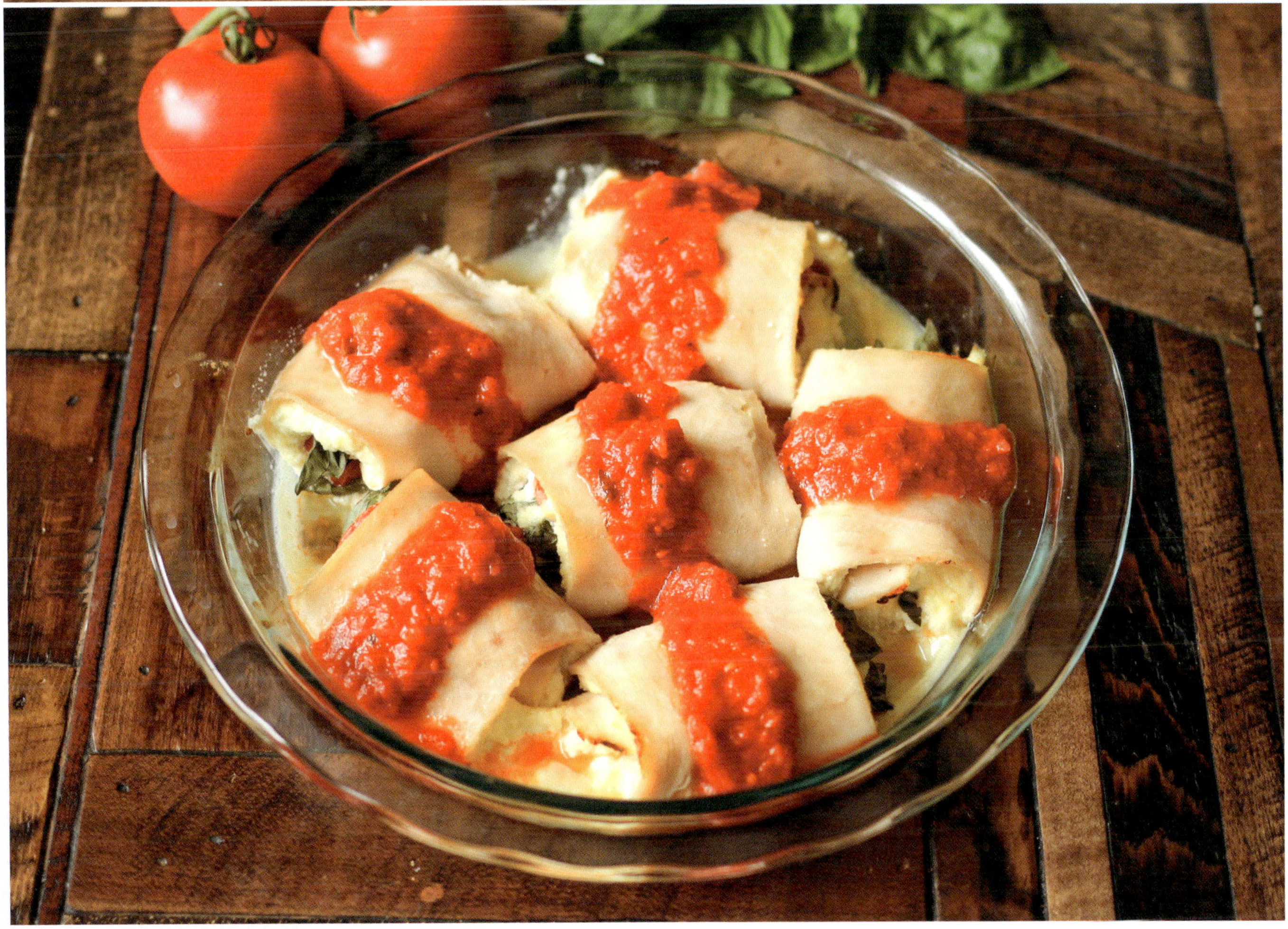

AVOCADOS
mit pikanter Hühnchenfüllung

KETO · NUSS FREI

VORBEREITUNG: 8 Minuten
GARZEIT: 2 Stunden
MENGE: 12 Portionen

FÜR DIE FÜLLUNG

3 EL Fett, entweder ausgelassener Frühstücksspeck, Schweineschmalz oder Ghee

1,3 kg Hühnerschenkel

2 TL feines Meersalz

1 TL schwarzer Pfeffer aus der Mühle

1 kleine Zwiebel, klein gewürfelt

1 geröstete Knoblauchknolle (Seite 52), Zehen ausgelöst

120 ml scharfe Grillsauce

480 ml Hühnerknochenbrühe (Seite 48)

6 große Avocados, ungeschält, halbiert und entkernt

6 EL zerbröckelter Blauschimmelkäse (wenn verträglich)

12 EL hausgemachtes Ranch-Dressing (Seite 61) oder milchfreies (Seite 60)

1. Für die Füllung das Fett in einer großen Pfanne auf mittlerer Stufe erhitzen. Die Hühnerschenkel mit Salz und Pfeffer würzen, in die Pfanne geben und insgesamt 8 Minuten auf beiden Seiten goldbraun anbraten.

2. Zwiebeln und Knoblauch hinzufügen und weitere 8 Minuten garen, bis die Zwiebeln goldbraun sind. Zwischendurch mindestens einmal wenden und darauf achten, dass nichts anbrennt.

3. Grillsauce und Brühe zugießen und bei geringer Hitze etwa 1½ Stunden köcheln lassen, bis das Fleisch fast von alleine von den Knochen fällt.

4. Die Hühnerschenkel aus der Pfanne nehmen und abkühlen lassen. Dann das Fleisch von den Knochen lösen und sehr klein schneiden oder mit der Hand zerpflücken.

5. Den Backofen auf 190 °C vorheizen.

6. Die Avocadohälften in eine Auflaufform setzen und mit Hühnerfleisch füllen. Nach Belieben noch etwas Grillsauce darüberträufeln. Auf jede Füllung ½ Esslöffel Blauschimmelkäse setzen und leicht andrücken.

7. Die Avocados 10 bis 12 Minuten im Ofen backen, bis der Käse geschmolzen ist (ohne Käse nur 10 Minuten backen). Herausnehmen und jeweils mit einem Esslöffel Ranch-Dressing beträufeln. Warm servieren.

NÄHRWERTE (pro Portion)

kcal	F	E	KH	B
475	40 g	23 g	8 g	6,5 g
	76 %	19 %	7 %	

Pizza mit pikantem Hühnchen

KETO | NUSS FREI

VORBEREITUNG: 18 Minuten
GARZEIT: 2 Stunden
MENGE: 6 Portionen

FÜR DEN BELAG

3 EL Fett, entweder ausgelassenen Frühstücksspeck, Schweineschmalz oder Ghee

1,3 kg Hühnerschenkel

2 TL feines Meersalz

1 TL schwarzer Pfeffer aus der Mühle

1 kleine Zwiebel, klein gewürfelt

1 geröstete Knoblauchknolle (Seite 52), Zehen ausgelöst

120 ml scharfe Grillsauce

480 ml Hühnerknochenbrühe (Seite 48)

FÜR DIE PIZZASAUCE

120 ml Tomatensauce, hausgemacht (Seite 67) oder aus dem Glas

60 ml scharfe Grillsauce

FÜR DEN PIZZABODEN UND WEITEREN BELAG

1 hausgemachter Pizzateig (Rezept Seite 276)

Fett zum Einfetten der Form

6 EL klein zerbröckelter Blauschimmelkäse (wenn verträglich)

1 Stück Stangensellerie, in Scheibchen geschnitten

Hausgemachtes Ranch-Dressing (Seite 61) oder milchfreies (Seite 60)

1. Für den Belag das Fett in einer großen Pfanne auf mittlerer Stufe erhitzen. Die Hühnerschenkel mit Salz und Pfeffer würzen, in die Pfanne geben und 8 Minuten rundum goldbraun anbraten.

2. Zwiebeln und Knoblauch hinzufügen und weitere 8 Minuten garen, bis die Zwiebeln goldbraun sind. Zwischendurch mindestens einmal wenden und darauf achten, dass nichts anbrennt.

3. Grillsauce und Brühe zugießen und bei geringer Hitze etwa 1½ Stunden köcheln lassen, bis das Fleisch fast von alleine von den Knochen fällt.

4. Die Hühnerschenkel aus der Pfanne nehmen und abkühlen lassen. Dann das Fleisch von den Knochen lösen und klein schneiden oder mit der Hand zerpflücken. Beiseitestellen.

5. Für die Pizzasauce die Tomaten- und Grillsauce in einer Schüssel mischen. Beiseitestellen.

6. Den Backofen auf 160 °C vorheizen. Eine Lasagneform (ca. 37 × 28 cm) oder eine gusseiserne Pfanne (Durchmesser ca. 30 cm) einfetten.

7. Den Pizzateig zubereiten (Anleitung Seite 276) und in die Form oder Pfanne füllen und zu einer gleichmäßig dicken Schicht verstreichen. In den Ofen schieben und 8 Minuten goldbraun vorbacken.

8. Den Pizzaboden aus dem Ofen nehmen und die Pizzasauce gleichmäßig darauf verstreichen. Mit Hühnerfleisch, Blauschimmelkäse und Staudensellerie belegen und die Pizza weitere 10 Minuten backen, bis der Käse geschmolzen ist.

9. Warm servieren und das Ranch-Dressing in einem separaten Schüsselchen dazu reichen.

NÄHRWERTE (pro Portion)

kcal	F	E	KH	B
610	41,2 g	55,2 g	6 g	0,5 g
	61 %	36 %	4 %	

PIZZA MIT HÜHNCHEN
und Knoblauch

KETO | **NUSS FREI**

VORBEREITUNG: 10 Minuten
GARZEIT: 30 Minuten
MENGE: 6 Portionen

FÜR DEN PIZZABODEN

6 große Eier, Eiweiß und Eigelb getrennt

½ TL Weinstein

6 EL neutrales Eiklarpulver oder (wenn verträglich) neutrales Molkeneiweißpulver

90 g Doppelrahmfrischkäse (wenn verträglich), zimmerwarm, oder die o. g. 6 Eigelbe, leicht verquirlt

FÜR DEN BELAG UND DIE SAUCE

3 Scheiben Frühstücksspeck, gewürfelt

1 kleine Zwiebel, gewürfelt

2 Hühnerschenkel, Fleisch von den Knochen gelöst und in ca. 1 cm große Würfel geschnitten

240 ml Tomatensauce, hausgemacht (Seite 67) oder aus dem Glas

60 ml Coconut aminos oder glutenfreie Tamari-Sauce

5 EL Erythrit oder ½ TL flüssiger Steviaextrakt

60 ml Kokosessig

1 geröstete Knoblauchknolle (Seite 52), Zehen ausgelöst, oder
3 rohe Knoblauchzehen, mit der Messerklinge zerdrückt

2 TL Flüssigrauch

110 g Provolone oder Cheddar (wenn verträglich), geraspelt

KÜCHENGERÄT

Mixer

---

1. Den Backofen auf 160 °C vorheizen. Eine Lasagneform (ca. 37 × 28 cm) oder eine gusseiserne Pfanne (Durchmesser ca. 30 cm) einfetten.

2. Für den Teig Eiweiß und Weinstein in eine Schüssel geben und mit dem Handmixer sehr steif schlagen (oder in den Standmixer geben und das Gerät ca. 5 Minuten laufen lassen). Das Gerät auf die niedrigste Stufe stellen und das Eiklar- oder Molkeneiweißpulver untermixen. Den Frischkäse oder die Eigelbe mit einem Küchenspatel vorsichtig unterheben.

3. Den Teig in die Form oder Pfanne füllen und zu einer gleichmäßig dicken Schicht verstreichen. In den Ofen schieben und 18 Minuten vorbacken.

4. In der Zwischenzeit für den Belag und die Sauce Frühstücksspeck und Zwiebeln in eine große Pfanne geben und braten, bis der Speck knusprig wird. Die Fleischwürfel zufügen und rundum 5 Minuten scharf anbraten. Speck, Zwiebeln und Fleisch mit einem Sieblöffel herausnehmen und in eine Schüssel geben. Beiseitestellen.

5. Das Fett in der Pfanne belassen. Tomatensauce, Coconut aminos oder Tamari-Sauce, Erythrit oder Steviaextrakt, Essig, Knoblauch und Flüssigrauch hineingeben und gründlich verrühren. Die Mischung in den Mixer geben und zu einer glatten Sauce pürieren.

6. Den Pizzaboden aus dem Ofen nehmen und die Hitze auf 200 °C. erhöhen.

7. Sauce, Speck-Fleisch-Mischung und Käse gleichmäßig auf dem Pizzaboden verteilen. Die Pizza im Ofen weitere 5 Minuten backen, bis der Käse geschmolzen und leicht gebräunt ist. Warm servieren.

TIPP FÜR DIE FAMILIE:

Backen Sie die Pizza mit Ihren Kindern gemeinsam. Teilen Sie dazu den Teig in kleinere Pizzen auf, die jeder nach seinem Geschmack belegen kann. Solche kleinen Projekte helfen, Kinder schon in ganz jungen Jahren ans Kochen heranzuführen. Den Belag selbst auszuwählen, macht den meisten viel Spaß. Mein Sohn Micah belegt seine Pizza zum Beispiel gerne mit Oliven, während sein jüngerer Bruder Kai reichlich Sauce und Wurst bevorzugt. Für die Mini-Pizza wird der Teig in vier Portionen aufgeteilt und in Auflaufformen oder Pfännchen (10 bis 12 cm Durchmesser) 10 Minuten im Ofen vorgebacken. Nach dem individuellen Belegen kommen die Pizzen noch einmal für ca. 8 Minuten in den Ofen, bis der Belag richtig heiß ist und eventuell verwendeter Käse geschmolzen ist.

NÄHRWERTE (pro Portion)

kcal	F	E	KH	B
617	42 g	51,8 g	5,2 g	0 g
	61 %	34 %	3 %	

Chicken Enchiladas

KETO **NUSS FREI**

VORBEREITUNG: 10 Minuten plus 20 Minuten Ruhezeit
GARZEIT: 45 Minuten
MENGE: 8 Portionen

---

4 Hühnerbrüste, ohne Haut
1 TL feines Meersalz
½ TL gemahlener Kreuzkümmel
½ TL Chilipulver
60 ml Kokosöl
1 Zwiebel (ca. 150 g), klein gewürfelt
1 l hausgemachte Enchilada-Sauce (Seite 82)
16 Scheiben Hühnerbrustaufschnitt
360 g Cheddar, gerieben
Chilipulver zum Bestreuen

ZUM GARNIEREN
saure Sahne
Tomatenwürfel
frischer Koriander

1. Den Backofen auf 175 °C vorheizen.
2. Die Hühnerbrüste auf beiden Seiten mit Salz, Kreuzkümmel und Chilipulver würzen. Das Öl in einer großen Pfanne auf mittlerer Stufe erhitzen. Das Fleisch hinzufügen und auf jeder Seite 5 Minuten braten, bis es durchgegart, aber noch saftig ist. Herausnehmen, abkühlen lassen und in kleine Würfel schneiden.
3. Das Bratfett in der Pfanne belassen. Die Zwiebeln zugeben und unter Rühren 4 bis 5 Minuten braten, bis sie goldbraun und karamellisiert sind. Zum Abtropfen in ein Sieb geben.
4. Einen halben Liter Enchilada-Sauce in eine Auflaufform (Größe ca. 23 × 32 cm) gießen.
5. Für die Enchiladas die Scheiben des Hühnerbrustaufschnitts auf der sauberen Arbeitsfläche nebeneinander ausbreiten und mittig mit je 2 gehäuften Esslöffeln Käse bestreuen. Dann 3 Esslöffel der Hühnerfleischwürfel und einen Esslöffel Zwiebeln auf dem Käse verteilen. Jede Scheibe von der Schmalseite her so eng wie möglich zusammenrollen und mit der „Naht" nach unten nebeneinander in die Auflaufform setzen.
6. Die restliche Sauce über die Enchiladas gießen, den restlichen Käse darauf verteilen und mit ein wenig Chilipulver bestreuen.
7. Die Enchiladas 30 Minuten im Ofen backen, bis der Käse leicht gebräunt ist. Aus dem Ofen nehmen und 15 bis 20 Minuten ruhen lassen.
8. Zum Servieren die Enchiladas jeweils mit einem Klecks saurer Sahne, Tomatenwürfeln und frischem Koriander garnieren.

NÄHRWERTE (pro Portion)

kcal	F	E	KH	B
602	39,6 g	47,3 g	14 g	4,6 g
	59 %	31 %	9 %	

Kräuter-Ricotta-Rotolo

KETO | **NUSS FREI**

VORBEREITUNG: 15 Minuten plus 10 Minuten Ruhezeit
GARZEIT: 30 Minuten
MENGE: 12 Portionen

FÜR DIE FÜLLUNG

340 g Ricotta

120 g Parmesan, gerieben

1 großes Ei

1 kleine Handvoll frischer Oregano, fein gehackt

5 Stängel Blattpetersilie, fein gehackt

1 geröstete Knoblauchknolle (Seite 52), Zehen ausgelöst und zerdrückt, oder 3 rohe Knoblauchzehen, fein gehackt

½ TL feines Meersalz

¼ TL frisch geriebene Muskatnuss

⅛ TL schwarzer Pfeffer aus der Mühle

24 Scheiben Puten- oder Hühnerbrustaufschnitt

480 ml hausgemachte Tomatensauce (Seite 67) oder aus der Dose

60 g Mozzarella

geriebener Parmesan, nach Belieben

Rotolo ist ein traditionelles italienisches Gericht und heißt wörtlich übersetzt einfach „Rolle". Für das Original wird selbst gemachte frische Pasta zu einem sehr dünnen, etwa 30 cm langen Rechteck ausgerollt und mit Füllung bestrichen. Das Teigblatt wird fest zusammengerollt, in ein Küchentuch gewickelt und an den Enden mit Küchengarn verschlossen. Anschließend wird die lange Teigrolle in köchelndem Wasser gegart, in kleine Röllchen geschnitten und mit einer Sauce serviert. Meine Keto-Variante geht wesentlich einfacher und schneller!

1. Den Backofen auf 150 °C vorheizen.
2. Für die Füllung Ricotta, Parmesan, das Ei sowie die Kräuter und Gewürze in eine große Schüssel geben und gründlich mischen.
3. Die Hälfte der Tomatensauce in eine große gusseiserne oder eine andere ofenfeste Pfanne (Durchmesser 30 cm) gießen und auf dem Pfannenboden verteilen.
4. Auf der sauberen Arbeitsfläche 8 Scheiben des Puten- oder Hühnerbrustaufschnitts nebeneinander ausbreiten, ein Drittel der Füllung darauf verteilen und gleichmäßig verstreichen. Die Scheiben von der Schmalseite her so straff wie möglich zusammenrollen und vorsichtig mit einem scharfen Messer in 3 cm lange Röllchen schneiden. Die Röllchen dicht an dicht hochkant in die Pfanne setzen, sodass die Füllung nach oben zeigt. Mit den restlichen Scheiben genauso verfahren.
5. Die restliche Tomatensauce so auf die Röllchen träufeln, dass möglichst viel von der Füllung frei bleibt.
6. Die Rotolos 20 Minuten im Ofen backen, bis der Käse geschmolzen ist. Herausnehmen und die Röllchen mit Mozzarella bestreuen. Weitere 10 Minuten backen, bis der Käse leicht gebräunt ist.
7. Die Röllchen aus dem Ofen nehmen und 10 Minuten ruhen lassen.
8. Zum Servieren nach Belieben mit Parmesan bestreuen.

NÄHRWERTE (pro Portion)

kcal	F	E	KH	B
386	14,2 g	60,5 g	5,3 g	1,7 g
	33 %	63 %	5 %	

Hühnchen mit Rotkohl

KETO **NUSS FREI**

VORBEREITUNG: 6 Minuten
GARZEIT: 30 Minuten
MENGE: 4 Portionen

6 Hühnerschenkel mit Haut

½ TL feines Meersalz

½ TL schwarzer Pfeffer aus der Mühle

8 EL ungesalzene Butter

800 g Rotkohl, in feine Streifen geschnitten

1 geröstete Knoblauchknolle (Seite 52), Zehen ausgelöst und leicht zerdrückt, oder 3 rohe Knoblauchzehen, fein gehackt

2 EL fein gehackter frischer Thymian, Estragon oder Salbei oder andere frische Kräuter

Dieses Gericht ist schneller fertig, wenn Sie die Hühnerschenkel und den Kohl parallel in Pfanne und Topf garen. Bereiten Sie jedoch Hühnchen und Kohl nacheinander in derselben Pfanne zu, nimmt der Kohl die Brataromen auf, was ihm einen delikaten Geschmack verleiht.

1. Die Hühnerschenkel mit Salz und Pfeffer würzen.

2. Zwei Esslöffel Butter in einer großen Pfanne auf mittlerer Stufe erhitzen. Die Hühnerschenkel hinzufügen und unter häufigem Wenden 10 bis 12 Minuten braten, bis sie durchgegart und auf beiden Seiten goldbraun sind. Herausnehmen und warm halten.

3. Das Bratfett in der Pfanne belassen. Den Rotkohl hinzufügen und unter häufigem Rühren 15 bis 20 Minuten garen, bis er weich, aber noch bissfest ist.

4. Die restliche Butter in einer kleineren Pfanne auf hoher Stufe erhitzen, bis sie schäumt und beginnt zu bräunen. Vom Herd nehmen und den Knoblauch unterrühren.

5. Zum Servieren den Rotkohl auf einer Servierplatte anrichten. Die Hühnerschenkel obenauf legen, dann mit Knoblauchbutter beträufeln und mit Kräutern bestreuen.

NÄHRWERTE (pro Portion)				
kcal	F	E	KH	B
459	37,6 g	24,7 g	5,9 g	2,4 g
	74 %	22 %	5 %	

DAS KETO-KOCHBUCH

Entenconfit

KETO | NUSS FREI | MILCH FREI

VORBEREITUNG: 8 Minuten plus bis zu 2 Tage Marinierzeit
GARZEIT: 3 Stunden
MENGE: 4 Portionen

---

3 EL feines Meersalz

1 mittelgroße Zwiebel oder 4 Schalotten, klein gewürfelt

2 geröstete Knoblauchknollen (Seite 52), Zehen ausgelöst und leicht zerdrückt, oder 4 rohe Knoblauchzehen, zerdrückt

6 Stängel frischer Thymian

⅛ TL frisch geriebene Muskatnuss

⅛ TL Gewürznelkenpulver

4 (je ca. 350 g) Entenkeulen mit Haut

½ TL schwarzer Pfeffer aus der Mühle

700 g Entenfett

60 ml Kokosöl oder 4 EL Entenfett

Radicchio, in feine Streifen geschnitten, nach Belieben

1. Den Boden einer Auflaufform, die groß genug ist, dass alle Entenkeulen nebeneinander hineinpassen, mit einem Esslöffel Salz bestreuen. Darauf nacheinander jeweils die Hälfte des Knoblauchs, der Zwiebeln oder Schalotten, des Thymians, der Muskatnuss und des Gewürznelkenpulvers verteilen. Die Entenkeulen mit der Hautseite nach oben nebeneinander in die Form legen und die restlichen Zwiebeln und Gewürze darauf verteilen. Zum Schluss den Pfeffer darüberstreuen. Die Form mit Alufolie verschließen und 1 bis 2 Tage in den Kühlschrank stellen.

2. Den Backofen auf 110 °C vorheizen.

3. Das Entenfett in einem Topf bei mittlerer Hitze schmelzen.

4. Die Entenkeulen aus dem Kühlschrank nehmen und die Gewürzmischung abwischen, dann nebeneinander mit der Hautseite nach oben in einen Bräter legen. Das Entenfett darübergießen, sodass alle Keulen mit Fett bedeckt sind.

5. Die Entenkeulen 2½ bis 3 Stunden im Ofen backen, bis das Fleisch weich ist. Aus dem Ofen nehmen und abkühlen lassen.

6. Kurz vor dem Servieren Kokosöl oder (frisches) Entenfett auf hoher Stufe in einer gusseisernen Pfanne erhitzen und die Entenkeulen mit der Hautseite nach unten 5 Minuten goldbraun braten.

7. Sofort servieren und nach Belieben mit Radicchio garnieren.

ZEITSPARTIPP:
Wenn Sie nicht alle Entenkeulen sofort benötigen oder die doppelte Menge auf Vorrat zubereiten, legen Sie die gegarten Keulen in einen Steingut- oder Glasbehälter und gießen das gesamte Fett aus dem Bräter darüber. Vorausgesetzt, dass sie vollständig von Fett bedeckt sind, halten sie sich mehrere Wochen im Kühlschrank. Zum Servieren brauchen Sie nur noch die benötigten Entenkeulen 5 Minuten goldbraun braten (siehe Schritt 6).

NÄHRWERTE (pro Portion)

kcal	F	E	KH	B
675	57,8 g	29 g	5,5 g	0,7 g
	77 %	17 %	3 %	

Gumbo

KETO · **NUSS FREI** · **MILCH FREI**

VORBEREITUNG: 10 Minuten
GARZEIT: 2 Stunden 20 Minuten
MENGE: 12 Portionen

---

6 Hühnerschenkel mit Haut

1 TL feines Meersalz

1 TL schwarzer Pfeffer aus der Mühle

60 ml Kokosöl, Enten- oder Schweinefett

5 EL Fett, entweder ausgelassenen Frühstücksspeck, Schweineschmalz oder (wenn verträglich) ungesalzene Butter

1 kleine Zwiebel, in kleine Würfel geschnitten

2 geröstete Knoblauchknollen (Seite 52), Zehen ausgelöst und grob zerkleinert, oder 6 rohe Knoblauchzehen, klein gehackt

1 grüne Paprikaschote, entkernt und klein gewürfelt

3 Stangen Staudensellerie, in 1 cm lange Stücke geschnitten

2 EL Coconut aminos

2 EL Kokosessig

1 TL flüssiger Steviaextrakt

6 große Stängel Blattpetersilie, fein gehackt

Meersalz und Pfeffer zum Abschmecken

1 l Rinderknochenbrühe (Seite 48)

1 Dose gewürfelte Tomaten im eigenen Saft

200 g Okraschoten, frisch oder gefroren, in Scheiben geschnitten

450 g Räucherwurst, in ca. 0,5 cm dünne Scheiben geschnitten

225 g geputzte Shrimps (ohne Darm und Schale)

4 Frühlingszwiebeln, grüne und weiße Teile in feine Ringe geschnitten

---

Gumbo ist ein würziger Eintopf der traditionellen Südstaatenküche der USA. Knochenbrühe, Okraschoten und langes Köcheln sorgen für eine leckere sämige Konsistenz.

1. Die Hühnerschenkel auf beiden Seiten mit Salz und Pfeffer würzen. Kokosöl, Enten- oder Schweinefett in einem großen Schmortopf auf mittlerer Stufe erhitzen. Die Hühnerschenkel hinzufügen und unter Wenden 8 Minuten goldbraun anbraten. Herausnehmen und beiseitestellen. Das Fett im Topf belassen und die Hitze auf kleine Stufe reduzieren.

2. Speckfett, Schweineschmalz oder Butter in den Topf geben und erhitzen. Zwiebeln, Knoblauch, Paprika und Sellerie hinzufügen und unter gelegentlichem Rühren 10 Minuten dünsten.

3. Coconut aminos, Essig, Stevia und Petersilie unterrühren. Mit Salz und Pfeffer abschmecken und Ganze unter Rühren weitere 10 Minuten garen.

4. Die Brühe zugießen und unter Rühren bei mittlerer Hitze zum Kochen bringen. Die Hühnerschenkel hinzufügen und das Ganze bei niedriger Hitze 45 Minuten köcheln lassen.

5. Tomaten und Okra unterheben und den Eintopf zugedeckt eine weitere Stunde köcheln lassen.

6. Etwa 10 Minuten vor Ende der Garzeit die Wurst und die Shrimps in eine gusseiserne oder antihaftbeschichtete Pfanne geben und bei mittlerer Hitze 6 Minuten braten, bis die Shrimps rosa und nicht mehr glasig sind. Vom Herd nehmen.

7. Die Hühnerschenkel aus Topf nehmen und das Fleisch von den Knochen lösen (man kann die Knochen einfrieren, um sie später für die Zubereitung einer Hühnerknochenbrühe zu verwenden). Das Fleisch inklusive Haut in mundgerechte Stücke schneiden und wieder unter den Eintopf heben.

8. Kurz vor dem Servieren Wurst, Shrimps und Frühlingszwiebeln unterheben.

TIPP:

Wenn Sie gekaufte Rinderbrühe verwenden, wird der Eintopf nicht so sämig wie mit hausgemachter Knochenbrühe. Fügen Sie in diesem Fall mit der Brühe einen Teelöffel Guarkernmehl hinzu. Mit diesem natürlichen Dickungsmittel verleihen Sie dem Eintopf die gewünschte Konsistenz.

NÄHRWERTE (pro Portion)				
kcal	F	E	KH	B
330	25,3 g	20,1 g	5,7 g	1,7 g
	69 %	24 %	7 %	

Hühnchen mit Zucchini

KETO · **NUSSFREI** · **MILCHFREI**

VORBEREITUNG: 8 Minuten
GARZEIT: 2 Stunden
MENGE: 6 Portionen

- 1,3 kg Hühnerkeulen
- 2 TL feines Meersalz
- 1 TL schwarzer Pfeffer aus der Mühle
- 3 EL Fett, entweder ausgelassener Frühstücksspeck, Schweineschmalz oder Ghee
- 1 kleine Zwiebel, klein gewürfelt
- 1 geröstete Knoblauchknolle (Seite 52), Zehen ausgelöst
- 2 EL Tomatenmark
- 2 TL Flüssigrauch
- ½ TL flüssiger Steviaextrakt
- 240 ml Hühnerknochenbrühe (Seite 48), evtl. mehr
- 60 ml vollfette Kokosmilch aus der Dose
- Salz und Pfeffer zum Abschmecken
- 1 mittelgroßer Zucchino, in ca. 1,5 cm große Würfel geschnitten
- frischer Koriander, nach Belieben

1. Die Hühnerkeulen mit Salz und Pfeffer würzen. Das Fett in einer großen Pfanne auf mittlerer Stufe erhitzen. Die Hühnerschenkel hinzufügen und 8 Minuten rundum goldbraun anbraten. Herausnehmen und beiseitestellen. Das Fett in der Pfanne belassen.

2. Zwiebeln und Knoblauch in die Pfanne geben und bei mittlerer Hitze 8 Minuten unter Rühren dünsten, bis die Zwiebeln goldbraun sind. Tomatenmark, Flüssigrauch und Stevia hinzufügen und die Mischung unter häufigem Rühren 5 Minuten garen.

3. Brühe und Kokosmilch unterrühren und zum Kochen bringen. Die Hühnerkeulen hinzufügen und das Ganze bei geringer Hitze 1½ Stunden köcheln lassen, bis das Fleisch so weich ist, dass es fast von alleine vom Knochen fällt. Bei Bedarf ein wenig Brühe zugießen. Die Hühnerkeulen herausnehmen und warm stellen.

4. Die Sauce mit Salz und Pfeffer abschmecken. Die Zucchiniwürfel hinzufügen und unter gelegentlichem Rühren 8 bis 10 Minuten garen, bis sie weich sind.

5. Zum Servieren Zucchini und Sauce auf eine Servierplatte geben und die Hühnerschenkel obenauf setzen. Nach Belieben mit Koriander garnieren.

TIPP:
Wenn Sie gekaufte Hühnerbrühe verwenden, wird die Sauce nicht so sämig wie mit hausgemachter Hühnerknochenbrühe. Fügen Sie deshalb zusammen mit der Brühe einen Teelöffel Guarkernmehl hinzu. Mit diesem natürlichen Dickungsmittel erzielen Sie die gewünschte Konsistenz.

ZEITSPARTIPP:
Sie können das Gericht bis zu vier Tage im Voraus zubereiten und im Kühlschrank aufbewahren. Dazu die Hühnerschenkel mit der Zucchini-Saucen-Mischung in einen luftdicht verschließbaren Behälter geben. Es schmeckt dann sogar noch delikater, weil es gut durchziehen kann und sich dadurch die Aromen noch besser verbinden.

NÄHRWERTE (pro Portion)

kcal	F	E	KH	B
519	25,9 g	67,5 g	4 g	1 g
	45 %	52 %	3 %	

Hühnchen mit Zucchini-Spaghetti

KETO NUSS FREI

VORBEREITUNG: 15 Minuten
GARZEIT: 35 Minuten
MENGE: 6 Portionen

6 Hühnerschenkel mit Haut
1 TL feines Meersalz
1 TL schwarzer Pfeffer aus der Mühle
2 EL Fett, entweder ausgelassener Frühstücksspeck, Schweineschmalz oder Kokosöl

FÜR DIE SAUCE

5 EL ungesalzene Butter
2 Paprikaschoten, am besten eine halbe rote, grüne, gelbe und orangefarbene Schote, entkernt und in ca. 1 cm große Würfel geschnitten
1 kleine Zwiebel, klein gewürfelt
120 g Champignons, geviertelt
240 ml Hühnerknochenbrühe (Seite 48), evtl. mehr
110 g Doppelrahmfrischkäse, zimmerwarm
3 Eigelbe von großen Eiern
1 EL Zitronensaft
½ TL geräuchertes Paprikapulver
Salz und Pfeffer zum Abschmecken
2 mittelgroße Zucchini
frische Blattpetersilie, fein gehackt

KÜCHENGERÄT

Spiralschneider
(siehe Tipp Seite 296)

1. Die Hühnerschenkel mit Salz und Pfeffer würzen. Das Fett in einer großen Pfanne auf hoher Stufe erhitzen. Die Hühnerschenkel hinzufügen und unter Wenden 8 Minuten anbraten, bis sie rundum goldbraun sind. Bei mittlerer Hitze 15 bis 20 Minuten weitergaren, bis das Fleisch durchgegart und innen nicht mehr rosa ist. Vom Herd nehmen und beiseitestellen.

2. Für die Sauce die Butter in einem großen Topf auf hoher Stufe unter Rühren erhitzen, bis sie schäumt und beginnt zu bräunen. Die Hitze auf mittlere Stufe reduzieren. Paprika, Zwiebeln und Pilze unter die Butter heben und unter gelegentlichem Rühren 6 bis 8 Minuten weich garen.

3. Brühe und Frischkäse in eine Schüssel geben und mit dem Schneebesen glatt rühren. Die Mischung unter das Gemüse heben.

4. Eigelbe, Zitronensaft und Paprikapulver in einer sauberen Schüssel gründlich verquirlen. 120 Milliliter Sauce aus dem Topf nehmen und in einem dünnen Strahl langsam unter das Eigelb rühren.

5. Bei sehr niedriger Hitze die Eigelb-Mixtur in die Gemüsesauce rühren (bei höherer Hitze gerinnt die Sauce). Etwa 2 Minuten weiterrühren, bis die Sauce angedickt ist. Wenn sie flüssiger sein soll, noch etwas heiße Brühe zugießen. Vom Herd nehmen.

6. Das Hühnerfleisch von den Knochen lösen, in mundgerechte Stücke schneiden. In die Gemüsesauce geben und bei niedriger Hitze unter leichtem Rühren 2 Minuten erwärmen. Mit Salz und Pfeffer abschmecken. Die Sauce darf nicht köcheln, sonst gerinnt sie. (Die Knochen kann man einfrieren, um sie später für die Zubereitung einer Knochenbrühe zu verwenden.)

7. Die Zucchini mit dem Spiralschneiden in Spaghetti-dünne Streifen schneiden.

8. Zum Servieren die Zucchini-Spaghetti auf Tellern anrichten und die Hühnchen-Gemüse-Sauce darübergeben. Mit Petersilie garnieren.

NÄHRWERTE (pro Portion)

kcal	F	E	KH	B
358	28,1 g	21,1 g	6,1 g	1,5 g
	71%	24%	7%	

AUFLAUF
mit Hühnchen, Ei und Zucchini

VORBEREITUNG: 7 Minuten
GARZEIT: 40 Minuten
MENGE: 8 Portionen

---

8 Scheiben Frühstücksspeck

1 mittelgroßer Zucchino, in ca. 1 cm große Würfel geschnitten

2 große Eier

FÜR DAS DRESSING

120 ml Bacon-Mayonnaise (Seite 71) oder gekaufte Mayonnaise

60 ml Hühnerknochenbrühe (Seite 48)

1 EL frische Schnittlauchröllchen

1½ TL fein gehackter frischer Dill

1½ TL fein gehackte frische Blattpetersilie

½ TL Zwiebelpulver

½ TL Knoblauchpulver

feines Meersalz

schwarzer Pfeffer aus der Mühle

300 g gegartes Hühnerfleisch, klein gewürfelt

½ Avocado, klein gewürfelt

1 Tomate, entkernt und klein gewürfelt

60 g Cheddar (wenn verträglich), klein gewürfelt

ZUM GARNIEREN (NACH BELIEBEN)

1 kleine Frühlingszwiebel, in feine Ringe geschnitten

1 kleine Jalapeño (sehr scharfe Chilischote), entkernt und fein gehackt

---

1. Den Frühstücksspeck in einer großen ofenfesten Pfanne knusprig braten. Herausnehmen und auf Küchenpapier abtropfen lassen. Anschließend zerbröseln und beiseitestellen.

2. Die Zucchini in die Pfanne mit dem ausgelassenen Speckfett geben und unter Wenden 5 Minuten braten, bis sie das Fett aufgesogen haben. Beiseitestellen und abkühlen lassen.

3. Den Backofen auf 175 °C vorheizen.

4. Die Eier in einen Topf geben und mit kaltem Wasser bedeckt zum Kochen bringen. Den Topf vom Herd nehmen und die Eier darin mit fest aufgelegtem Topfdeckel 10 bis 12 Minuten stehen lassen. Die Eier herausnehmen und unter fließendem kaltem Wasser abschrecken, dann schälen und in Würfel schneiden.

5. Alle Zutaten für das Dressing in eine große Schüssel geben und gründlich mischen. Speckbrösel, Zucchini, Eier, Hühnerfleisch, Avocado, Tomate und (wenn verträglich) den Käse hinzufügen und das Ganze gründlich mischen.

6. Die Mischung in eine ausreichend große Auflaufform geben und 20 Minuten im Ofen backen. Nach Belieben kurz vor dem Servieren mit Frühlingszwiebeln und Jalapeños garnieren.

VARIANTE:
Der Auflauf schmeckt auch kalt als Salat. Lassen Sie den fertigen Auflauf abkühlen und stellen Sie ihn dann ein paar Stunden oder über Nacht in den Kühlschrank. Dabei werden sich die Aromen zu einem köstlichen Geschmack verbinden. Servieren Sie ihn am besten auf knackigen Salatblättern.

NÄHRWERTE (pro Portion)

kcal	F	E	KH	B
283	25,9 g	10,5 g	2,9 g	1,4 g
	82%	15%	4%	

Gerichte mit Fisch und Meeresfrüchten

Gegrillter Heilbutt
MIT AVOCADO-CREME

KETO ■□□ | **NUSS FREI** | **MILCH FREI**

VORBEREITUNG: 10 Minuten
GARZEIT: 10 Minuten
MENGE: 4 Portionen

FÜR DIE AVOCADO-CREME

1 Avocado, geschält, halbiert, entkernt
1 EL plus 1 TL Limettensaft
60 ml Knochenbrühe aus Fischkarkassen (Seite 48) oder Wasser, bei Bedarf Menge erhöhen
60 ml Mayonnaise
3 EL fein zerkleinerte Frühlingszwiebeln
¼ TL geräuchertes Paprikapulver
¼ TL feines Meersalz
⅛ TL schwarzer Pfeffer aus der Mühle

FÜR DEN FISCH

4 Heilbuttfilets (à 225 g)
feines Meersalz
schwarzer Pfeffer aus der Mühle
MCT-Öl
Korianderblättchen, nach Belieben
Zitronenscheiben, nach Belieben

Ich serviere die Heilbuttfilets gerne auf einem Krautsalatbett. Dafür verwende ich das Rezept für Krautsalat mit Speck und Tomaten (Seite 301), nehme aber Rotkohl statt Weißkohl, um dem Gericht eine farbenfrohe Note zu geben. Sie können aber auch jeden anderen knackigen Salat als Beilage reichen. Wenn Sie vor dem Servieren ein wenig Hibiskus-Meersalz über die Heilbuttfilets streuen, bringen Sie zusätzliche Farbe ins Spiel.

1. Den Grill auf mittlere Hitze vorheizen.
2. Inzwischen alle Zutaten für die Avocado-Creme in den Mixer geben und zu einer glatten, dickflüssigen Creme pürieren. Sollte die Creme zu dick sein, können Sie zusätzlich etwas Brühe oder Wasser untermixen. Beiseitestellen.
3. Die Heilbuttfilets auf beiden Seiten mit Salz und Pfeffer würzen und großzügig mit MCT-Öl bestreichen.
4. Die Fischfilets pro Seite 4 bis 5 Minuten grillen, bis das Fischfleisch fast zart zerfällt und im Kern nicht mehr glasig ist.
5. Die Fischfilets mit einer großzügigen Portion Avocado-Creme servieren und nach Belieben mit Korianderblättchen und Limettenscheiben garnieren.

KÜCHENGERÄTE

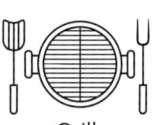
Grill

Mixer

NÄHRWERTE (pro Portion)

kcal	F	E	KH	B
525	28,8 g	60 g	4,9 g	3,6 g
	49%	46%	4%	

Keto-Baguette mit Shrimps

KETO | **NUSS FREI** | **MILCH FREI**

VORBEREITUNG: 10 Minuten
GARZEIT: 10 Minuten
MENGE: 2 kleine Baguettes (1 pro Portion)

FÜR DEN AUFSTRICH

60 ml normale Mayonnaise oder Bacon-Mayonnaise (Seite 71)

2 EL Dijonsenf, bevorzugt hausgemacht (Seite 55)

1 TL Essigwasser aus einem Dillgurkenglas

½ TL Knoblauchpulver

2 TL Gewürz für Fisch und Meeresfrüchte (Seite 85)

½ TL schwarzer Pfeffer aus der Mühle

FÜR DEN BELAG

225 g geschälte Shrimps, Darm entfernt

2 TL Gewürz für Fisch und Meeresfrüchte (Seite 85)

2 EL Kokosöl

2 Knoblauchzehen, fein gehackt

½ mittelgroße rote Zwiebel, in feine Ringe geschnitten

1 Tomate, in dünne Scheiben geschnitten

2 ca. 15 cm lange Keto-Baguettes (Seite 288)

WEITERER BELAG (NACH BELIEBEN)

Kapern

Avocado, in feine Scheiben geschnitten

frische Kräuter, zerkleinert

Weiß- oder Rotkohl, fein geraspelt

Das belegte Baguette schmeckt nicht nur köstlich, sondern macht auch richtig schön satt. Gut dazu passt der Krautsalat mit Mayonnaise (Seite 300).

1. Alle Zutaten für den Aufstrich in eine Schüssel geben und gründlich vermengen. Die Schüssel abdecken und bis zum Servieren in den Kühlschrank stellen.

2. Die Shrimps und das Gewürz für Fisch und Meeresfrüchte in eine Schüssel geben und vermengen, bis alle Shrimps mit dem Gewürz bedeckt sind.

3. Einen Esslöffel Kokosöl in einer Pfanne auf mittlerer Stufe erhitzen. Den Knoblauch hinzufügen und unter gelegentlichem Rühren 5 Minuten dünsten. Die Shrimps zugeben und von jeder Seite ca. 1½ Minuten dünsten, bis sie rosa und nicht mehr glasig sind. In eine Schüssel füllen und kurz beiseitestellen.

4. In derselben Pfanne das restliche Kokosöl erhitzen. Die Baguettes der Länge nach aufschneiden und mit der Schnittfläche nach unten in die Pfanne legen. Kurz rösten, bis die Schnittflächen leicht gebräunt sind.

5. Den Mayonnaise-Aufstrich auf den Baguettehälften verstreichen und die Shrimps, Zwiebeln und Tomaten darauf verteilen. Nach Belieben weiteren Belag hinzufügen.

NÄHRWERTE (pro Portion)

kcal	F	E	KH	B
516	34 g	39 g	14 g	3,8 g
	60%	30%	11%	

Selbst gebeizter Gravlax

KETO · NUSSFREI · MILCHFREI

VORBEREITUNG: 5 Minuten plus 24 Stunden Beizzeit
MENGE: 8 Portionen (ca. 110 g pro Portion)

180 g feines Meersalz
1 EL zerstoßene schwarze Pfefferkörner
1 TL geriebener frischer Ingwer
2 Knoblauchzehen, fein gehackt
3 EL feines Erythrit, nach Belieben
900 g frisches Lachsfilet ohne Gräten

Mein Vater ist ein Meister der Fischzubereitung und als ich ihn darum bat, seine Rezeptgeheimnisse mit mir zu teilen, war er sofort Feuer und Flamme. Seine erste Anweisung gab er mir bereits in Kindheitstagen mit: „Fang selbst ein paar Lachse oder Forellen!" Für ihn das Natürlichste der Welt. Noch heute liebe ich seine Tipps, wenn es darum geht, sich von dem bestmöglichen und frischesten Essen zu ernähren. Gerade beim Beizen von Fisch – wie in diesem Rezept – muss der Fisch sehr frisch und darf vorher nicht eingefroren sein. Ansonsten leiden Geschmack und Konsistenz – das Gericht schmeckt nicht einmal mehr halb so gut.

Gekaufter Gravlax besitzt einen leicht süßlichen Beigeschmack, weil der Beize Zucker hinzufügt wird. Um diese traditionelle Geschmacksnote zu imitieren, mische ich Erythrit in meine hausgemachte Beize. Sie können es auch weglassen, aber der Gravlax hat dann nicht den gewohnten Geschmack.

1. Salz, Pfeffer, Ingwer, Knoblauch und nach Belieben Erythrit in eine mittelgroße Schüssel geben und gründlich mischen.

2. Den Lachs auf ein großes Stück Pergamentpapier legen und von beiden Seiten vollständig mit der Gewürzmischung bestreuen. Den Fisch fest in das Pergamentpapier einwickeln und das Papier mit Klebeband fixieren, damit das Päckchen nicht aufgeht.

3. Das Fischpäckchen in eine Auflaufform oder Schale mit hohem Rand legen, da Flüssigkeit herausrinnen kann. Das Päckchen mit einem schweren Buch, einem Ziegelstein oder Ähnlichem beschweren. In den Kühlschrank stellen.

4. Nach 12 Stunden das Fischpäckchen umdrehen, erneut beschweren und weitere 12 Stunden im Kühlschrank lassen.

5. Das Fischpäckchen aus dem Kühlschrank nehmen und das Pergamentpapier entfernen. Das Lachsfilet unter fließendem kaltem Wasser gründlich waschen und trocken tupfen.

6. In einem luftdicht verschließbaren Behälter hält sich der Gravlax im Kühlschrank bis zu 2 Wochen.

NÄHRWERTE (pro Portion)

kcal	F	E	KH	B
247	13,4 g	31 g	0,4 g	0 g
	49 %	50 %	1 %	

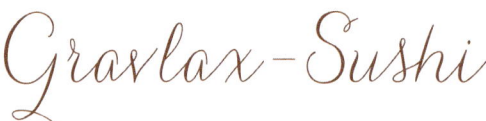
Gravlax-Sushi

KETO | NUSS FREI | MILCH FREI

VORBEREITUNG: 10 Minuten plus 24 Stunden Beizzeit für den Lachs und 2 Stunden Ruhezeit für die Sushirollen

MENGE: 2 Portionen

2 Scheiben Gravlax à 30 g (Seite 248)

2 EL Doppelrahmfrischkäse

1 Avocado, halbiert, entkernt, geschält und in feine Scheiben geschnitten

2 dünne Streifen rote Paprikaschote

2 lange dünne Streifen Salatgurke

ZUM SERVIEREN (NACH BELIEBEN)

Coconut aminos (sojafreie Würzsauce) oder Tamari-Sauce (glutenfreie Würzsauce)

Wasabi (japanischer Meerrettich)

eingelegter Ingwer (siehe Tipp)

1. Die Lachsscheiben quer (Längsseite parallel zur Tischkante) auf ein Stück Pergamentpapier legen, sodass sie sich ganz leicht überlappen.

2. Auf jeder Lachsscheibe einen Esslöffel Frischkäse gleichmäßig verstreichen. Die Avocadoscheiben an der langen Seite entlang darauf verteilen und die Paprika- und Gurkenstreifen an einem Ende obenauf legen.

3. Die Lachsscheiben zusammenrollen, dabei das Pergamentpapier wie eine Sushimatte zu Hilfe nehmen.

4. Die Lachsrollen einzeln in Frischhaltefolie fest einwickeln und 2 Stunden in den Kühlschrank legen, bis sie schnittfest sind.

5. Die Sushirollen jeweils in sechs gleich große Stücke schneiden und nach Belieben mit Coconut aminos, Wasabi und eingelegtem Ingwer servieren.

TIPP:
Zu Sushi wird häufig ein süß-sauer eingelegter Ingwer gereicht, der nicht seinen natürlichen gelblichen Farbton hat, sondern rosa ist. Da bei etlichen der handelsüblichen Produkte diese Färbung mithilfe einer Lebensmittelfarbe erzielt wird, sollten Sie diesen rosafarbenen Ingwer besser nicht verwenden.

NÄHRWERTE (pro Portion)

kcal	F	E	KH	B
226	18,6 g	10,7 g	4,8 g	2,4 g
	74 %	19 %	8 %	

Salat mit Fisch und Meeresfrüchten

KETO | NUSS FREI | MILCH FREI

VORBEREITUNG: 10 Minuten plus mindestens 2 Stunden Kühlzeit
GARZEIT: 30 Minuten
MENGE: 8 Portionen

---

2 EL Bratfett (ausgelassenes Speckfett, Schweinefett oder MCT-Öl)

1 kleine Küchenzwiebel, klein gewürfelt

1 geröstete Knoblauchknolle (Seite 52), Zehen ausgelöst, oder 3 rohe Knoblauchzehen, fein gehackt

450 g Garnelen, geschält, Darm entfernt

450 g ausgelöste Jakobsmuscheln, gewaschen und trocken getupft

170 g Krebsfleisch aus der Dose, mundgerecht zerpflückt

340 g Thunfisch oder Lachs aus der Dose, mundgerecht zerpflückt

200 g Tintenfischringe, gewaschen und trocken getupft

1 EL Gewürz für Fisch und Meeresfrüchte (Seite 85)

Feines Meersalz

Schwarzer Pfeffer aus der Mühle

240 ml normale Mayonnaise oder Bacon-Mayonnaise (Seite 71)

2 EL hausgemachter Senf (Seite 54–57)

1 TL getrockneter Oregano

½ TL gemahlene Kurkuma

⅛ TL flüssiger Steviaextrakt

1 große grüne Paprikaschote, entkernt und klein gewürfelt

2 Stangen Staudensellerie, klein gewürfelt

1 kleine rote Zwiebel

6 Eier, hart gekocht, 5 gewürfelt, 1 ganz belassen

Salatblätter zum Servieren (nach Belieben)

½ TL geräuchertes Paprikapulver

1. Das Bratfett in einer großen Pfanne auf mittlerer Stufe erhitzen. Küchenzwiebeln und Knoblauch hinzufügen und unter ständigem Rühren etwa 7 Minuten dünsten, bis die Zwiebeln glasig sind.

2. Garnelen, Muscheln, Krebsfleisch und Thunfisch hinzufügen und 8 bis 10 Minuten garen, bis die Garnelen und Muscheln nicht mehr glasig sind. Dabei die Mischung ein- oder zweimal wenden.

3. Etwa 1½ Minuten vor dem Ende der Garzeit die Tintenfischringe unterheben. (Tintenfisch gart sehr schnell; bei zu langer Garzeit bekommt er eine gummiartige Konsistenz.)

4. Das Gewürz für Fisch und Meeresfrüchte untermischen und das Ganze mit Salz und Pfeffer abschmecken. Die Fisch-Meeresfrüchte-Mischung vom Herd nehmen und abkühlen lassen.

5. Mayonnaise, Senf, Oregano, Kurkuma und Stevia in eine große Schüssel geben und gründlich mischen. Paprika, Sellerie, rote Zwiebeln, die gewürfelten Eier und die Fisch-Meeresfrüchte-Mischung unterheben.

6. Den Salat noch einmal gründlich mischen und 2 bis 3 Stunden oder über Nacht in den Kühlschrank stellen. Je länger die Aromen Zeit haben, sich zu verbinden, desto besser schmeckt der Salat.

7. Vor dem Servieren das restliche Ei in Scheiben schneiden.

8. Den Salat nach Belieben auf Salatblättern anrichten und mit Paprikapulver und Eischeiben garnieren.

NÄHRWERTE (pro Portion)				
kcal	F	E	KH	B
503	31,9 g	42,6 g	9,7 g	1,3 g
	57 %	34 %	8 %	

Barramundi à la Großpapa Joe

KETO | **NUSS FREI**

VORBEREITUNG: 6 Minuten
GARZEIT: 14 Minuten
MENGE: 4 Portionen

---

2 Barramundi-Filets à ca. 220 g, ca. 2 cm dick
2 EL MCT-Öl
1 TL feines Meersalz
80 g ungesalzene, weiche Butter
50 g geriebener Parmesan
80 ml Mayonnaise
2 EL fein gehackter frischer Dill
2 EL in feine Ringe geschnittene Frühlingszwiebeln

Das Gericht habe ich meinen Großpapa Joe gewidmet, der für mich vor Jahren nach diesem Rezept Forellen, Heilbutt und Zander zubereitet hat. Die Fische hatte er alle selbst gefangen – ich glaube, er hat in seinem ganzen Leben keinen einzigen Fisch in einem Laden gekauft.

Um es vorneweg zu sagen: Im deutschsprachigen Raum werden Barramundi-Filets selten und meistens nur tiefgefroren angeboten. Wenn Sie Barramundi bekommen, können Sie sich auf einen sehr schmackhaften Fisch freuen. Sein Fleisch ist hell, saftig und zart, aber dennoch fest. Außerdem enthält er ähnlich viel Omega-3-Fettsäuren wie Lachs. Doch Sie können auch einfach andere Fischfilets verwenden, zum Beispiel Lachs oder Zander. Wenn die Filets dicker oder dünner als zwei Zentimeter sind, müssen Sie nur auf die unterschiedlichen Garzeiten achten.

1. Den Grill im Backofen auf die höchstmögliche Temperatur vorheizen und den Gitterrost etwa 10 cm unterhalb des Grills einschieben.
2. Die Fischfilets mit MCT-Öl bestreichen und mit Salz würzen.
3. Den Fisch in eine Grillpfanne legen und im Backofen 10 Minuten grillen. Sind die Filets dünner als 2 cm, reichen 8 Minuten.
4. In der Zwischenzeit für die Glasur Butter, Parmesan, Mayonnaise, Dill und Frühlingszwiebeln in eine Schüssel geben und gründlich mischen.
5. Die Fischfilets aus dem Ofen nehmen und die Glasur gleichmäßig darauf verteilen. Weitere 3 bis 4 Minuten grillen, bis die Glasur goldbraun ist.

NÄHRWERTE (pro Portion)				
kcal	F	E	KH	B
580	44 g	43,9 g	1,5 g	0 g
	68 %	30 %	1 %	

Gegrillte Makrele

MIT HAUSGEMACHTER SAUCE TARTARE

KETO | NUSS FREI | MILCH FREI

VORBEREITUNG: 7 Minuten
GARZEIT: 30 Minuten
MENGE: 2 Portionen

2 ganze küchenfertige/ausgenommene Makrelen à ca. 170 g, gewaschen und trocken getupft

¾ TL feines Meersalz

½ TL schwarzer Pfeffer aus der Mühle

1 Zitrone oder Limette, in Scheiben oder Achtel geschnitten

60 ml Sauce tartare (Seite 58)

KÜCHENGERÄT

Grill

Makrelen haben einen sehr hohen Fett- und Proteingehalt, vor allem der hohe Anteil an gesunden Omega-3-Fettsäuren ist vorteilhaft.

1. Den Elektro- oder Holzkohlengrill auf mittlere Hitze vorheizen.
2. Jede Makrele auf beiden Seiten drei Mal der Breite nach tief einschneiden. Mit Salz und Pfeffer würzen.
3. Die Makrelen auf jeder Seite 15 Minuten grillen.
4. Den Fisch vom Grill nehmen und mit etwas Zitronen- oder Limettensaft beträufeln und mit Sauce tartare servieren. Nach Belieben die restliche Zitrone oder Limette dazu reichen.

VARIANTE: IN DER PFANNE GEBRATENE MAKRELEN

Die küchenfertigen Makrelen wie im obigen Rezept beschrieben einschneiden. Einen Esslöffel Butter oder Schweinefett in einer großen Pfanne auf mittlerer Stufe erhitzen. Den Fisch hinzufügen und auf einer Seite 12 bis 15 Minuten braten. Die Makrelen wenden und weitere 2 bis 3 Minuten braten. Den Fisch mit etwas Zitronensaft beträufeln und mit Sauce tartare servieren.

NÄHRWERTE (pro Portion)

kcal	F	E	KH	B
509	37,6 g	42,7 g	1,5 g	0 g
	66%	34%	1%	

Gegrillte Forelle
MIT ZITRONEN-THYMIAN-SAUCE

KETO · NUSSFREI · MILCHFREI

VORBEREITUNG: 10 Minuten
GARZEIT: 1 Stunde 10 Minuten
MENGE: 6 Portionen

Auf den ersten Blick sieht das Rezept schwierig aus, aber die Zubereitung der Forellen ist wirklich ganz einfach. Ich habe einen befreundeten Sportangler gebeten, das Rezept auszuprobieren und nun ist das Gericht ein fester Bestandteil seines Speiseplans.

FÜR DIE SAUCE

4 EL ungesalzene Butter oder Kokosöl

1 mittelgroße Zwiebel, in feine Ringe geschnitten

2 mittelgroße Tomaten, entkernt und geviertelt

3 Stängel frischer Thymian

1 Zitrone, in dünne Scheiben geschnitten

1 l Knochenbrühe aus Fischkarkassen oder Hühner- bzw. Rinderknochen (Seite 48)

abgeriebene Schale von 1 Zitrone

feines Meersalz

schwarzer Pfeffer aus der Mühle

FÜR DEN FISCH

2 ganze küchenfertige (ausgenommene) Forellen à ca. 450 g

abgeriebene Schale von 2 Zitronen

feines Meersalz

schwarzer Pfeffer aus der Mühle

2 EL MCT-Öl

1. Für die Sauce 2 Esslöffel Butter oder Kokosöl in einem mittelgroßen Topf auf mittlerer Stufe erhitzen. Die Zwiebeln hinzufügen und 10 Minuten dünsten, bis sie glasig sind. Tomaten, Thymian und Zitronenscheiben unterheben und weitere 10 Minuten dünsten. Dabei gelegentlich kräftig umrühren.

2. Die Brühe zugießen und bei starker Hitze zum Kochen bringen. Die Hitze auf mittlere Stufe verringern und die Sauce 30 Minuten köcheln lassen, bis die Flüssigkeit etwa auf die Hälfte eingekocht ist.

3. Die Sauce durch ein Sieb in einen sauberen Topf gießen. Dabei die festen Zutaten entfernen.

4. Die Sauce weitere 20 Minuten köcheln lassen, bis noch etwas mehr Flüssigkeit eingekocht ist. Vom Herd nehmen. Die restliche Butter oder das restliche Kokosöl und die abgeriebene Zitronenschale unterrühren. Mit Salz und Pfeffer abschmecken. Beiseitestellen.

5. Den Elektro- oder Holzkohlengrill auf mittlere Hitze vorheizen.

6. Die Forellen auf beiden Seiten drei Mal tief einschneiden. Die Innenseiten mit abgeriebener Zitronenschale sowie Salz und Pfeffer würzen. Die Außenhaut mit MCT-Öl bestreichen.

7. Die Forellen auf jeder Seite 7 bis 8 Minuten grillen, bis die Haut leicht kross und der Fisch durchgegart ist.

8. Zum Servieren die Forellen großzügig mit der Sauce beträufeln.

KÜCHENGERÄT

Grill

TIPP:
Wenn Sie gekaufte Brühe verwenden, wird die Sauce dünner als mit hausgemachter Knochenbrühe. Fügen Sie deshalb in diesem Fall zusammen mit der Brühe einen Teelöffel Guarkernmehl hinzu. Mit diesem natürlichen Dickungsmittel verleihen Sie der Sauce die gewünschte sämige Konsistenz.

NÄHRWERTE (pro Portion)

kcal	F	E	KH	B
369	21 g	41,6 g	3,8 g	1,1 g
	51%	45%	4%	

Eingekochter Lachs

KETO · NUSS FREI · MILCH FREI

VORBEREITUNG: 5 Minuten
GARZEIT: 1 Stunde 40 Minuten
MENGE: 250 g (4 Portionen à ca. 60 g)

---

250 g sehr frische Lachsfilets, in 4 gleich große Portionen geschnitten

Saft 1 Zitrone oder Limette

¾ TL feines Meersalz

1 EL fein gehackte frische Kräuter, z. B. Dill

KÜCHENGERÄTE

Dampfkochtopf

2 Einweckgläser (200 ml) mit Federklammer und Gummiring

Mein Vater brachte mir bei, wie man Fisch einkocht. Wie bei all seinen Fischrezepten begann er auch bei diesem mit dem Satz: „Fang selbst ein paar frische Lachse oder Forellen." Nun, die meisten Menschen kaufen ihren Fisch im Laden und das Einkochen von Lachs ist auch nicht jedermanns Sache. Wenn Sie Erfahrung im Einkochen von empfindlichen Lebensmitteln haben, können Sie es ja mal ausprobieren.

1. Für die Lake Zitronensaft, Salz und Kräuter in eine Schüssel geben und gründlich mischen. Den Lachs hinzufügen und 10 Minuten ziehen lassen.

2. Den Lachs und die Lake in die sorgfältig sterilisierten Einweckgläser geben. Das Glas vorschriftsmäßig verschließen. (Die Gläser dürfen nicht höher als bis 2 cm unter den Rand gefüllt werden.)

3. Den Dampfkochtopf mit der vorgeschriebenen Mindestmenge an Wasser füllen. Die Gläser in den Einsatz für Einweckgläser setzen und in den Topf stellen. Die Garstufe 1 (100 °C) wählen.

4. Die Einkochzeit für den Lachs beträgt 1 Stunde 40 Minuten, nachdem der Topf unter Druck steht, das heißt die Garstufentemperatur erreicht ist. Während der Garzeit sollte der Topf konstant unter Druck stehen. Falls der Druck abfällt, nachjustieren und die Einkochzeit verlängern.

5. Wichtig: Den Topf erst öffnen, wenn der Druck von alleine vollständig abgefallen ist. Dann die Gläser gleich herausnehmen (Vorsicht, sie sind sehr heiß!) und zum Abkühlen auf ein zusammengefaltetes Geschirrtuch stellen. Zum Aufbewahren die Gläser an einen dunklen Platz stellen.

6. Im verschlossenen Glas hält sich der Lachs bis zu einem Monat. Darauf achten, dass das Glas beim Öffnen noch unter Vakuum steht – entweichende Luft weist auf einen verdorbenen Inhalt hin, der keinesfalls verzehrt werden darf.

7. Sobald das Glas geöffnet ist, den Inhalt innerhalb von ein bis zwei Tagen verbrauchen.

NÄHRWERTE (pro Portion)

kcal	F	E	KH	B
162	7,2 g	21 g	3,6 g	1 g
	40 %	52 %	9 %	

Gegrillter Lachs
MIT SESAM-ORANGE-SAUCE

KETO | NUSS FREI | MILCH FREI

VORBEREITUNG: 10 Minuten plus 30 Minuten Marinierzeit
GARZEIT: 12 Minuten
MENGE: 6 Portionen

---

700 g Lachsfilet

FÜR DIE MARINADE

60 ml MCT-Öl

2 EL dunkles Sesamöl

2 EL Kokosessig

2 EL Erythrit oder 2–3 Tropfen flüssiger Steviaextrakt

2 EL Coconut aminos (sojafreie Würzsauce) oder Tamari-Sauce (glutenfreie Würzsauce)

2 Knoblauchzehen, gerieben

1 EL geriebener frischer Ingwer

FÜR DIE GLASUR

60 ml Kokosöl, geschmolzen

2 EL Erythrit

1 TL dunkles Sesamöl

1 TL Coconut aminos (sojafreie Würzsauce) oder Tamari-Sauce (glutenfreie Würzsauce)

½ TL geriebener frischer Ingwer

1 TL abgeriebene Orangenschale

feines Meersalz

schwarzer Pfeffer aus der Mühle

ZUM SERVIEREN NACH BELIEBEN

Fein gehackte frische Kräuter, z. B. Thymian, Majoran oder Dill

Hibiskus-Meersalz

Kohl-„Pasta" (Seite 294)

1. Den Lachs waschen, gut trocken tupfen und in sechs gleich große Stücke schneiden.

2. Alle Zutaten für die Marinade in eine mittelgroße Schüssel geben und gründlich mischen. Den Lachs hinzufügen und wenden, bis die Fischstücke rundum mit Marinade überzogen sind. Zum Marinieren 30 Minuten in den Kühlschrank stellen.

3. In der Zwischenzeit alle Zutaten für die Glasur in eine kleine Schüssel geben und gründlich mischen. Beiseitestellen.

4. Den Grill im Backofen auf die höchstmögliche Temperatur vorheizen und den Gitterrost etwa 10 cm unterhalb des Grills einschieben.

5. Den Lachs aus der Marinade nehmen und mit Küchenpapier trocken tupfen. Mit Salz und Pfeffer würzen. (Die Marinade entsorgen.)

6. Die Lachsstücke mit der Hautseite nach unten in eine Grillpfanne legen und im Backofen 10 bis 12 Minuten grillen, bis das Lachsfleisch nicht mehr glasig, aber noch sehr saftig ist. Die Garzeit hängt von der Dicke der Lachsstücke ab.

7. Den Lachs großzügig mit der Glasur bestreichen und nach Belieben auf Kohl-„Pasta" anrichten und mit Kräutern und Hibiskus-Meersalz garnieren.

TIPPS:

Kaufen Sie nur Orangen aus biologischem Anbau, bei denen ausdrücklich vermerkt ist „Schale zum Verzehr geeignet". Hinweise wie „unbehandelt" oder „Schale nach der Ernte unbehandelt" sind keine Garantie dafür, dass die Früchte im Lauf ihres Wachstums nicht mit Pestiziden behandelt wurden. Dies gilt für alle Zitrusfrüchte!
Statt der abgeriebenen Orangenschale können Sie auch 2 bis 3 Tropfen von zum Verzehr geeignetem Orangenöl verwenden. Doch Vorsicht: Manche Menschen reagieren allergisch auf das Öl!

NÄHRWERTE (pro Portion)				
kcal	F	E	KH	B
531	42,8 g	25,6 g	11,5 g	4,5 g
	73 %	19 %	9 %	

SCAMPI
mit Kohl-„Nudeln"

KETO | **NUSS FREI** | **MILCH FREI**

VORBEREITUNG: 15 Minuten
GARZEIT: 25 Minuten
MENGE: 4 Portionen

80 g Frühstücksspeck, in feine Würfel geschnitten

450 g große Scampi, geschält und Darm entfernt

800 g Weißkohl, in lange, feine Streifen geschnitten, oder 200 g Shirataki-Nudeln, abgespült und abgetropft

120 ml MCT-Öl

1 kleine Zwiebel, klein gewürfelt

5 Knoblauchzehen, fein gehackt

120 ml Knochenbrühe (aus Fischkarkassen oder Hühnerknochen; Seite 48)

3 EL fein gehackte frische Blattpetersilie

300 g gelbe Tomaten

Saft einer halben Zitrone

½ TL feines Meersalz

schwarzer Pfeffer aus der Mühle, Menge nach Belieben

ZUM SERVIEREN

frische Blattpetersilie, fein gehackt

Chiliflocken

Keto-Brot (Seite 288), in Scheiben geschnitten und in ausgelassenem Frühstücksspeckfett geröstet, nach Belieben

1. Den Frühstücksspeck in eine große Pfanne geben und bei mittlerer Hitze knusprig braten; dabei mehrmals wenden. Die Speckwürfel herausnehmen und in eine Schüssel geben. Das flüssige Fett in der Pfanne belassen.

2. Die Scampi hinzufügen und auf jeder Seite jeweils etwa 3 Minuten braten, bis sie rosa und nicht mehr glasig sind. Herausnehmen und zu den Speckwürfeln geben. Die Schüssel beiseitestellen. Die Pfanne samt Fett weiterverwenden.

3. Kohl, MCT-Öl, Zwiebeln, Knoblauch, Brühe, Petersilie, Tomaten, Zitronensaft, Salz und Pfeffer in die Pfanne geben und 15 Minuten dünsten, bis der Kohl weich ist. Zwischendrin mehrmals umrühren.

4. Bei Verwendung von Shirataki-Nudeln erst die hier genannten Zutaten – ohne den Kohl – 10 Minuten dünsten, bis die Zwiebeln weich sind. Dann die Hitze verringern, die Shirataki-Nudeln hinzufügen und eine Minute durchwärmen.

5. Die Speckwürfel und Scampi unter die Kohl- bzw. Nudelmischung heben und das Gericht sofort servieren. Mit Petersilie und/oder Chiliflocken garnieren.

6. Nach Belieben Keto-Brot dazu reichen (zum Auftunken der leckeren Sauce).

VARIANTE: HÜHNERFLEISCH STATT SCAMPI

Etwa 450 Gramm Hühnerfleisch ohne Knochen in 2,5 cm große Würfel schneiden. Das Gericht wie in der Anleitung beschrieben zubereiten. Dabei die Garzeit aber so verlängern, dass die Fleischwürfel durchgegart sind.

NÄHRWERTE (pro Portion)

kcal	F	E	KH	B
514	37,3 g	30,3 g	15,3 g	4,9 g
	65 %	23 %	12 %	

Vegetarische Gerichte

Tomaten-Parmesan-Burger

KETO **NUSS FREI**

VORBEREITUNG: 7 Minuten
GARZEIT: 6 Minuten
MENGE: 4 Portionen

4 EL Kokosöl
2 große Eier
80–100 g geriebener Parmesan
1 große gelbe oder grüne Tomate, in ca. 1 cm dicke Scheiben geschnitten

1. Das Kokosöl in einer Pfanne auf mittlerer Stufe erhitzen.
2. Die Eier in einer flachen Schale verquirlen.
3. Den Parmesan ebenfalls in eine flache Schale geben.
4. Die Tomatenscheiben jeweils einzeln in der Eimasse und danach im Parmesan wenden und leicht andrücken. Darauf achten, dass die Tomatenscheiben auf beiden Seiten vollständig mit Parmesan überzogen sind.
5. Die Tomaten-Parmesan-Burger auf beiden Seiten goldbraun braten. Die Burger sollten in der Pfanne locker nebeneinander liegen, deshalb besser in kleineren Partien braten.

NÄHRWERTE (pro Portion)

kcal	F	E	KH	B
209	19 g	7 g	2,3 g	0 g
	82 %	13 %	4 %	

Weißkohl mit Käsesauce

KETO **NUSS FREI**

VORBEREITUNG: 5 Minuten
GARZEIT: 25 Minuten
MENGE: 6 Portionen

---

2 EL ungesalzene Butter oder 60 ml Kokosöl

400 g Weißkohl, in sehr feine Streifen geschnitten, oder 200 g Shirataki-Nudeln, abgespült und abgetropft

FÜR DIE KÄSESAUCE

2 EL ungesalzene Butter

3 EL Doppelrahmfrischkäse

60 ml Gemüsebrühe (Seite 48)

120 g Cheddar, gerieben

30 g Parmesan, gerieben

feines Meersalz

schwarzer Pfeffer aus der Mühle

6 Kirschtomaten, geviertelt, nach Belieben

---

1. Butter oder Kokosöl in eine große Pfanne geben und auf mittlerer Stufe erhitzen. Den Weißkohl hinzufügen und 15 Minuten unter häufigem Rühren dünsten, bis er sehr weich ist. Bei Verwendung von Shirataki-Nudeln diese nur eine Minute in erhitzter Butter schwenken. Kohl bzw. Nudeln beiseitestellen.

2. Für die Käsesauce die Butter in eine antihaftbeschichtete Pfanne geben und auf mittlerer Stufe erhitzen. Frischkäse und Brühe hinzufügen und 2 Minuten ständig rühren, bis sich alles zu einer sämigen Masse verbunden hat.

3. Die Hitze verringern. Cheddar und Parmesan untermischen und weiterrühren, bis der Käse geschmolzen ist. Mit Salz und Pfeffer abschmecken.

4. Den Kohl bzw. die Nudeln in eine Servierschüssel geben und die Käsesauce unterheben. Oder in Portionen anrichten und die Sauce darauf verteilen. Nach Belieben mit Tomaten garnieren.

VARIANTE: MIT FRÜHSTÜCKSSPECK

Wenn Sie kein Vegetarier sind, können Sie die Butter bzw. das Kokosöl zum Dünsten des Kohls durch vier Scheiben Frühstücksspeck ersetzen: Die Speckscheiben in der Pfanne knusprig braten. Herausnehmen und auf einen Teller legen. Anschließend in dem ausgelassenen Speckfett den Kohl garen. Den Frühstücksspeck grob zerkrümeln und kurz vor dem Servieren unter die Kohl-Saucen-Mischung heben. So erhält das Gericht eine noch herzhaftere Note.

NÄHRWERTE (pro Portion)

kcal	F	E	KH	B
241	23,3 g	7,5 g	1,8 g	0 g
	87 %	12 %	3 %	

Tomaten-Burrata-Salat
MIT „HONIG"-DRESSING

KETO **NUSSFREI**

VORBEREITUNG: 5 Minuten
GARZEIT: 3 Minuten
MENGE: 2 Portionen

1 gelbe Tomate, geviertelt

1 Bund Rucola

120 g Burrata (italienischer kugelförmiger Frischkäse aus Kuhmilch) oder Kuhmilch-Mozzarella

60 ml „Honig"-Dressing (Honigsüße Würzsauce, Seite 59)

1. Den Backofen- oder Standgrill auf die höchste Temperatur vorheizen. Den Gitterrost im Ofen etwa 15 cm unterhalb des Grills einschieben.

2. Die Tomaten mit der Schnittfläche nach oben in eine Grillpfanne oder den Grillrost legen und 2 bis 3 Minuten grillen, bis sich gebräunte Stellen zeigen.

3. Rucola, Tomaten und Burrata oder Mozzarella auf einer Servierplatte anrichten und mit Dressing beträufeln.

NÄHRWERTE (pro Portion)

kcal	F	E	KH	B
281	24,1 g	12 g	4 g	1,1 g
	77 %	17 %	6 %	

VARIANTE: MIT PARMASCHINKEN
Für eine nicht vegetarische Variante können Sie den Salat mit zwei Scheiben Parmaschinken ergänzen.

VEGETARISCHE GERICHTE

Toast mit Brie und Tomaten

KETO | NUSSFREI

VORBEREITUNG: 5 Minuten
GARZEIT: 7 Minuten
MENGE: 6 Portionen
(1 Scheibe Toast pro Portion)

24 Kirschtomaten
2 EL MCT-Öl
feines Meersalz
schwarzer Pfeffer aus der Mühle
6 etwa 1 cm dicke Scheiben Keto-Brot (Seite 288)
3 EL ungesalzene Butter, geschmolzen, oder MCT-Öl
225 g Brie, in dünne Scheiben geschnitten

NÄHRWERTE (pro Portion)				
kcal	F	E	KH	B
310	27 g	13,5 g	2,7 g	0,7 g
	78 %	17 %	3 %	

1. Den Grill im Backofen auf die höchste Temperatur vorheizen und den Gitterrost etwa 10 cm unterhalb des Grills einschieben.
2. Die Tomaten in eine Grillpfanne legen und mit zwei Esslöffeln MCT-Öl beträufeln. Mit Salz und Pfeffer würzen.
3. Die Tomaten im Backofen etwa 5 Minuten grillen. Sobald ihre Haut aufplatzt, aus dem Ofen nehmen. Am besten dabei bleiben, um den richtigen Moment abzupassen, sonst wird das Fruchtfleisch zu trocken.
4. Die Brotscheiben auf beiden Seiten mit Butter oder MCT-Öl bestreichen und mit Brie belegen. Das Brot auf ein Backblech legen und auf der mittleren Schiene 2 Minuten grillen, bis der Käse Blasen schlägt und leicht gebräunt ist.
5. Die Brotscheiben sofort mit den Tomaten garnieren und servieren.

ZEITSPARTIPP:
Sie können auf den gegrillten Käsetoast auch einfach frische geviertelte Kirschtomaten setzen und diese mit etwas Salz und Pfeffer würzen.

Gelbe Tomatensuppe
MIT KÄSESANDWICHES

KETO | NUSSFREI

VORBEREITUNG: 10 Minuten
GARZEIT: 45 Minuten
MENGE: 4 Portionen

FÜR DIE SUPPE

1 EL ungesalzene Butter

1 kleine rote Zwiebel

1 geröstete Knoblauchknolle (Seite 52), Zehen ausgelöst, oder
3 rohe Knoblauchzehen, fein gehackt

120 g Doppelrahmfrischkäse, zimmerwarm und cremig gerührt (siehe Hinweis)

240 ml Gemüsebrühe (Seite 48)

1,2 kg gelbe Tomaten, gewürfelt

2 TL getrocknetes Basilikum

¼ TL flüssiger Steviaextrakt

1 TL feines Meersalz

¼ TL schwarzer Pfeffer aus der Mühle

FÜR DIE SANDWICHES

8 Scheiben Keto-Brot (Seite 288)

4 Scheiben Cheddar

4 Scheiben Emmentaler

8 Basilikumblätter

4 EL ungesalzene Butter, bei Bedarf mehr

Sie können die Suppe auch mit roten Tomaten zubereiten. Doch dann ändern sich die Nährwerte ein wenig, denn die gelben Sorten haben weniger Kohlenhydrate und Ballaststoffe als die roten (siehe Seite 43).

1. Für die Suppe die Butter in einem mittelgroßen Topf auf mittlerer Stufe erhitzen. Zwiebeln und Knoblauch hinzufügen und unter gelegentlichem Rühren 4 bis 5 Minuten dünsten, bis die Zwiebeln glasig sind. Frischkäse und Brühe unterrühren und 7 Minuten weiterrühren, bis die Mischung köchelt.

2. Tomaten, Basilikum, Stevia, Salz und Pfeffer hinzufügen und die Suppe 20 Minuten köcheln lassen (sie darf nicht kochen). Dabei ständig rühren.

3. Die Suppe vom Herd nehmen und etwas abkühlen lassen. Dann mit dem Pürierstab oder im Mixer pürieren, bis sie glatt und cremig ist. Bei geringer Hitze auf dem Herd warm halten.

4. Für die Sandwiches vier Brotscheiben mit je einer Scheibe Cheddar und Emmentaler sowie zwei Basilikumblättern belegen. Jeweils eine Brotscheibe obenauf legen.

5. In eine große Pfanne zwei Esslöffel Butter geben und auf mittlerer Stufe erhitzen. Zwei Sandwiches nebeneinander hineinlegen und auf jeder Seite 3 bis 5 Minuten rösten, bis sie goldbraun sind und der Käse geschmolzen ist. Den Vorgang für die restlichen zwei Sandwiches wiederholen.

6. Die Sandwiches sofort mit der Suppe servieren.

KÜCHENGERÄT

Mixer oder Pürierstab

TIPP:
Wenn Sie die Sandwiches in einem Kontaktgrill (Panini-/Sandwichmaker) toasten, bestreichen Sie die Außenseiten jedes Sandwiches jeweils mit einem halben Esslöffel Butter. Bei vielen Geräten dauert das Toasten nur drei Minuten (Gebrauchsanleitung beachten).

HINWEIS:
Es ist wichtig, den Frischkäse zu erwärmen und cremig zu rühren, sonst schmilzt er nicht in der Brühe, sondern bildet kleine, unauflösliche Flocken.

NÄHRWERTE (pro Portion)

kcal	F	E	KH	B
463	37 g	26,3 g	8 g	1,2 g
	72%	23%	7%	

DAS KETO-KOCHBUCH

Pizza mit Pilzen

KETO **NUSSFREI**

VORBEREITUNG: 10 Minuten
GARZEIT: 1 Stunde 10 Minuten
MENGE: eine Pizza (ca. 23 × 33 cm; 6 Portionen)

FÜR DEN PIZZATEIG

225 g Doppelrahmfrischkäse, zimmerwarm

2 große Eier

1 geröstete Knoblauchknolle (Seite 52), Zehen ausgelöst

30 g geriebener Parmesan

FÜR DIE PILZE

2 EL ungesalzene Butter oder Kokosöl

300 g frische Champignons, geputzt und in feine Scheiben geschnitten

¾ TL feines Meersalz

¾ TL schwarzer Pfeffer aus der Mühle

FÜR DIE SAUCE

120 g ungesalzene Butter

1 geröstete Knoblauchknolle (Seite 52), Zehen ausgelöst, oder 2 rohe Knoblauchzehen, fein gehackt

60 g Doppelrahmfrischkäse

80 ml Gemüsebrühe (Seite 48)

60 g geriebener Parmesan

WEITERER BELAG

3 mittelgroße gelbe Tomaten

120 g Mozzarella, in Bröckchen zerpflückt

feines Meersalz

schwarzer Pfeffer aus der Mühle

KÜCHENGERÄT

Handrührgerät

Ich bin in Medford (Wisconsin) aufgewachsen, wo 1962 die erste tiefgefrorene Pizza der USA erfunden wurde: die „Tombstone Pizza", die es heute noch gibt und die ihren Namen der Bar zu verdanken hat, in der sie entstand – die Bar befand sich gegenüber eines Friedhofs. Weitaus mehr haben mich jedoch die Pizzarezepte meines Vaters beeindruckt. Er hat eine Zeit lang im Restaurant eines Freundes Pizza gebacken – frisch und in allen möglichen köstlichen Varianten. Und auch wenn er bereits damals im Herzen ein Klempner war und dies bis heute geblieben ist, so schaffen es seine Pizzarezepte dennoch, mich zu meinen ketogenen Pizzen zu inspirieren. Die hier beschriebene Pizza mit Pilzen ist gehaltvoller und cremiger als die leichtere, luftigere Pizza mit Hühnchen und Knoblauch (Seite 224).

1. Den Backofen auf 190 °C vorheizen. Ein Backblech (ca. 23 × 33 cm) mit einem etwa 3 cm hohen Rand leicht einfetten (der Rand ist wichtig, da der Teig eine etwas dickflüssige Konsistenz hat).

2. Alle Zutaten für den Teig in eine große Schüssel geben und mit dem Handrührgerät zu einem glatten Teig verarbeiten. Den Teig gleichmäßig dick auf dem Backblech verstreichen und 15 bis 20 Minuten goldbraun vorbacken. Aus dem Ofen nehmen und 10 Minuten abkühlen lassen (den Pizzaboden auf dem Blech belassen).

3. In der Zwischenzeit für die Pilze die Butter oder das Kokosöl in einer großen Pfanne auf mittlerer Stufe erhitzen. Die Pilze hinzufügen und unter mehrmaligem Wenden dünsten, bis sie weich und gebräunt sind. Mit Salz und Pfeffer würzen. Vom Herd nehmen und beiseitestellen.

4. Für die Sauce die Butter in einem Topf auf mittlerer Stufe erhitzen. Den Knoblauch hinzufügen und leicht bräunen, dabei ständig rühren, sonst verbrennt die Butter. Die Hitze verringern.

5. Den Knoblauch in der Butter zerdrücken und Frischkäse, Brühe und Parmesan unterrühren. Die Mischung mindestens 15 Minuten köcheln lassen, dabei zwischendrin umrühren. Wenn sie etwas länger köchelt, entfalten sich die Aromen noch besser.

6. Die Sauce auf dem Pizzaboden gleichmäßig verstreichen. Pilze, Tomaten und Mozzarella gleichmäßig darauf verteilen. Mit Salz und Pfeffer würzen.

7. Die Pizza ungefähr 25 Minuten backen, bis der Boden knusprig und goldbraun ist. Aus dem Ofen nehmen, in Stücke schneiden und sofort servieren.

TIPP:
Für eine nicht vegetarische Variante können Sie den Belag mit gekochtem, gewürfeltem Hühnerfleisch ergänzen.

NÄHRWERTE (pro Portion)				
kcal	F	E	KH	B
506	47 g	17,4 g	5 g	0,5 g
	84 %	14 %	4 %	

DAS KETO-KOCHBUCH

Pizza Margherita

 KETO NUSS FREI

VORBEREITUNG: 15 Minuten
GARZEIT: 15 Minuten
MENGE: eine Pizza (Durchmesser 28 cm; 6 Portionen)

FÜR DEN PIZZABODEN

1½ mittelgroße Zucchini, geraspelt und mit 1 TL Meersalz ca. 15 Minuten mariniert

170 g geriebener Parmesan

1 EL getrockneter Oregano

1 TL getrocknetes Basilikum

1 großes Ei, verquirlt

FÜR DEN BELAG

240 ml Tomaten- oder Pizzasauce (Seite 67) oder Marinarasauce (Seite 68)

1 mittelgroße gelbe Tomate, in 3 mm dünne Scheiben geschnitten

1 Mozzarella-Kugel (ca. 125 g), in 3 mm dünne Scheiben geschnitten

1 kleine Handvoll Basilikumblätter

KÜCHENGERÄT

Pizzablech

Für diese Pizza muss der Boden richtig knusprig-kross sein, sonst verwandelt ihn der Belag im Handumdrehen in eine matschige Masse. Dies lässt sich verhindern, wenn Sie das Pizzablech vorab bei hoher Temperatur heiß werden lassen – und die Zucchini mehr als gründlich ausdrücken.

Wichtig: Das heiße Pizzablech immer mit gebotener Vorsicht (Schutzhandschuhe o. Ä.) aus dem Ofen nehmen und auf eine hitzebeständige Unterlage stellen.

1. Den Backofen auf der Höchststufe (in der Regel 280 °C) vorheizen und das Pizzablech zum Heißwerden hineinstellen.

2. Für den Pizzateig die Zucchini mit den Händen gründlich ausdrücken. Dann in mehrere Lagen Küchenpapier oder in ein sauberes Geschirrtuch einschlagen, um noch mal so viel Flüssigkeit wie möglich auszudrücken.

3. Zucchini, Parmesan, Oregano, Basilikum und das verquirlte Ei in eine Schüssel geben und mit den Händen sehr gründlich mischen.

4. Den Pizzateig mit einem Küchenspatel in einer gleichmäßig dünnen Schicht auf dem Blech verstreichen und 10 bis 12 Minuten backen, bis er goldbraun und knusprig ist.

5. Den Pizzaboden aus dem Ofen nehmen und die Sauce darauf verteilen. Dann mit Tomaten und Mozzarella belegen. Die Pizza weitere 4 Minuten backen, bis der Käse geschmolzen und leicht gebräunt ist.

6. Die Pizza mit Basilikumblättern garnieren, in Stücke schneiden und sofort servieren.

VARIANTE:

Diese Pizza Margherita ist eine hervorragende Grundlage für vegetarische Pizzen. Seien es Oliven, in feine Streifen geschnittene Paprikaschoten oder Zwiebelringe, beim Belag können Sie die ganze vegetarische Palette durchspielen.

ZEITSPARTIPP:

Die fertige Pizza lässt sich gut einfrieren und hält sich im Tiefkühlgerät bis zu einem Monat. Wenn Sie mehrere Pizzen auf Vorrat backen, auch mit unterschiedlichem Belag, haben Sie später nach nur 15 Minuten Backzeit eine fertige Mahlzeit auf dem Tisch.

NÄHRWERTE (pro Portion)

kcal	F	E	KH	B
199	12,8 g	17 g	5 g	1,6 g
	58 %	34 %	10 %	

„Mini-Windbeutel" mit Eiersalat

KETO | NUSS FREI

VORBEREITUNG: 15 Minuten
GARZEIT: 20 Minuten
MENGE: 24 Mini-Sandwiches (4 Stück pro Portion)

FÜR DIE „WINDBEUTEL"

Kokosöl zum Einfetten des Backblechs

Eiweiße von 3 großen Eiern (Eigelbe ggf. anderweitig verwenden)

½ TL Weinstein

2 EL pures Eiklarpulver oder (wenn verträglich) 3 EL pures Molkeneiweiß

120 ml saure Sahne oder 110 g Doppelrahmfrischkäse – ersatzweise bei Milchunverträglichkeit die 3 o. g. Eigelbe

FÜR DEN EIERSALAT

8 große Eier, hart gekocht, geschält und zimmerwarm

120 ml Mayonnaise

2 EL Dijonsenf (bevorzugt selbst gemacht; Seite 55)

1 EL fein gehackter frischer oder 1 TL getrockneter Dill

½ TL feines Meersalz

¼ TL schwarzer Pfeffer aus der Mühle

1. Den Backofen auf 190 °C vorheizen. Ein Backblech mit Kokosöl einfetten.

2. Für die „Windbeutel" Eiweiß und Weinstein in eine große Schüssel geben und sehr steif schlagen. Eiklarpulver oder Molkeneiweiß untermischen. Sahne oder Frischkäse mithilfe eines Küchenspatels unterheben, dabei vorsichtig vorgehen, damit der Eischnee nicht zusammenfällt.

3. Mithilfe eines Löffels 24 Eischnee-Bällchen (Durchmesser ca. 5 cm) auf das Backblech setzen und 10 Minuten im Ofen backen. Den Ofen ausstellen und bei geschlossener Ofentür die „Windbeutel" 5 bis 10 Minuten abkühlen lassen.

4. In der Zwischenzeit für den Eiersalat die Eier in kleine Würfel schneiden und in eine große Schüssel geben. Mayonnaise, Senf, Dill, Salz und Pfeffer hinzufügen und mischen, bis sich das Eigelb mit der Mayonnaise verbunden hat. Wenn nötig, die Eigelbbröckchen mit einer Gabel zerdrücken.

5. Zum Servieren die abgekühlten „Windbeutel" quer aufschneiden und mit Eiersalat füllen.

NÄHRWERTE (pro Portion)				
kcal	F	E	KH	B
433	36 g	23,5 g	4 g	0 g
	75 %	22 %	4 %	

Mini-Pizza

MIT „HONIG"-DRESSING

KETO

VORBEREITUNG: 10 Minuten
GARZEIT: 23 Minuten
MENGE: eine Pizza (Durchmesser 20 cm; 2 Portionen)

FÜR DEN PIZZABODEN

2 EL ungesalzene Butter oder Kokosöl

3 große Eier

180 ml ungesüßte Mandelmilch

3 EL pures Eiklarpulver oder (wenn verträglich) pures Molkeneiweiß

¼ TL feines Meersalz

FÜR DEN BELAG

1 mittelgroße gelbe Tomate, in 3 mm dünne Scheiben geschnitten

80 g Burrata (italienischer kugelförmiger Frischkäse aus Kuhmilch) oder Kuhmilch-Mozzarella, in Scheiben geschnitten oder in Bröckchen zerpflückt

½ Bund Rucola

60 ml „Honig"-Dressing (Honigsüße Würzsauce, Seite 59)

KÜCHENGERÄT

Mixer

1. Den Backofen auf 220 °C vorheizen.
2. Butter oder Kokosöl in einer Eisenpfanne (Durchmesser 20 cm) bei mittlerer Hitze schmelzen. Vom Herd nehmen und kurz beiseitestellen.
3. Für den Pizzaboden Eier, Mandelmilch, Eiklarpulver oder Molkeneiweiß und Salz in den Mixer geben und etwa eine Minute pürieren, bis der Teig schaumig ist.
4. Den Teig in die Eisenpfanne füllen und im Ofen 18 bis 20 Minuten backen, bis er aufgegangen und goldbraun ist.
5. Gegen Ende der Backzeit die Tomatenscheiben etwa 2 Minuten grillen (in einem separaten Grill oder in einer Grillpfanne auf dem Herd).
6. Den fertigen Pizzaboden mit Tomaten, Burrata oder Mozzarella belegen und mit „Honig"-Dressing beträufeln. Die Pizza achteln und sofort servieren.

VARIANTE: MIT PARMASCHINKEN

Für eine nicht vegetarische Pizza können Sie den fertigen Pizzaboden mit drei Scheiben Parmaschinken bedecken und erst darauf den Belag verteilen.

NÄHRWERTE (pro Portion)

kcal	F	E	KH	B
493	38 g	29,7 g	6,8 g	1,2 g
	69 %	24 %	6 %	

Kelpnudeln mit Pesto und frittiertem Basilikum

KETO

VORBEREITUNG: 6 Minuten
GARZEIT: 8 Stunden
MENGE: 4 Portionen

450 g Kelpnudeln

FÜR DAS PESTO

2 große Handvoll frisches Basilikum

30 g Walnüsse, grob gehackt und geröstet (bei Nussallergie weglassen)

3 Knoblauchzehen

½ TL feines Meersalz

¼ TL schwarzer Pfeffer aus der Mühle

120 ml MCT-Öl oder 60 ml MCT-Öl und 60 ml geschmolzenes Kokosöl

1 frische Chilischote, entkernt und klein gehackt (Menge hängt von der Schärfe der Chilischote und dem eigenen Geschmack ab)

2 EL Zitronensaft, nach Belieben

110 g Parmesan, fein gerieben, oder bei Milchunverträglichkeit 30 g Nährhefe

FÜR DAS FRITTIERTE BASILIKUM

240 ml Kokosöl oder Ghee

1 große Handvoll Basilikum, gewaschen, Blätter abgezupft und sehr sorgfältig trocken getupft

KÜCHENGERÄTE

Küchenmaschine (Mixer)   Schongarer

1. Die Kelpnudeln waschen, abtropfen lassen und in den Schongarer geben.
2. Alle Zutaten für das Pesto in den Mixer geben und pürieren, bis die Masse eine glatte, sämige Konsistenz hat.
3. Das Pesto über die Kelpnudeln gießen und das Ganze 6 bis 8 Stunden schongaren, bis die Nudeln sehr weich sind.
4. Kurz vor dem Servieren die Basilikumblätter frittieren: Hierfür das Öl in eine große Pfanne geben und bei starker Hitze auf 175 °C erhitzen.
5. Wichtig: Temperatur mit einem Zuckerthermometer messen, außerdem Schutzhandschuhe tragen und sich so weit wie möglich vom Herd entfernt hinstellen, das Öl kann spritzen. Eine doppelte Lage Küchenpapier neben dem Herd auf einem großen Teller ausbreiten.
6. Mithilfe eines Sieblöffels die Basilikumblätter in das heiße Öl geben und etwa eine Minute frittieren, bis sie knusprig sind. Ebenfalls mit dem Sieblöffel herausnehmen und auf dem vorbereiteten Küchenpapier abtropfen lassen.
7. Die Pesto-Kelpnudeln auf Tellern anrichten und üppig mit den frittierten Basilikumblättern garnieren. Nach Belieben einige Scheiben Keto-Brot mit Knoblauch dazu reichen.

NÄHRWERTE (pro Portion)

kcal	F	E	KH	B
359	34,1 g	9,4 g	2,6 g	0,6 g
	85 %	10 %	3 %	

Beilagen

Keto-Brot

KETO · NUSS FREI · MILCH FREI

VORBEREITUNG: 10 Minuten
GARZEIT: 40 Minuten
MENGE: ein Brotlaib (23 × 13 cm; 14 Scheiben; 2 Scheiben pro Portion)

Fett für die Backform
6 große Eier, Eiweiß und Eigelb getrennt
3 EL neutrales Eiklarpulver oder (wenn verträglich) 6 EL neutrales Molkeneiweiß
½ TL Zwiebelpulver und/oder andere bevorzugte Gewürze, nach Belieben

Das leichte, luftige Brot ist etwas Besonderes. Viele Klienten meiner Ernährungsberatungspraxis nennen es „Wunderbrot". Es enthält so gut wie keine Kohlenhydrate und ist zu 100 Prozent nussfrei. Der entscheidende Trick bei der Herstellung des Brotes ist das sehr steife, sprich: schnittfeste Eiweiß. Das heißt, wenn Sie mit einem Küchenmesser leicht in den Eischnee schneiden, bleibt der Schnitt sichtbar. Wichtig: Die Schüssel muss absolut fettfrei sein und das Eiweiß darf keinerlei Spuren von Eigelb enthalten.

Ich röste die Brotscheiben gerne in reichlich ausgelassenem Fett von Frühstücksspeck, um den Geschmack und den Fettgehalt zu steigern. Doch diesen Zusatzschritt können Sie ganz nach eigenem Belieben handhaben.

1. Den Backofen auf 160 °C vorheizen. Eine 23 × 13 cm große Kastenform (längliche Königskuchenform) einfetten.
2. Für den Teig das Eiweiß sehr steif schlagen. Eiklarpulver oder Molkeneiweiß sowie die gewünschten Gewürze darüberstreuen und vorsichtig unterheben.
3. Die Eigelbe verquirlen und vorsichtig unter den Eischnee heben (er darf nicht zusammenfallen).
4. Den Teig in die Backform füllen und 40 bis 45 Minuten backen, bis er goldbraun ist.
5. Das Brot vollkommen abkühlen lassen und erst dann in 14 Scheiben schneiden (warm oder auch nur lauwarm fällt es in sich zusammen).

VARIANTE: KETO-BROT MIT KNOBLAUCH

Brotscheiben dünn mit Butter oder MCT-Öl bestreichen und mit geröstetem Knoblauch (Seite 52) einreiben. Im Backofen bei 200 °C toasten, bis das Brot goldbraun ist.

VARIANTE: KETO-BRÖTCHEN

Die Brötchen werden auf zwei eingefetteten Backblechen gebacken. Den Teig zubereiten wie in der obigen Anleitung beschrieben; er reicht für 14 Brötchen. Mit dem Küchenspatel eine Portion Teig (Menge einer Suppenkelle) auf das Blech setzen und zu einem Brötchen formen (runde: etwa 8 cm Durchmesser, längliche in der Art kleiner Baguettes: 15 cm lang und 5 cm breit). Mit dem restlichen Teig genauso verfahren und dabei zwischen den Brötchen einen Abstand von 2 bis 3 cm lassen.
Die Brötchen 15 bis 20 Minuten goldbraun backen und anschließend vollkommen abkühlen lassen.

NÄHRWERTE (pro Portion)				
kcal	F	E	KH	B
70	4,3 g	7,5 g	0,4 g	0 g
	55 %	43 %	2 %	

Keto-Naan-Brot

KETO · NUSS FREI · MILCH FREI

VORBEREITUNG: 7 Minuten
GARZEIT: 10 Minuten pro Stück
MENGE: 6 Portionen

3 Eier, Eiweiß und Eigelb getrennt
½ TL Weinstein
3 EL pures Eiklarpulver oder (wenn verträglich) pures Molkeneiweiß
1 TL Currypulver, nach Belieben
1 EL Kokosöl

NÄHRWERTE (pro Portion)				
kcal	F	E	KH	B
64	4,5 g	5,2 g	0,6 g	0,5 g
	63 %	33 %	4 %	

Naan ist ein typisches Fladenbrot der südostasiatischen, insbesondere der indischen Küche. Es wird in einem speziellen Holzkohlenbackofen, dem Tandur, gebacken. Für das ketogene Fladenbrot brauchen Sie nichts weiter als eine Pfanne.

1. Für den Teig das Eiweiß sehr steif schlagen. Weinstein, Eiklarpulver oder Molkeneiweiß und nach Belieben Currypulver darüberstreuen und vorsichtig unterheben.

2. Die Eigelbe verquirlen und vorsichtig unter den Eischnee heben (er darf nicht zusammenfallen).

3. Das Kokosöl in einer Pfanne auf mittlerer Stufe erhitzen. Die Pfanne ist heiß genug, wenn hineingespritzte Wassertropfen zischen.

4. Mit dem Küchenspatel eine Portion Teig (3 bis 4 Esslöffel) hinzufügen und zu einem dünnen, runden Fladen verstreichen (Durchmesser etwa 7,5 cm). Auf jeder Seite 3 bis 5 Minuten braten, bis der Fladen goldbraun ist. Aus der Pfanne nehmen.

5. Mit dem restlichen Teig wie in Schritt 3 und 4 beschrieben verfahren.

BEILAGEN

Gedünsteter Mangold

KETO **NUSS FREI** **MILCH FREI**

VORBEREITUNG: 5 Minuten
GARZEIT: 50 Minuten
MENGE: 4 Portionen

---

700 g rotstieliger Mangold, Blätter in breite und Stiele in schmalere Streifen geschnitten

2 EL plus 1 TL feines Meersalz

110 g Frühstücksspeck, in 1 cm große Würfel geschnitten

1 kleine Zwiebel, in feine Würfel geschnitten

360 ml Hühner- oder Rinderknochenbrühe (Seite 48)

1 EL fein gehackte frische Kräuter, z. B. Basilikum, Thymian oder Estragon, nach Belieben

NÄHRWERTE (pro Portion)				
kcal	F	E	KH	B
199	14,5 g	11 g	7 g	3 g
	66 %	22 %	14 %	

1. Eine große Schüssel mit Eiswasser vorbereiten. Kaltes Wasser mit 2 Esslöffeln Salz in einem großen Topf zum Kochen bringen. Mangold hinzufügen und 3 Minuten blanchieren. Mit einem Sieblöffel herausnehmen und zum Abschrecken in das Eiswasser geben. In ein Sieb abgießen und beiseitestellen.

2. Den Frühstücksspeck in eine große Pfanne geben und bei mittlerer Hitze unter Rühren 3 Minuten bräunen, bis das Fett ausgelassen ist. Die Speckwürfel herausnehmen, das Fett in der Pfanne belassen.

3. Die Hitze verringern. Die Zwiebeln in die Pfanne geben und unter Rühren 15 bis 20 Minuten goldgelb dünsten. Je länger die Zwiebeln dünsten, desto stärker karamellisieren sie, was ihnen einen besonders köstlichen Geschmack verleiht.

4. Den Mangold unterheben und dabei den Bratansatz vom Pfannenboden lösen. Die Brühe zugießen und den Mangold 3 bis 5 Minuten garen, bis er weich ist und die Brühe weitgehend verkocht ist.

5. Vom Herd nehmen. Die Speckwürfel unterheben und mit Salz würzen. Nach Belieben die Kräuter hinzufügen und sofort servieren.

Gebackener Kohl

KETO · NUSS FREI · MILCH FREI

VORBEREITUNG: 5 Minuten
GARZEIT: 2 Stunden 15 Minuten
MENGE: 4 Portionen

---

90 ml Fett von ausgelassenem Frühstücksspeck, zerschmolzen

1 mittelgroßer Kopf Rot- oder Weißkohl (ca. 1 kg)

1 kleine Zwiebel, fein gewürfelt

½ TL flüssiger Steviaextrakt, nach Belieben

60 ml Rinder- oder Hühnerknochenbrühe (Seite 48)

2 TL feines Meersalz

1 TL schwarzer Pfeffer aus der Mühle

1. Den Backofen auf 160 °C vorheizen.
2. Den Kohl vierteln und jeweils den Strunk nur so weit abschneiden, dass sich die Blätter nicht lösen. Eine große Auflaufform mit 2 Esslöffeln Speckfett einfetten. Die Kohlviertel mit einer Schnittfläche nach unten in die Form legen. Die Zwiebeln hinzufügen.
3. Wenn Stevia verwendet wird, dieses erst gründlich mit der Brühe verrühren.
4. Die Brühe und das restliche Speckfett in die Form gießen. Mit Salz und Pfeffer würzen. Die Form fest mit Alufolie verschließen.
5. Den Kohl eine Stunde im Ofen garen. Herausnehmen und die Alufolie vorsichtig entfernen. Die Kohlviertel wenden und auf die andere Schnittfläche legen. Die Form wieder mit Alufolie verschließen.
6. Den Kohl eine weitere Stunde garen. Dann die Ofentemperatur auf 220 °C erhöhen. Die Alufolie entfernen und den Kohl weitere 15 Minuten backen, bis er leicht gebräunt ist.

ZEITSPARTIPP:
Sie können die Kohlviertel auf Vorrat backen und nach dem vollständigen Abkühlen 3 bis 4 Tage im Kühlschrank aufbewahren.

NÄHRWERTE (pro Portion)

kcal	F	E	KH	B
191	14,2 g	3,1 g	13 g	5,8 g
	67 %	6 %	27 %	

Kohl-„Pasta" aus dem Schongarer

KETO | NUSS FREI

VORBEREITUNG: 15 Minuten
GARZEIT: 4 bis 6 Stunden
MENGE: 4 Portionen

1 mittelgroßer Kopf Weißkohl (ca. 1 kg), in lange, feine Streifen geschnitten

60 ml Rinder- oder Hühnerknochenbrühe (Seite 48)

4 EL ungesalzene Butter oder (bei Milchunverträglichkeit) Kokosöl oder Gänsefett

2 TL feines Meersalz

KÜCHENGERÄT

Schongarer

Kohl-„Pasta" klingt zunächst vielleicht etwas sonderbar. Doch als Beilage ergänzt sie Gerichte geschmackvoller als Getreidenudeln und selbst weich gekocht hat sie einen knackigeren Biss. Darüber hinaus ist das gesunde Gemüse preiswert und das ganze Jahr über erhältlich. Im Kühlschrank halten sich Kohlköpfe bis zu zwei Monate und in einem kühlen, trockenen Keller noch weitaus länger.

Die Kohl-„Pasta" können Sie, wann immer Sie mögen, anstelle von Getreidenudeln verwenden, zum Beispiel – wie auf dem Rezeptfoto gezeigt – für Asiatische Hackfleischbällchen (Seite 170).

1. Alle Zutaten in einen Schongarer (Fassungsvermögen mindestens 4 Liter) geben und gründlich mischen. Den Kohl bei geringer Hitze 4 bis 6 Stunden garen, bis er weich ist.

2. Vor dem Servieren den Kohl abtropfen lassen.

ZEITSPARTIPP:
Sie können die Kohl-„Pasta" auch auf Vorrat kochen. In einem luftdicht verschließbaren Behälter hält sie sich im Kühlschrank bis zu 5 Tage und im Gefriergerät bis zu einem Monat. Zum Servieren muss sie dann lediglich in einem zugedeckten Topf bei mittlerer Hitze erwärmt werden.

KOHL-TIPPS:
- Wenn Sie Kohl aus dem eigenen Garten lagern wollen, entfernen Sie nicht die äußeren Blätter, sofern sie unversehrt sind. Diese helfen, die zarten Innenblätter vor Feuchtigkeitsverlust zu schützen.
- Waschen Sie die Kohlköpfe erst unmittelbar vor ihrer Verwendung, um einer Schimmelbildung während der Lagerung vorzubeugen.
- Im Kühlschrank legen Sie frischen Kohl ins Gemüsefach, wobei Sie eventuell vorhandene Schnittflächen mit Frischhaltefolie abdecken sollten. Stecken Sie den Kohl nicht in einen Plastikbeutel, darin entsteht zu viel Feuchtigkeit, was die Schimmelbildung fördert.
- Langes Kochen vermindert den hohen Vitamingehalt des Kohls, deshalb sollten Sie ihn so schonend und so kurz wie möglich garen.

NÄHRWERTE (pro Portion)				
kcal	F	E	KH	B
147	11,7 g	2,5 g	8,4 g	4,5 g
	72%	7%	23%	

Zucchini-„Pasta"

KETO · NUSS FREI · MILCH FREI

VORBEREITUNG: 10 Minuten
MENGE: 2 Portionen

1 mittelgroßer Zucchino, gründlich gewaschen und abgetrocknet

KÜCHENGERÄT

Spiralschneider
(siehe Hinweis)

HINWEIS ZU SPIRALSCHNEIDER:

Bei diesen Geräten gibt es zwei Grundmodelle:
Die einen lassen sich mit einem überdimensionalen Bleistiftanspitzer vergleichen und funktionieren auch nach dessen Prinzip (reinstecken und drehen). Ein Restehalter schützt die Finger vor den scharfen Klingen. Komplexere Geräte verfügen über eine Halterung, in die das Gemüse eingespannt und mithilfe einer Kurbel verarbeitet wird. Verschiedene Messereinsätze für unterschiedliche Schnitttechniken zählen in der Regel zum Zubehör.
Welches Gerät sich für Ihre Küche am besten eignet, müssen Sie selbst entscheiden. Da ich sehr häufig Gemüse im Spiralschneider verarbeite, bevorzuge ich ein Modell mit Kurbel und Auffangbehälter.

Mit Begeisterung baue ich in meinem Garten Zucchini an und die Ernte fällt meistens mehr als üppig aus. Das Kürbisgewächs muss in unseren Breiten jedes Jahr aus Samen neu gezogen werden. Doch bei den vielfältigen Verwendungsmöglichkeiten dieses gesunden Gemüses lohnt sich der Aufwand. Manche der zahlreichen Zucchinisorten bringen sogar im Blumenkübel eine erkleckliche Ernte.

Für die Herstellung von „Spaghetti" verwenden Sie am besten Zucchini mit einer Länge von 20 bis 25 Zentimetern und einem Durchmesser von 5 Zentimetern. Größere Exemplare lassen sich in den meisten Spiralschneidern nicht richtig verarbeiten.

1. Die Enden des Zucchinos gerade abschneiden. Wenn „weiße Spaghetti" gewünscht sind, die Frucht schälen.
2. Mit einem Spiralschneider den Zucchino zu spaghettiähnlichen Streifen verarbeiten.
3. Die Zucchini-„Spaghetti" auf Tellern anrichten und mit der gewünschten Sauce übergießen. Sofort servieren.

TIPPS:

Zucchini enthalten sehr viel Wasser, das sie besonders schnell verlieren, wenn sie in „Spaghetti" (oder auch breitere Spiralen) geschnitten sind. Falls die frisch geschnittenen „Spaghetti" nicht sofort serviert werden, legt man sie in der Zwischenzeit am besten in ein Sieb. Darin können sie abtropfen und verwässern dann nicht die Sauce. Bewahren Sie deshalb auch immer „Spaghetti" und Sauce getrennt auf. In einem luftdicht verschlossenen Behälter halten sich die Zucchini-„Spaghetti" im Kühlschrank bis zu fünf Tage. Zum Einfrieren eignen sie sich nicht, weil sie zu wasserhaltig sind.

NÄHRWERTE (pro Portion)

kcal	F	E	KH	B
20	0 g	1 g	4 g	1 g
	0%	20%	80%	

Pilze in brauner Butter

KETO **NUSSFREI**

VORBEREITUNG: 5 Minuten
GARZEIT: 15 Minuten
MENGE: 4 Portionen

500 g Morcheln oder andere Speisepilze, z. B. Champignons oder Pfifferlinge, geputzt

60 g ungesalzene Butter

2 TL fein gehackte frische Kräuter, z. B. Petersilie, Salbei, Thymian oder Rosmarin, nach Belieben

½ TL feines Meersalz

NÄHRWERTE (pro Portion)

kcal	F	E	KH	B
131	11,4 g	3 g	4,8 g	1,7 g
	78 %	9 %	15 %	

Während der Pilzsaison bereite ich dieses Gericht am liebsten mit frischen Morcheln zu, auch wenn sich das Rezept für andere Speisepilze ebenfalls bestens eignet. In Deutschland stehen Morcheln unter Artenschutz, das heißt in diesem Fall: Man darf sie nur in geringen Mengen und ausschließlich für den eigenen Bedarf sammeln. In den Läden findet man Importware zu sehr hohen Preisen.

Wer sich den – köstlichen – Luxus leisten möchte, sollte unbedingt die Hinweise auf der rechten Seite beachten. Vorneweg gesagt: Morcheln darf man niemals roh essen!

1. Die geputzten Morcheln in einer großen Pfanne auf mittlerer Stufe etwa 10 Minuten erhitzen, bis sie Saft abgeben. Dabei zwischendurch wenden. In ein Sieb geben und abtropfen lassen. Falls Sie andere Speisepilze verwenden, entfällt dieser Schritt.

2. Inzwischen die Butter in einem hellen Topf (in dem man den Bräunungsvorgang gut sieht) auf hoher Stufe 5 Minuten unter ständigem Rühren erhitzen, bis sie beginnt aufzuschäumen. Sobald sich braune Flecken bilden, die Hitze stark verringern und noch weitere 5 Minuten kräftig rühren, bis die Butter goldbraun ist. Dabei nach Belieben Kräuter unterrühren.

BEILAGEN

3. Eine mittelgroße Pfanne erhitzen. Die abgetropften Morcheln oder andere Speisepilze (geputzt, aber roh) hinzufügen und die braune Butter darübergießen. Die Pilze unter sanftem Wenden 4 bis 5 Minuten dünsten, bis sie goldbraun sind. Mit Salz würzen und sofort servieren.

TIPPS ZUM UMGANG MIT FRISCHEN MORCHELN

- *Reinigen: Frische Morcheln zu putzen, erfordert einigen Aufwand. In ihrem wabenartig strukturierten Hut verbergen sich kleine Insekten und Sandkörner. Um diese zahlreichen unerwünschten „Beigaben" zu entfernen, gehen Sie am besten so vor: Die Morcheln je nach Größe halbieren oder vierteln und in eine Schüssel mit Salzwasser legen. Die Schüssel mehrere Stunden in den Kühlschrank stellen. Danach die Morcheln abspülen und wie im Rezept beschrieben weiterverarbeiten.*

- *Aufbewahren: Um schmierige oder matschige Stellen zu vermeiden, die Morcheln nebeneinander auf ein Kuchengitter legen und dieses auf eine Platte stellen. Die Pilze mit feuchtem Küchenpapier abdecken und in den Kühlschrank stellen. Nicht länger als zwei, drei Tage aufbewahren!*

- *Verzehr: Morcheln keinesfalls roh essen! Sie enthalten giftige und schwer verdauliche Stoffe, die sich nur durch Hitze entfernen lassen. Deshalb müssen Morcheln vor (!) der Verarbeitung zu einem Gericht durchgegart werden. Unabhängig davon sollten Sie nur absolut unversehrte Exemplare kaufen oder sammeln – ohne matschige, ausgetrocknete oder schmierige Stellen.*

Krautsalat mit Mayonnaise

KETO · NUSSFREI · MILCHFREI

VORBEREITUNG: 8 Minuten plus 1 Stunde Marinierzeit
MENGE: 6 Portionen

800 g Weißkohl, in kleine Stücke gehackt

1 kleine Zwiebel, in feine Streifen geschnitten

FÜR DAS DRESSING

120 ml normale Mayonnaise oder Bacon-Mayonnaise (Seite 71)

3 EL Erythrit oder ¼ TL flüssiger Steviaextrakt, nach Belieben

60 ml Essiglake aus einem Gurkenglas oder Kokosessig

2½ EL Zitronensaft

½ TL Selleriesamen

½ TL feines Meersalz

⅛ TL schwarzer Pfeffer aus der Mühle

Das cremige, süßliche Dressing verleiht dem Krautsalat einen Geschmack, den viele Menschen mögen. Wem die süßliche Note nicht schmeckt, lässt das Erythrit beziehungsweise Stevia einfach weg. Hübsche Farbtupfer bringt ein wenig klein geschnittener Rotkohl in den Salat. Darüber hinaus können Sie den Salat ganz nach Belieben garnieren, zum Beispiel mit Frühlingszwiebeln oder Tomaten.

1. Kohl und Zwiebeln in eine große Schüssel geben und mischen. Beiseitestellen.
2. In einer anderen Schüssel alle Zutaten für das Dressing sehr gründlich mischen.
3. Das Dressing unter die Kohl-Zwiebel-Mischung heben und so lange mischen, bis alle Kohlstückchen mit Mayonnaise überzogen sind.
4. Den Krautsalat eine Stunde im Kühlschrank durchziehen lassen.

NÄHRWERTE (pro Portion)				
kcal	F	E	KH	B
162	13,6 g	2,1 g	9,4 g	3,9 g
	76 %	5 %	23 %	

BEILAGEN

Krautsalat mit Speck und Tomaten

KETO NUSS FREI MILCH FREI

VORBEREITUNG: 6 Minuten plus 20 Minuten Ruhezeit

GARZEIT: 5 Minuten

MENGE: 6 Portionen

5 Scheiben Frühstücksspeck, in feine Würfel geschnitten

1 kleine Zwiebel, fein gewürfelt, oder 1 kleine Frühlingszwiebel, in feine Ringe geschnitten

1–3 Chilischoten, bevorzugt Jalapeños, entkernt und fein zerkleinert, nach Belieben

240 ml Bacon-Mayonnaise (Seite 71) oder normale Mayonnaise

60 ml Kokosessig

2 EL Erythrit oder 1 Tropfen flüssiger Steviaextrakt

1 mittelgroßer Weißkohl, fein geraspelt (etwa 1 kg)

6 gelbe Kirschtomaten, geviertelt, oder 1 große gelbe Tomate, in Würfel geschnitten

1. Frühstücksspeck, Zwiebeln und nach Belieben Chilischoten in einer Pfanne auf mittlerer Stufe braten, bis der Speck knusprig und die Zwiebeln leicht gebräunt sind. Vom Herd nehmen.

2. Die Speck-Zwiebel-Mischung mit einem Sieblöffel aus der Pfanne nehmen und in eine kleine Schüssel füllen. Das flüssige Fett in der Pfanne belassen.

3. Für das Dressing Mayonnaise, Essig, Erythrit oder Stevia und 4 Esslöffel des flüssigen Speckfetts in eine mittelgroße Schüssel geben und gründlich mischen. (Das restliche Speckfett für andere Zwecke aufheben.)

4. Kohl, Tomaten, die Speck-Zwiebel-Mischung und das Dressing in eine große Schüssel geben und sehr gründlich mischen.

5. Den Krautsalat mindestens 20 Minuten im Kühlschrank durchziehen lassen.

NÄHRWERTE (pro Portion)				
kcal	F	E	KH	B
258	20,7 g	5,5 g	14,4 g	1,7 g
	72 %	9 %	22 %	

Zwiebelringe im Speckmantel

KETO | **NUSS FREI** | **MILCH FREI**

VORBEREITUNG: 10 Minuten
GARZEIT: 30 Minuten
MENGE: 6 Portionen

3 große Zwiebeln (Gärtnerzwiebeln)

24 Scheiben (ca. 450 g) dünn geschnittener Frühstücksspeck

240 ml ketogene Dip-Sauce, z. B. Ranch-Dressing (Seite 61), milchfreies Avocado-Ranch-Dressing (Seite 60), milchfreie oder traditionelle Sauce hollandaise (Seite 53), nach Belieben

1. Den Backofen auf 190 °C vorheizen. Ein Backblech mit hohem Rand mit Backpapier auslegen.

2. Die Zwiebeln in 1,5 cm breite Ringe schneiden. 24 große Ringe aussortieren und die restlichen Zwiebeln für andere für andere Zwecke aufbewahren.

3. Jeden Zwiebelring mit einer Scheibe Frühstücksspeck fest umwickeln und das Speckende mit einem Zahnstocher feststecken.

4. Die Zwiebelringe nebeneinander auf das Blech legen und im Ofen 25 bis 30 Minuten backen, bis der Speck knusprig ist.

5. Nach Belieben mit Dip-Sauce servieren.

NÄHRWERTE (pro Portion)				
kcal	F	E	KH	B
242	16,1 g	15,5 g	7,9 g	1,6 g
	60 %	26 %	13 %	

BEILAGEN

Avocado-Sticks im Speckmantel

KETO | **NUSS FREI** | **MILCH FREI**

VORBEREITUNG: 10 Minuten
GARZEIT: 14 Minuten
MENGE: 6 Portionen

3 feste Avocados
24 Scheiben (ca. 450 g) dünn geschnittener Frühstücksspeck
1 EL Taco-Gewürz (Seite 84)
120 ml Salsa

NÄHRWERTE (pro Portion)

kcal	F	E	KH	B
635	51,6 g	30,6 g	12 g	7,8 g
	73 %	19 %	8 %	

Ob Kartoffeln, Datteln, Pflaumen oder knackiges Gemüse – für Häppchen im Speckmantel gibt es viele bekannte Zutaten. Doch Avocados klingt eher ungewöhnlich. Probieren Sie es aus, die Sticks schmecken köstlich und ihre Textur erinnert sogar an Pommes. Wählen Sie beim Kauf festere Avocados, da sie sich für dieses Rezept leichter zuschneiden lassen.

Nur die Schale von dünnschaligen Avocadosorten kann man mitessen – sofern sie einem schmeckt und vorausgesetzt, sie ist garantiert (!) unbehandelt. Solche Früchte sind jedoch schwer zu finden. Die überwiegend im Handel angebotenen Avocados müssen vor dem Verzehr geschält werden.

1. Den Backofen auf 240 °C vorheizen. Ein Backblech mit hohem Rand mit Backpapier auslegen.

2. Kurz vor der Verwendung die Avocados entkernen, schälen und in Achtel schneiden. Jedes Achtel mit einer Scheibe Frühstücksspeck fest umwickeln und das Speckende mit einem Zahnstocher feststecken. Nun von beiden Seiten mit dem Taco-Gewürz besprenkeln.

3. Die Avocado-Sticks im Ofen 12 bis 14 Minuten backen, bis der Frühstücksspeck knusprig ist.

4. Die Sticks mit einem Schüsselchen Salsa servieren.

Frittierte Gewürzgurken

KETO | NUSS FREI

VORBEREITUNG: 5 Minuten
plus 10 Minuten Gefrierzeit

GARZEIT: 5 Minuten

MENGE: 6 Portionen

---

120 Parmesan, gerieben

6 große Gewürzgurken, schräg oder der Länge nach in Scheiben geschnitten

60 ml Kokosöl

120 ml hausgemachtes Ranch-Dressing (Seite 61) oder milchfreies Avocado-Ranch-Dressing (Seite 60)

1. Den Parmesan in einen tiefen Teller geben und die Gurkenscheiben darin wenden, dabei den Käse leicht andrücken.

2. Die panierten Gurkenscheiben nebeneinander auf ein Gefriertablett oder eine Platte legen und 10 Minuten ins Gefriergerät stellen.

3. Das Kokosöl in einer großen Pfanne auf mittlerer Stufe erhitzen und die Gurkenscheiben auf jeder Seite eine Minute braten, bis die Käsepanade goldbraun ist. Herausnehmen und auf Küchenpapier abtropfen lassen. Die Gurkenscheiben sollten locker nebeneinander in der Pfanne liegen, deshalb wenn nötig in mehreren Durchgängen braten und noch etwas Öl hinzufügen.

4. Die Gurken auf einer Platte anrichten und das Ranch-Dressing in einem separaten Schälchen dazu reichen.

ZEITSPARTIPP:
Wenn Sie die panierten Gurken hart frieren lassen, können Sie sie in eine Gefrierdose schichten und bis zu einem Monat im Gefriergerät aufbewahren.

NÄHRWERTE (pro Portion)				
kcal	F	E	KH	B
191	17,5 g	7 g	2 g	0 g
	82 %	15 %	4 %	

Pikant gefüllte Eier

 KETO **NUSS FREI**

VORBEREITUNG: 8 Minuten
GARZEIT: 12 Minuten
MENGE: 6 Portionen

---

6 große Eier

2 EL normale Mayonnaise oder Bacon-Mayonnaise (Seite 71)

2 EL Chilisauce

60 g gegartes Hühnerfleisch, fein gewürfelt

2 EL fein gewürfelter Staudensellerie

1 EL fein geschnittene Frühlingszwiebeln

½ TL feines Meersalz

2 EL zerbröckelter Blauschimmelkäse (bei Milchunverträglichkeit weglassen)

frischer Koriander, fein gehackt

rote Zwiebeln, fein gewürfelt

1. Die Eier 8 bis 10 Minuten hart kochen. Anschließend abschrecken, schälen und halbieren.

2. Die Eigelbe herausnehmen, in eine mittelgroße Schüssel geben und gründlich zerdrücken. Mayonnaise, Chilisauce, Hühnerfleisch, Staudensellerie, Frühlingszwiebeln, Salz und wenn verträglich den Blauschimmel hinzufügen. Das Ganze sehr gründlich mischen.

3. In jede Eihälfte etwa 1½ Esslöffel der Füllung geben.

4. Zum Servieren nach Belieben noch ein wenig Chilisauce und Blauschimmelkäse auf die Füllung geben und mit Koriander und Zwiebeln garnieren.

NÄHRWERTE (pro Portion)

kcal	F	E	KH	B
149	11,7 g	10,2 g	1,1 g	0 g
	71%	27%	3%	

Eier mit Käse-Speck-Füllung

KETO **NUSS FREI**

VORBEREITUNG: 6 Minuten
GARZEIT: 17 Minuten
MENGE: 24 Eihälften (2 Stück pro Portion)

12 große Eier

4 Scheiben Frühstücksspeck

120 ml Guacamole, Bacon-Mayonnaise (Seite 71) oder normale Mayonnaise

2 EL geriebener Cheddar

1 EL Senf, bevorzugt hausgemachter (Seite 54–57)

feines Meersalz

geräuchertes Paprikapulver, nach Belieben

Ursprünglich enthielt dieses Rezept keinen Frühstücksspeck (wie auf dem Foto zu sehen ist). Als ich dann einmal zu einer Party eingeladen war, bei der jeder etwas zum Essen mitbringen sollte, habe ich eine Variante mit Frühstücksspeck ausprobiert. Sie waren ratzfatz aufgegessen! Falls Sie Vegetarier sind, lassen Sie den Speck einfach weg, auch die reine Käsefüllung schmeckt köstlich.

1. Die Eier 8 bis 10 Minuten hart kochen. Anschließend abschrecken, schälen und halbieren.

2. Inzwischen den Frühstücksspeck in einer Pfanne bei mittlerer Hitze 5 Minuten braten, bis er kross ist. Herausnehmen und auf Küchenpapier abtropfen und abkühlen lassen. Anschließend zerkrümeln.

3. Für die Füllung die Eigelbe aus den Eihälften nehmen, in eine mittelgroße Schüssel geben und gründlich zerdrücken. Frühstücksspeckkrümel, Guacamole oder Mayonnaise, Cheddar und Senf hinzufügen und das Ganze gründlich mischen. Mit Salz abschmecken.

4. Die Füllung gleichmäßig auf die Eihälften verteilen und nach Belieben mit Paprikapulver bestreuen. Bis zum Servieren in den Kühlschrank stellen.

NÄHRWERTE (pro Portion)				
kcal	F	E	KH	B
175	15,2 g	9,1 g	0,8 g	0 g
	78 %	21 %	2 %	

Spinat-Dip

 KETO NUSS FREI

VORBEREITUNG: 7 Minuten

GARZEIT: 5 Minuten

MENGE: 8 Portionen (4 EL pro Portion)

FÜR DEN DIP

1 geröstete Knoblauchknolle (Seite 52), Zehen ausgelöst

300 g tiefgekühlter Blattspinat, aufgetaut, klein gehackt und gut abgetropft

2 Frühlingszwiebeln (nur das Weiße), in feine Ringe geschnitten

240 ml saure Sahne oder Doppelrahmfrischkäse

240 ml Mayonnaise

1 TL fein gehackter frischer Thymian

1 TL Fischsauce

½ TL feines Meersalz

¼ TL geräuchertes Paprikapulver

1 Prise Cayennepfeffer

ZUM SERVIEREN

1 Laib Keto-Brot (Seite 288)

3 EL ungesalzene Butter oder (bei Milchunverträglichkeit) Kokosöl

Staudensellerie, in Sticks geschnitten

Salatgurke, in Sticks oder dickere Scheiben geschnitten

KÜCHENGERÄT

Küchenmaschine

1. Alle Zutaten für den Dip in die Küchenmaschine oder einen Mixer geben und zu einer cremigen Sauce verarbeiten. Nach Belieben mit den angegebenen Gewürzen noch einmal abschmecken.

2. Kurz vor dem Servieren das Keto-Brot rösten: Das Brot in etwa 1,2 cm dicke Scheiben schneiden und diese diagonal halbieren, sodass Dreiecke entstehen.

3. Butter oder Kokosöl in einer großen Pfanne erhitzen. Die Brotdreiecke hinzufügen und auf jeder Seite ungefähr 2½ Minuten goldbraun rösten.

4. Den Spinat-Dip mit geröstetem Brot sowie Staudensellerie- und Gurken-Sticks servieren.

ZEITSPARTIPP:

Den Spinat-Dip können Sie im Voraus zubereiten, er hält sich im Kühlschrank bis zu zwei Tage.

NÄHRWERTE (pro Portion)

kcal	F	E	KH	B
342	31,2 g	11,8 g	4,6 g	1 g
	82 %	14 %	5 %	

Zucchini-Muffins

 KETO · **NUSS FREI**

VORBEREITUNG: 8 Minuten plus 15 Minuten Abtropfzeit

GARZEIT: 15 Minuten

MENGE: 6 Portionen

Kochspray oder Kokosöl

1 mittelgroßer Zucchino

1 TL feines Meersalz

1 EL Kokosmehl

2 große Eier

120 g Cheddar, gerieben, oder (bei Milchunverträglichkeit) 60 g Nährhefe

1 mittelgroße Zwiebel, fein gewürfelt

1 TL geräuchertes Paprikapulver

Diese Muffins können Sie vielseitig verwenden: als Beilage, Vorspeise, kleines Gericht, Partyhäppchen oder als Zutat für den leckeren Auflauf mit Zucchini-Muffins und Hackfleisch (Seite 196).

1. Den Backofen auf 200 °C vorheizen. Eine Mini-Muffinform mit 24 Mulden mit Kochspray oder Kokosöl gut einfetten.

2. Den Zucchino auf der Gemüsereibe raspeln und in eine mittelgroße Schüssel geben. Mit Salz bestreuen, mischen und 10 bis 15 Minuten ziehen lassen. Anschließend das Gemüse sehr gründlich ausdrücken und die Flüssigkeit wegschütten.

3. Kokosmehl über die Zucchini streuen und untermischen. Eier, Cheddar, Zwiebeln und Paprikapulver hinzufügen und das Ganze zu einem Teig verarbeiten.

4. In jede Mulde der Muffinform 1½ Esslöffel Teig füllen.

5. Die Muffins im Ofen 15 Minuten backen, bis sie goldbraun sind. Herausnehmen und sofort mit einem Messer rund um die Muffins fahren, um sie von der Muldenwand zu lösen. Eine Minute abkühlen lassen, dann die Muffins auf ein Kuchengitter stürzen.

ZEITSPARTIPP:

Backen Sie Zucchini-Muffins auf Vorrat, indem Sie einfach die Menge der Zutaten verdoppeln. Im Tiefkühlgerät halten sich die fertigen Muffins bis zu einem Monat.

NÄHRWERTE (pro Portion)

kcal	F	E	KH	B
116	8,2 g	7,6 g	3,3 g	1,2 g
	64 %	26 %	11 %	

Desserts und andere süße Leckereien

Tipps für die ketogene Zubereitung von Desserts und Gebäck

VERWENDUNG VON SÜSSUNGSMITTELN

Um Desserts oder Gebäck auf ketogene Art bestmöglich zu süßen, verwende ich eine Mischung aus unterschiedlichen Süßungsmitteln. Meistens kombiniere ich pulverisiertes Erythrit mit einem oder zwei Teelöffeln flüssigem Steviaextrakt. Im Gegensatz zu den meisten anderen Steviaprodukten hat der Extrakt keinen bitteren Nachgeschmack. So lässt sich der gewünschte Süßungsgrad am einfachsten erreichen und dem eigenen Geschmack anpassen.

Beachten Sie Folgendes, wenn Sie Gebäck zubereiten: Durch den Backvorgang verringert sich die Süßkraft von Erythrit oder flüssigem Steviaextrakt. Um dies zu verhindern, gibt es einen einfachen Trick bei der Teigzubereitung: Fügen Sie Süßungsmittel erst hinzu, nachdem Sie die Butter oder ein anderes Fett cremig gerührt haben. Bei traditionellem Gebäck rühren Sie ja die Butter oder Margarine zusammen dem Zucker schaumig. Aufgrund einer chemischen Reaktion zwischen Fett und Zucker gelangt dabei viel Luft in die Masse. Mit reinem Erythrit oder auf Erythrit basierenden Produkten funktioniert das nicht, weil Erythrit eine andere chemische Struktur als Zucker hat. Deshalb gilt beim ketogenen Backen – wie gesagt – die Faustregel: Erst wenn die Butter oder ein anderes Fett locker, luftig und schaumig ist, wird das Erythrit untergerührt.

SALZ IN SÜSSEN LECKEREIEN

Viele wissen es bereits aus eigener Erfahrung beim Backen und Kochen: Eine Prise Salz macht Süßes süßer. Auch wenn das auf den ersten Blick widersprüchlich erscheint, die salzigen Körnchen geben süßen Leckereien den Kick, dass sie nicht nur einfach gut schmecken, sondern einem das Wasser im Mund zusammenlaufen lassen. Ob bei Gerichten oder Gebäck, Salz macht die Zutaten komplexer, bringt Balance in ihre Aromen, steigert den Geschmack und enthüllt Geschmacksnoten, die man sonst gar nicht wahrnehmen würde. Beispielsweise aus Gewürzen und Zitruszutaten kitzelt es gewissermaßen auch die feinen Würznoten heraus. Die „berühmte Prise Salz" fungiert als natürlicher Geschmacksverstärker und nicht als eigenständige Würze.

Manche Konditoren ändern konventionelle Rezepte für Kuchen und Plätzchen ab, indem sie die angegebene Salzmenge verdoppeln und weniger Zucker verwenden.

Verwenden Sie für Desserts und Gebäck kein Speisesalz mit Zusätzen, die aus unterschiedlichen Gründen hinzugefügt werden, zum Beispiel jodierte Salzsorten, die Natrium- oder Kaliumiodat gegen Jodmangel und seine Folgen enthalten. Ich bevorzuge naturbelassenes Meersalz, das es in gemahlener und kristalliner Form gibt. Achten Sie beim Kauf darauf, dass auf der Packung ausdrücklich „unbehandelt" steht. Das gemahlene, sogenannte „feine Meersalz" löst sich schneller auf als die mehr oder weniger großen Meersalzkristalle. Je nach Rezept können die gröberen Salzkristalle einem cremigen Dessert allerdings eine kleine „knusprige" Komponente verleihen.

Schokoladen-Ingwer-Plätzchen

KETO

VORBEREITUNG: 6 Minuten
GARZEIT: 10 Minuten
MENGE: 24 Plätzchen (1 Stück pro Portion)

120 g ungesalzene Butter oder 120 ml Kokosöl, zimmerwarm

220 g fein pulverisiertes Erythrit oder 120 ml Yacón-Sirup

1 TL flüssiger Steviaextrakt

2 große Eier, verquirlt

90 g ungesüßtes Kakaopulver

1 EL Zimt

2 TL Ingwerpulver

¼ TL feines Meersalz

2 TL Vanilleextrakt

½ TL Mandelextrakt

KÜCHENGERÄTE

Handrührgerät oder Küchenmaschine

1. Den Backofen auf 175 °C vorheizen. Zwei Backbleche bereitstellen (nicht einfetten).

2. Die Butter oder das Kokosöl in eine Rührschüssel geben und schaumig rühren, entweder mit einem Handrührgerät oder in der Küchenmaschine. Erythrit oder Yacón-Sirup und Steviaextrakt hinzufügen und gründlich unterrühren.

3. Die Eier unterrühren, dann Kakaopulver, Zimt, Ingwerpulver, Salz, Vanille- und Mandelextrakt hinzufügen und den Teig noch einmal gründlich rühren.

4. Den Teig in 5 cm große Bällchen formen und diese in einem Abstand von etwa 2,5 cm auf die Bleche setzen. (Der Teig läuft beim Backen auseinander.)

5. Die Plätzchen 10 bis 12 Minuten backen, bis sie durchgebacken sind. Auf dem Blech abkühlen lassen.

6. Zum Aufbewahren die Plätzchen in einen luftdicht verschließbaren Behälter geben. Im Kühlschrank halten sie sich bis zu einer Woche, im Gefriergerät bis zu einem Monat.

NÄHRWERTE (pro Portion)

kcal	F	E	KH	B
51	4,7 g	1,1 g	1,2 g	0,7 g
	83 %	9 %	9 %	

Lebkuchenhaus

KETO | NUSSFREI | MILCHFREI

VORBEREITUNG: 10 Minuten
GARZEIT: 2 Stunden
MENGE: 1 Lebkuchenhaus

FÜR DEN TEIG

150 g gemahlener Zimt, bei Bedarf mehr, plus Zimt zum Ausrollen des Teigs

240 ml Apfelmus, bei Bedarf mehr

FÜR DIE GLASUR

450 g fein pulverisiertes Erythrit

3 Eiweiße von großen Eiern, zimmerwarm

½ TL Weinstein

KÜCHENGERÄTE

Ausstechformen (Set) für Lebkuchenhaus

Küchenmaschine

1. Den Backofen auf 90 °C vorheizen. Ein Backblech mit Backpapier auslegen.
2. Für den Teig den Zimt und das Apfelmus in eine Rührschüssel geben und sehr gründlich vermengen (funktioniert am besten in der Küchenmaschine mit dem Rührpaddel bzw. -besen).
3. Wenn der Teig zu klebrig ist, zusätzlichen Zimt unterrühren; ist er zu fest, weiteres Apfelmus zugeben.
4. Die Arbeitsfläche und das Nudelholz mit Zimt bestäuben (wie mit Mehl beim traditionellen Backen).
5. Den Teig ca. 6 mm dünn ausrollen. Die Gebäckteile für das Lebkuchenhaus ausstechen und auf das Backblech legen. (Man kann sie dicht nebeneinander legen, da der Teig weder aufgeht noch sich ausdehnt.)
6. Die Gebäckteile 1½ bis 2 Stunden im vorgeheizten Ofen backen, bis sie steinhart sind. Alternative: mehrere Tage bei Zimmertemperatur trocknen lassen.
7. Alle Zutaten für die Glasur in den Mixer geben und bei hoher Geschwindigkeit 7 bis 10 Minuten mischen.
8. Die Glasur in einen stabilen Spritzbeutel mit Spritztülle geben und das Haus zusammenkleben und verzieren.

HINWEIS:
Bei diesem Lebkuchenhaus sollte man sich auf das Naschen der Glasur beschränken. Die gebackenen Teile schmecken nicht, da der Teig zu viel Zimt enthält.

VARIANTE: NICHT KETOGENE GLASUR
Wenn Sie die Glasur nicht verzehren möchten, können Sie statt des Erythrits normalen Puderzucker verwenden.

TIPPS:
Die ketogene Glasur wird genauso fest wie herkömmlicher Zuckerguss und trocknet ebenso schnell. Wird sie nicht sofort verwendet, sollte man sie mit einem feuchten Küchentuch bedecken, damit sie nicht austrocknet. Kommt die Glasur beim Zubereiten mit Fett und Feuchtigkeit in Berührung, trocknet sie später nicht richtig durch. Deshalb müssen alle verwendeten Küchenutensilien absolut trocken und fettfrei sein. Die Glasur eignet sich auch als „Leim" für Doppeldecker-Plätzchen und als Überzug oder Dekor für Gebäck aller Art.

NÄHRWERTE (nur der Glasur)

kcal	F	E	KH	B
813	16,7 g	24,8 g	140,8 g	76,2 g
	18 %	12 %	69 %	

Milchfreie Vanilleeiscreme

KETO | MILCHFREI

VORBEREITUNG: 10 Minuten plus Zubereitung der Eiscreme

MENGE: 720 ml (60 ml pro Portion)

---

210 ml Kokosöl oder (wenn verträglich) 200 g ungesalzene Butter

60 ml MCT-Öl

120 ml ungesüßte Mandelmilch oder Wasser

4 große Eier

4 Eigelbe von großen Eiern

frisch herausgekratztes Mark einer Vanilleschote (ca. 20 cm lang) oder 1 TL Vanilleextrakt

3 EL fein pulverisiertes Erythrit oder 1 TL flüssiger Steviaextrakt

¼ TL feines Meersalz

KÜCHENGERÄTE

Eisbereiter · Mixer

Diese Vanilleeiscreme enthält ebenso wie das nachfolgende milchfreie Schoko-Eis (Seite 324) rohe Eier. Bekanntermaßen lässt sich bei der Verwendung von rohen Eiern ein Salmonellenrisiko nicht völlig ausschließen und nur schwer einschätzen, da viele Faktoren dabei eine Rolle spielen. Zu den wichtigen Vorsichtsmaßnahmen zählen generell: Verwenden Sie nur frische und unbeschädigte Eier und achten Sie auf die Hygiene in Ihrer Küche. Kleinkinder, Schwangere, ältere Menschen und Personen mit geschwächtem Immunsystem sollten auf keinen Fall rohe Eier verzehren, weder pur noch in Gerichten. Es bleibt Ihrer persönlichen Entscheidung überlassen, ob Sie die vorliegenden Eiscremerezepte nutzen möchten oder nicht.

Die Zugabe von Salz hebt die Aromen hervor und verstärkt den süßen Geschmack. Je nach persönlichem Empfinden braucht man so nicht oder nur wenig nachzusüßen. Beim Zubereiten von Eiscreme ist das Salz sogar sehr wichtig, da es zu einer weichen, cremigen Konsistenz beiträgt. Und vergessen Sie bitte nicht das MCT-Öl, sonst gerinnt die Eiscremeflüssigkeit.

1. Alle Zutaten in den Mixer geben und pürieren, bis die Masse glatt und sämig ist. Nach Belieben mit Erythrit abschmecken.

2. Die Masse in den Eisbereiter geben und gemäß Gebrauchsanleitung des Geräteherstellers zu Eiscreme verarbeiten.

3. Nicht benötigte Eiscreme sofort in einem oder mehreren luftdicht verschließbaren Behältern einfrieren. Im Gefriergerät hält sich die Eiscreme bis zu einem Monat. Angetaute Eiscreme auf keinen Fall wieder einfrieren!

ZEITSPARTIPP:
Eiscreme ist das perfekte Dessert, das man stets vorrätig haben kann, um auch spontane Gäste mit einer süßen Köstlichkeit zu überraschen.

NÄHRWERTE (pro Portion)

kcal	F	E	KH	B
210	21,4 g	3,2 g	1,6 g	0 g
	92 %	6 %	3 %	

Milchfreies Schoko-Eis
MIT KIRSCHSAUCE

  KETO | MILCHFREI

VORBEREITUNG: 15 Minuten plus Zubereitung der Eiscreme
MENGE: 720 ml (60 ml pro Portion)

- 210 ml Kokosöl oder (wenn verträglich) 200 g ungesalzene Butter
- 120 ml ungesüßte Mandelmilch oder Wasser
- 60 ml MCT-Öl
- 4 große Eier
- 4 Eigelbe von großen Eiern
- frisch herausgekratztes Mark einer Vanilleschote (ca. 20 cm lang) oder 1 TL Vanilleextrakt
- 3 EL fein pulverisiertes Erythrit
- 1 TL flüssiger Steviaextrakt
- 30 g ungesüßtes Kakaopulver
- ¼ TL feines Meersalz

FÜR DIE SAUCE

- 1 Teebeutel Kirschtee oder nach Belieben ein anderer Früchtetee, z. B. Himbeertee
- 120 ml kochendes Wasser
- 3 EL Erythrit
- ¼ TL flüssiger Steviaextrakt
- 60 ml braune Butter (Seite 78), zimmerwarm, oder (bei Milchunverträglichkeit) geschmolzenes Kokosöl
- 1 TL Kirscharoma oder nach Belieben ein anderes Früchtearoma, z. B. Himbeeraroma
- ⅛ TL Guarkernmehl oder Xanthan

Das Schoko-Eis enthält rohe Eier. Bitte beachten Sie die Hinweise zur Verwendung von rohen Eiern, die beim Rezept für „Milchfreie Vanilleeiscreme (Seite 322) aufgeführt sind.

Wer seine Eiscreme selber macht, weiß genau, was drin ist, und muss nicht wie bei gekaufter Eiscreme die Zutatenliste studieren, um herauszufinden, ob möglicherweise unerwünschte Zusätze verwendet wurden. Dieser Meinung ist auch einer meiner Rezepttester, der mir vorschwärmte: „Diese Eiscreme lässt sich so einfach zubereiten. Bei uns zu Hause wird das Schoko-Eis mit Kirschsauce regelrecht verschlungen. Alle sind von der samtigen, buttrigen Eiscreme und der fruchtigen Kirschsauce begeistert!"

Vergessen Sie bitte nicht das MCT-Öl, sonst gerinnt die Eiscremeflüssigkeit.

1. Alle Zutaten für die Eiscreme in den Mixer geben und pürieren, bis die Masse glatt und sämig ist. Nach Belieben mit Erythrit abschmecken.
2. Die Masse in den Eisbereiter geben und gemäß Gebrauchsanleitung des Geräteherstellers zu Eiscreme verarbeiten.
3. Für die Sauce den Kirschtee mindesten 2 Minuten in dem kochenden Wasser ziehen lassen. Je länger der Tee zieht, desto intensiver wird der Fruchtgeschmack.
4. Den Kirschtee in den Mixer geben und Erythrit, Steviaextrakt, braune Butter oder Kokosöl sowie das Kirscharoma hinzufügen. Das Ganze mixen, bis eine sämige Sauce entstanden ist.
5. Guarkernmehl oder Xanthan untermixen und die Sauce 3 Minuten stehen lassen, damit sie andicken kann.
6. Das Schoko-Eis anrichten und einen Esslöffel der noch warmen Kirschsauce darübergeben.
7. Nicht benötigte Eiscreme sofort portionsweise in luftdicht verschließbaren Behältern einfrieren und innerhalb eines Monats verbrauchen.
8. Die Sauce eignet sich nicht zum Einfrieren, hält sich aber bis zu vier Tage im Kühlschrank. Kurz vor dem Servieren bei niedriger Hitze 2 bis 3 Minuten erwärmen.

KÜCHENGERÄTE

 Eisbereiter
 Mixer

NÄHRWERTE (pro Portion)

kcal	F	E	KH	B
249	25,3 g	3,5 g	2,1 g	0,6 g
	91%	6%	3%	

Einfache Mokka-Trüffel

KETO | **NUSS FREI**

VORBEREITUNG: 15 Minuten plus 8 Stunden Ruhezeit
GARZEIT: 10 Minuten
MENGE: ca. 24 Trüffel (1 Stück pro Portion)

---

240 g ungesalzene Butter
3 EL Erythrit
1 TL flüssiger Steviaextrakt
225 g Mascarpone oder Doppelrahmfrischkäse
1 TL Espressopulver
1 TL Kahlúa (Kaffeelikör) oder Rumextrakt
ungesüßtes Kakaopulver, nach Belieben

FÜR DIE GLASUR

60 g ungesüßte dunkle Kuvertüre, fein zerkleinert
2 EL ungesalzene Butter oder Kokosöl
6 EL Erythrit
1 TL flüssiger Steviaextrakt
60 ml Crème double (40 % Fett)
¼ TL feines Meersalz
Mark einer Vanilleschote (ca. 15 cm lang) oder 1 TL Vanilleextrakt
½ TL Kahlúa (Kaffeelikör)

KÜCHENGERÄT

Handrührgerät

1. Die Butter in einem mittelgroßen Topf bei starker Hitze etwa 5 Minuten schmelzen lassen, bis sie beginnt zu bräunen Dabei ständig rühren und aufpassen, dass die Butter nicht verbrennt. Erythrit und Steviaextrakt hinzufügen und 5 Minuten kräftig weiterrühren. Vom Herd nehmen.

2. Mit einem Handrührgerät bei niedriger Geschwindigkeit Mascarpone oder Doppelrahmfrischkäse, Espressopulver und Kahlúa oder Rumextrakt unterrühren. Die Mischung auf Zimmertemperatur abkühlen lassen, sonst verbinden sich die Zutaten nicht.

3. Die abgekühlte Mischung noch einmal kräftig durchrühren und 6 bis 8 Stunden (am besten über Nacht) in den Kühlschrank stellen, damit sie sich verfestigt.

4. Aus der Trüffelmasse etwa 2,5 cm große Bällchen formen und während der Zubereitung der Glasur nochmals in den Kühlschrank stellen.

5. Für die Glasur im Wasserbad (oder in einem kleinen Topf bei geringer Hitze) die Schokolade und Butter schmelzen lassen. Erythrit, Steviaextrakt, Crème double und Salz gründlich unterrühren. Vom Herd nehmen und Vanillemark und Kahlúa untermischen.

6. Die Trüffel in die Glasur tauchen und im Kühlschrank aushärten lassen.

7. In einem luftdicht verschließbaren Behälter halten sich die Trüffel im Kühlschrank bis zu einer Woche.

TIPP:
Wenn es mal schnell gehen soll, können Sie die Glasur auch weglassen und die Trüffel einfach in Kakaopulver wälzen. Sie erhalten dadurch eine besondere erdig-schokoladige Geschmacksnote.

NÄHRWERTE (pro Portion)				
kcal	F	E	KH	B
116	11,5 g	1,5 g	1,6 g	0,5 g
	89 %	5 %	6 %	

Cake Pops

KETO | **MILCH FREI**

VORBEREITUNG: 30 Minuten plus 40 Minuten Ruhezeit

GARZEIT: 45 Minuten

MENGE: 24 Cake-Pops (2 Stück pro Portion)

FÜR DEN TEIG

180 ml Kokosöl oder 180 g ungesalzene Butter

200 g ungesüßte dunkle Kuvertüre, fein zerkleinert

275 g pulverisiertes Erythrit

1 TL Vanilleextrakt

1 TL Mandelextrakt

6 große Eier, getrennt

FÜR DIE FÜLLUNG

3 EL Erythrit

1 TL flüssiger Steviaextrakt

2 EL aufgebrühter koffeinfreier Espresso oder Kaffee

1 großes Ei

½ EL ungesüßtes Kakaopulver

2 EL Kokosöl oder ungesalzene Butter

½ TL Vanilleextrakt

¼ TL Mandelextrakt

FÜR DIE WEISSE GLASUR

60 g Kakaobutter

5 EL Erythrit

1 TL Vanilleextrakt oder ein anderer Extrakt, z. B. Himbeerextrakt

⅛ TL feines Meersalz

ZUM VERZIEREN, NACH BELIEBEN

Ungesüßte Kuvertüre, weiß und/oder dunkel, im Wasserbad geschmolzen

NÄHRWERTE (pro Portion)

kcal	F	E	KH	B
325	30,5 g	6,3 g	5,3 g	3,7 g
	84%	8%	7%	

1. Den Backofen auf 160 °C vorheizen. Eine Springform (26 cm Durchmesser) mit Backpapier auskleiden.

2. Für den Teig Kokosöl oder Butter in einem Topf auf mittlerer Stufe erhitzen und langsam nach und nach die Kuvertüre unterrühren (aufpassen, dass nichts anbrennt). Erythrit, Vanille- und Mandelextrakt hinzufügen und das Ganze kräftig durchrühren. Zum Abkühlen 15 Minuten in den Kühlschrank stellen, bis die Masse handwarm ist.

3. Inzwischen die Eiweiße in der Küchenmaschine oder mit dem Handrührgerät sehr steif schlagen. Anschließend bei niedriger Geschwindigkeit die Eigelbe untermischen.

4. Ebenfalls bei niedriger Geschwindigkeit die handwarme Schokoladenmasse unterrühren.

5. Den Teig in die Backform füllen und im Ofen 25 bis 30 Minuten backen, bis er sich vom Rand löst und an einem hineingestochenen Holzstäbchen nichts mehr haften bleibt.

6. Den Kuchen in der Form 30 Minuten abkühlen lassen, dann auf ein Kuchengitter stürzen. (Er muss nicht ganz bleiben, da er später ohnehin zerbröselt wird.)

7. Während der Kuchen abkühlt, die Füllung und die Glasur zubereiten.

8. Für die Füllung Erythrit, Steviaextrakt, Espresso oder Kaffee, Ei und Kakaopulver in einen mittelgroßen Topf geben und mit einem Schneebesen gut verrühren. Das Kokosöl hinzufügen und die Mischung auf mittlerer Stufe unter ständigem Rühren 12 Minuten erhitzen. Die Masse darf nicht kochen und soll so andicken, dass sie an der Rückseite eines Löffels haften bleibt.

9. Die Masse durch ein Sieb in eine mittelgroße Schüssel streichen. Vanille- und Mandelextrakt einrühren und anschließend die Schüssel etwa 15 Minuten in eine größere Schüssel mit Eiswasser stellen, bis die Füllung vollkommen abgekühlt ist. Dabei ab und zu umrühren.

10. Inzwischen für die weiße Glasur die Kakaobutter im Wasserbad bei mittlerer Hitze 5 bis 8 Minuten schmelzen lassen. Erythrit, Vanille- oder einen anderen Extrakt und das Salz hinzufügen und gründlich unterrühren. Vom Herd nehmen.

11. Für die Cake Pops den Kuchen in eine große Schüssel fein zerbröseln. Die abgekühlte Füllung nach und nach unterkneten (am besten mit den Händen), bis die Masse eine klebrige Konsistenz hat und beim Formen nicht auseinanderfällt (sie darf nicht zu feucht sein).

12. Aus der Masse etwa 2,5 cm große Bällchen formen. Ein Ende vom Lollistiel in die Glasur tauchen und anschließend ein Bällchen damit „aufspießen".

DESSERTS UND ANDERE SÜSSE LECKEREIEN

ZEITSPARTIPP:
Die Füllung können Sie einen Tag im Voraus zubereiten und im Kühlschrank aufbewahren.

Im Kühlschrank 5 bis 10 Minuten ruhen lassen. Anschließend die „Kuchenlollis" in die weiße Glasur tauchen und nochmals 5 bis 10 Minuten im Kühlschrank kalt werden lassen.

13. Nach Belieben verzieren und wiederum kühlen.

KÜCHENGERÄT

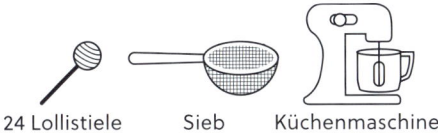

24 Lollistiele   Sieb   Küchenmaschine

TIPP:
Damit die Cake Pops beim Kühlen und Verzieren unversehrt bleiben, steckt man sie am besten in einen Styroporblock oder in Steckschaum (für Blumengestecke).

Himbeerpralinen

KETO | NUSSFREI | MILCHFREI

VORBEREITUNG: 20 Minuten plus 1 Stunde Ruhezeit
GARZEIT: 20 Minuten
MENGE: 24 Pralinen (1 Stück pro Portion)

GLASUR FÜR DIE PRALINENHÜLLEN

- 225 g Kakaobutter
- 290 g pulverisiertes Erythrit
- 2 TL Himbeerextrakt
- ½ TL feines Meersalz

FÜR DIE FÜLLUNG

- 220 g Erythrit
- 1 TL flüssiger Steviaextrakt
- 2 TL Himbeerextrakt
- 180 ml starker Himbeertee
- 4 große Eier
- 120 ml Kokosöl

KÜCHENGERÄT

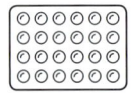
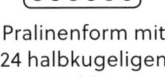
Pralinenform mit 24 halbkugeligen Mulden

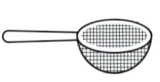
Sieb

1. Für die Glasur die Kakaobutter im Wasserbad bei mittlerer Hitze 5 bis 8 Minuten schmelzen lassen. Erythrit, Himbeerextrakt und Salz hinzufügen und gründlich unterrühren.

2. Die Mulden der Pralinenform mit der Glasur auspinseln. Kurz in den Kühlschrank stellen und eine weitere Schicht auftragen. Zum Aushärten eine Stunde in den Kühlschrank oder 5 Minuten ins Gefriergerät stellen. Restliche Glasur beiseitestellen und warm halten.

3. Inzwischen für die Füllung Erythrit, Stevia- und Himbeerextrakt, Himbeertee und Eier in einen mittelgroßen Topf geben und gründlich mischen. Das Kokosöl unterrühren und die Mischung unter ständigem Rühren 12 Minuten erhitzen. Die Masse darf nicht kochen und soll so andicken, dass sie an der Rückseite eines Löffels haften bleibt.

4. Die Masse durch ein Sieb in eine mittelgroße Schüssel streichen und diese etwa 15 Minuten in eine größere Schüssel mit Eiswasser stellen, bis die Füllung vollkommen abgekühlt ist. Dabei ab und zu umrühren.

5. Jeweils so viel Füllung in die ausgehärteten Pralinenhüllen geben, dass bis zur Oberkante der Mulde ein knapper Millimeter frei bleibt. Die Füllung mit Glasur bedecken. Zum Aushärten wiederum eine Stunde in den Kühlschrank oder 15 Minuten ins Gefriergerät stellen.

6. Die Pralinen aus der Form lösen und in einem luftdicht verschließbaren Behälter aufbewahren. Im Kühlschrank halten sie sich bis zu einer Woche.

VARIANTE: SCHOKOLADENBRAUNE PRALINEN

Mischen Sie unter die Kakaobutter zerkleinerte dunkle ungesüßte Kuvertüre und lassen Sie diese vollkommen schmelzen, bevor Sie das Erythrit hinzufügen. Je nachdem wie dunkel die Pralinenhülle sein soll, brauchen Sie 15 bis 30 Gramm Kuvertüre. Möchten Sie eine Mischung aus dunklen und weißen Pralinen, halbieren Sie die Zutaten und bereiten die eine Hälfte der Glasur mit Kuvertüre zu.

ZEITSPARTIPP:

Die Füllung können Sie einen Tag im Voraus zubereiten und im Kühlschrank aufbewahren.

NÄHRWERTE (pro Portion)

kcal	F	E	KH	B
153	16,3 g	1,1 g	0 g	0 g
	96 %	3 %	0 %	

Schoko-Pfefferminz-Plätzchen

KETO | **NUSS FREI** | **MILCH FREI**

VORBEREITUNG: 8 Minuten plus 10 Minuten Kühlzeit

GARZEIT: 15 Minuten

MENGE: 12 Plätzchen (2 Stück pro Portion)

FÜR DEN TEIG

120 ml Kokosöl oder (wenn verträglich) ungesalzene Butter, zerschmolzen

380 g Erythrit

1 TL flüssiger Steviaextrakt

2 große Eier

110 g ungesüßtes Kakaopulver

2 TL Pfefferminzextrakt

¼ TL feines Meersalz

FÜR DIE GLASUR

2 EL Kokosöl oder (wenn verträglich) ungesalzene Butter

30 g ungesüßte dunkle Kuvertüre, fein zerkleinert

6 EL vollfette Kokosmilch aus der Dose oder (wenn verträglich) Crème double (40 % Fett)

3 EL Erythrit

1 TL Pfefferminzextrakt

KÜCHENGERÄT

Handrührgerät oder Küchenmaschine

Wenn man Getreide und Nüsse aus seiner Ernährung verbannt hat, erscheint es häufig schwierig, Plätzchen und anderes Gebäck zu genießen. Mit diesem Rezept füllen Sie diese vermeintliche Lücke, insbesondere wenn Sie Pfefferminzgeschmack mögen. Als einer meiner Workshop-Teilnehmer diese Kekse zum Probieren mitbrachte, glaubten die anderen erst einmal nicht, dass es sich tatsächlich um eine gesunde Leckerei handelt.

1. Den Backofen auf 175 °C vorheizen. Zwei Backbleche mit Backpapier auslegen.

2. Für den Teig Kokosöl oder Butter in einer mittelgroßen Schüssel mit dem Handrührgerät schaumig rühren (oder die Küchenmaschine verwenden). Erst Erythrit und Steviaextrakt, dann die Eier gründlich unterrühren. Zum Schluss Kakaopulver, Pfefferminzextrakt und Salz hinzufügen und den Teig noch einmal gründlich durchrühren.

3. Den Teig in 5 cm große Bällchen formen und diese in einem Abstand von etwa 2,5 cm auf die Bleche setzen. (Der Teig läuft beim Backen auseinander.)

4. Die Plätzchen 10 bis 12 Minuten backen, bis sie durchgebacken sind. Mindestens 10 Minuten auf dem Blech abkühlen lassen. Anschließend die Plätzchen auf ein Kuchengitter legen und 10 Minuten ins Gefriergerät stellen.

5. Inzwischen für die Glasur Kokosöl oder Butter und die Kuvertüre im Wasserbad bei mittlerer Hitze schmelzen lassen. Dabei ständig rühren (aufpassen, dass nichts anbrennt). Kokosmilch oder Crème double, Erythrit und Pfefferminzextrakt unterrühren. Weiterrühren, bis die Glasur glatt und cremig ist. Vom Herd nehmen.

6. Die gefrorenen Plätzchen in die Glasur tauchen und zum Trocknen auf Backpapier legen.

NÄHRWERTE (pro Portion)

kcal	F	E	KH	B
304	28,6 g	5,9 g	7,3 g	3,7 g
	85 %	8 %	10 %	

Himbeer-Schoko-Eistörtchen

KETO **MILCHFREI**

VORBEREITUNG: 10 Minuten plus 35 Minuten Gefrierzeit
GARZEIT: 5 Minuten
MENGE: 12 Törtchen (1 Stück pro Portion)

FÜR DEN TEIG
240 ml Kokosöl
2 TL Himbeerextrakt
150 g Erythrit
1 TL flüssiger Steviaextrakt

FÜR DIE GLASUR
30 g ungesüßte dunkle Kuvertüre, fein zerkleinert
120 ml Erythrit
60 ml Kokosöl oder (wenn verträglich) 60 g ungesalzene Butter
60 ml vollfette Kokosmilch aus der Dose oder (wenn verträglich) Crème double (40 % Fett)
1 TL flüssiger Steviaextrakt
1 TL Himbeerextrakt
½ TL Mandelextrakt
⅛ TL feines Meersalz

1. In jede Mulde eines 12er-Muffinblechs ein Papierförmchen setzen.
2. Alle Zutaten für den Teig in eine mittelgroße Schüssel geben und zu einer glatten Masse verrühren.
3. Den Teig gleichmäßig auf die Papierförmchen verteilen und etwa 30 Minuten ins Gefriergerät stellen, bis er gefroren ist.
4. Für die Glasur die Kuvertüre im Wasserbad bei niedriger Temperatur unter ständigem Rühren schmelzen lassen und nacheinander die restlichen Zutaten gründlich unterrühren. Vom Herd nehmen.
5. Die Glasur noch einmal durchrühren und gleichmäßig auf den gefrorenen Törtchen verteilen. Zum Aushärten 10 Minuten ins Gefriergerät stellen.
6. Zum Servieren die Törtchen aus den Papierförmchen nehmen.
7. Zum Aufbewahren im Kühlschrank die Törtchen in den Papierförmchen auf ein Tablett stellen und mit Frischhaltefolie abdecken. Innerhalb einer Woche verzehren und jeweils kurz vor dem Servieren 10 Minuten ins Gefriergerät stellen. Im Gefriergerät halten sich die Törtchen in einem luftdicht verschließbaren Behälter bis zu drei Monate.

NÄHRWERTE (pro Portion)

kcal	F	E	KH	B
220	24 g	0,3 g	0,9 g	0 g
	98 %	1 %	2 %	

Schoko-Himbeer-Kuchen

KETO | NUSS FREI | MILCH FREI

VORBEREITUNG: 10 Minuten plus 10 Minuten Ruhezeit
GARZEIT: 40 Minuten
MENGE: 6 Portionen

FÜR DEN KUCHENBODEN

3½ EL Kokosöl oder (wenn verträglich) ungesalzene Butter

45 g ungesüßte dunkle Kuvertüre

5 EL Erythrit

1 TL flüssiger Steviaextrakt, nach Belieben auch weniger oder mehr

1 großes Ei

2 TL Himbeerextrakt

¼ TL feines Meersalz

FÜR DEN BELAG

3 große Eier

110 g Erythrit

60 ml Limetten- oder Zitronensaft

2 TL Himbeerextrakt

1 TL flüssiger Steviaextrakt

½ TL Backpulver

¼ TL feines Meersalz

ZUM SERVIEREN

60 ml milchfreier Schokoladensirup (Seite 342), nach Belieben

---

Wenn Sie ein Dessert suchen, das nicht nur lecker ist, sondern auch bei Kindern Anklang findet, sollten Sie diesen Kuchen ausprobieren. Entstanden ist das Rezept, als eine meiner Klientinnen ein milch- und nussfreies Dessert für ihren Sohn brauchte, der zudem nicht gerne Obst aß. Später erzählte sie mir, der Junge sei begeistert von dem Kuchen, weil ihm auf diese Art sogar Obst schmeckte.

Statt des Himbeerextrakts können Sie ganz nach Belieben auch einen anderen Fruchtextrakt verwenden, zum Beispiel Erdbeere oder Kirsche.

1. Den Backofen auf 160 °C vorheizen. Ein rundes Blech (Durchmesser 20 cm) mit Backpapier auslegen.

2. Für den Kuchenboden das Kokosöl in einem Topf auf mittlerer Stufe erhitzen. Die Kuvertüre nach und nach in kleinen Portionen unterrühren (aufpassen, dass nichts anbrennt). Dann Erythrit und Steviaextrakt gründlich untermischen.

3. Bei Verwendung von Butter diese bräunen, weil es weitaus besser schmeckt: Auf hoher Stufe unter ständigem Rühren erhitzen, bis die Butter schäumt und braune Flecken bildet. Vom Herd nehmen und die drei weiteren Zutaten unterrühren.

4. Die Mischung 10 Minuten im Kühlschrank abkühlen lassen. Anschließend das Ei sowie Himbeerextrakt und Salz gründlich unterrühren.

5. Den Teig auf das Blech geben, gleichmäßig verstreichen und 15 Minuten vorbacken. Aus dem Ofen nehmen und abkühlen lassen.

6. Alle Zutaten für den Belag in eine mittelgroße Schüssel geben und sehr gründlich mischen.

7. Den Belag auf den vorgebackenen Boden geben und gleichmäßig verstreichen. Den Kuchen weitere 15 bis 20 Minuten backen, bis der Belag fest ist. Aus dem Ofen nehmen und abkühlen lassen.

8. Zum Servieren den Kuchen auf eine Kuchenplatte setzen und nach Belieben mit Schokoladensirup beträufeln.

9. In einem luftdicht verschließbaren Behälter hält sich der Kuchen im Kühlschrank oder im Gefriergerät bis zu einer Woche.

NÄHRWERTE (pro Portion)

kcal	F	E	KH	B
177	15,6 g	7 g	2,8 g	1,6 g
	79 %	16 %	6 %	

SCHLAGSAHNE IM VORAUS ZUBEREITEN:

Wenn man Schlagsahne fürs Dessert benötigt und sie im Voraus zubereitet, ist sie meistens zusammengefallen, wenn man beim Nachtisch angelangt ist. Um das zu verhindern, gibt es aber einen Trick: 1½ Esslöffel Wasser in einen Topf geben und ½ Teelöffel nicht aromatisiertes Gelatinepulver unterrühren. Drei Minuten stehen lassen, dann bei geringer Hitze erwärmen, bis sich die Gelatine aufgelöst hat. 360 Milliliter kalte Schlagsahne, 3 Esslöffel pulverisiertes Erythrit oder einige Tropfen flüssigen Steviaextrakt und das Mark einer Vanilleschote oder 1 Teelöffel Vanilleextrakt in eine große Schüssel geben. Die Sahne mit dem Handrührgerät steif schlagen, bis die Quirle Spuren hinterlassen. Die Gelatine hinzufügen und die Sahne bei hoher Geschwindigkeit steif schlagen, bis sie Spitzen bildet. Zugedeckt in den Kühlschrank stellen. So bleibt die Sahne bis zu einem Tag lang richtig schön steif – noch nicht einmal die Spitzen fallen zusammen.

Apfel-Karamellbonbons

KETO | NUSS FREI

VORBEREITUNG: 10 Minuten plus 8 Stunden Kühlzeit
GARZEIT: 5 Minuten
MENGE: 24 Bonbons (2 Stück pro Portion)

240 g ungesalzene Butter
3 EL Erythrit
1 TL flüssiger Steviaextrakt
225 g Mascarpone oder Doppelrahmfrischkäse
1 TL Apfelextrakt oder einige Tropfen Apfelöl
¼ TL feines Meersalz

KÜCHENGERÄT

Handrührgerät

Meine Klienten mit kleinen Kindern bitte ich gerne, meine neuen Rezepte zu testen. Wenn es darum geht, beim Essen etwas Neues auszuprobieren, können Kinder ja ziemlich wählerisch sein. Dieses Rezept hat den Test der Kids mit Bravour bestanden! Eine der Mütter musste sogar ein paar Bonbons verstecken, um sich selbst eine Kostprobe zu sichern.

1. Ein 20 × 20 cm großes Backblech so mit Backpapier auslegen, dass das Papier über den Rand hinausragt. (So lässt sich später die Bonbonmasse leichter herausnehmen.)

2. Die Butter in einem mittelgroßen Topf auf mittlerer Stufe unter ständigem Rühren erhitzen, bis sie schäumt und die ersten braunen Flecken bildet. Erythrit und Steviaextrakt hinzufügen und 5 Minuten weiterrühren, damit sich die Zutaten gut miteinander verbinden. Vom Herd nehmen.

3. Mit dem Handrührgerät bei niedriger Geschwindigkeit Mascarpone oder Doppelrahmfrischkäse, Apfelextrakt oder -öl und das Salz unter die gesüßte Butter rühren. Die Mischung 5 Minuten abkühlen lassen, dann weiterrühren, bis eine glatte Masse entstanden ist. (Oder in den Mixer geben und glatt pürieren.)

4. Die Masse auf das Backblech geben und zu einer gleichmäßig dicken Schicht verstreichen. Zum Verfestigen über Nacht in den Kühlschrank stellen.

5. Die Bonbonmasse auf dem Backblech in 2,5 cm große Würfel schneiden.

6. In einem luftdicht verschließbaren Behälter halten sich die Bonbons im Kühlschrank bis zu einer Woche und im Gefriergerät bis zu einem Monat.

NÄHRWERTE (pro Portion)				
kcal	F	E	KH	B
165	17,1 g	2,5 g	1,2 g	0 g
	93 %	6 %	3 %	

DESSERTS UND ANDERE SÜSSE LECKEREIEN

Milchfreier Schoko-Eiershake

 KETO | MILCH FREI

VORBEREITUNG: 2 Minuten
MENGE: 1 Portion

1 Portion milchfreiem Schokoladensirup (Seite 342)

90 ml ungesüßte Mandelmilch

150 ml Mineralwasser mit Kohlensäure

Das in den USA unter dem Namen „Egg Cream" bekannte und beliebte Getränk wurde Ende des 19. Jahrhunderts in New York als preisgünstiges Erfrischungsgetränk erfunden. Es enthält nur ein bisschen Schokoladensirup, kalte Milch und kohlensäurehaltiges Mineralwasser – von Eiern keine Spur, trotz des Namens.

Damit es am Ende ein spritziges, erfrischendes Getränk wird, verrate ich Ihnen einen Trick: Geben Sie den Schokoladensirup und die Milch in das Glas und verrühren Sie diese beiden Zutaten erst einmal gründlich. Erst danach füllen Sie mit Mineralwasser auf und rühren maximal einmal kurz um. So bleibt die prickelnde Kohlensäure erhalten. Was passiert, wenn Sie alle drei Zutaten gleichzeitig mischen? Sie müssen lange und kräftig rühren, damit sich Milch und Sirup verbinden, wodurch sich die Kohlensäure verflüchtigt – und damit leider auch die prickelnde Frische.

1. Schokoladensirup und Mandelmilch in ein Glas geben und gründlich mischen. Das Mineralwasser zugießen – und das prickelnde Getränk genießen.

NÄHRWERTE (pro Portion)

kcal	F	E	KH	B
78	7,3 g	1,1 g	2,1 g	0 g
	84%	6%	11%	

Brownies

KETO

VORBEREITUNG: 12 Minuten plus 40 Minuten Kühlzeit

GARZEIT: 35 Minuten

MENGE: 16 Brownies (1 Stück pro Portion)

FÜR DEN TEIG

Fett für die Backform

180 ml Kokosöl oder 180 g ungesalzene Butter

200 g ungesüßte dunkle Kuvertüre, fein zerkleinert

275 g Erythrit

Mark einer Vanilleschote (ca. 15 cm) oder 1 TL Vanilleextrakt

1 TL Mandelextrakt

¼ TL feines Meersalz

6 große Eier, getrennt

FÜR DIE SCHOKOBRÖCKCHEN ODER -CHIPS

60 g Kakaobutter

110 g ungesüßte dunkle Kuvertüre, fein zerkleinert

5 EL Erythrit

1 TL Vanilleextrakt oder Pfefferminzextrakt

⅛ TL feines Meersalz

FÜR DIE GLASUR

240 g ungesalzene Butter

3 EL Erythrit

1 TL flüssiger Steviaextrakt

225 g Mascarpone oder Doppelrahmfrischkäse

120 ml ungesüßte Mandelmilch

¼ TL feines Meersalz

ZUM SERVIEREN

60 ml milchfreier Schokoladensirup (Seite 342), nach Belieben

---

Eine meiner Klientinnen lobte das Rezept: „Die Brownies sind reichhaltig, die Schokolade enthält wertvolle Inhaltsstoffe und die Glasur fügt eine süße Cremigkeit hinzu. Diese Komponenten passen außerordentlich gut zusammen und ergänzen einander."

1. Den Backofen auf 160 °C vorheizen. Ein Brownie-Backblech (quadratische Springform; 23 × 23 cm) oder ersatzweise eine runde Springform (Durchmesser 26 cm) gut einfetten.

2. Für den Teig Kokosöl oder Butter in einem Topf bei mittlerer Hitze schmelzen lassen und unter ständigem Rühren die Kuvertüre in kleinen Portionen hinzufügen. Wenn die Kuvertüre vollkommen geschmolzen ist, Erythrit, Vanillemark oder -extrakt, Mandelextrakt und Salz unterrühren. 10 Minuten im Kühlschrank abkühlen lassen.

3. Inzwischen das Eiweiß mit dem Handrührgerät oder in der Küchenmaschine sehr steif schlagen. Bei niedriger Geschwindigkeit die Eigelbe unterrühren.

4. Die abgekühlte, aber noch handwarme Masse bei geringer Geschwindigkeit unter die Eiermischung rühren. Den Teig in die Backform geben und zu einer gleichmäßig dicken Schicht verstreichen.

5. Den Teig etwa 18 Minuten backen, bis er sich vom Rand löst und an einem hineingestochenen Holzstäbchen nichts mehr hängen bleibt. Aus dem Ofen nehmen, auf ein Kuchengitter setzen und den Rand der Backform entfernen. Etwa 30 Minuten abkühlen lassen.

6. Inzwischen ein ca. 23 × 23 cm großes Backblech mit Backpapier auskleiden.

7. Für die Schokobröckchen oder -Chips die Kakaobutter und Kuvertüre im Wasserbad bei mittlerer Hitze 5 bis 8 Minuten vollkommen schmelzen lassen. Dabei ständig rühren. Erythrit, Vanille- oder Pfefferminzextrakt und das Salz hinzufügen und gründlich unterrühren.

8. Für die Schokobröckchen die Schokomasse in einer dünnen Schicht auf dem Backpapier verstreichen. Zum Aushärten 1 Stunde in den Kühlschrank oder 5 Minuten ins Gefriergerät stellen. Die Schokolade in Stückchen hacken.

9. Für die Schoko-Chips die Schokomasse in einen Spritzbeutel füllen und ca. 0,5 cm große Tupfen in kleinen Abständen auf das Backpapier spritzen. Aushärten lassen wie in Schritt 8 beschrieben.

KÜCHENGERÄT

Küchenmaschine

10. Für die Glasur die Butter in einem Topf auf mittlerer Stufe unter ständigem Rühren erhitzen, bis sie schäumt und sich die ersten braunen Flecken bilden. Erythrit und Steviaextrakt zugeben und 5 Minuten weiterrühren, damit sich die Zutaten gut verbinden. Vom Herd nehmen.

11. Mascarpone oder Doppelrahmfrischkäse, Mandelmilch und Salz hinzufügen und mit dem Handrührgerät bei geringer Geschwindigkeit untermischen. Etwa 15 Minuten im Kühlschrank abkühlen lassen. Anschließend die Schokobröckchen oder -Chips unterheben.

12. Den abgekühlten Brownie-Kuchen in ca. 5 cm große Würfel schneiden. Nur die Brownies, die gleich verzehrt werden, mit Glasur überziehen und nach Belieben mit Schokoladensirup beträufeln.

13. Zum Aufbewahren Brownies und Glasur in separate, luftdicht verschließbare Behälter geben. Im Kühlschrank halten sie sich bis zu einer Woche, im Gefriergerät bis zu einem Monat.

14. Aufbewahrte Brownies kurz vor dem Servieren im Backofen oder in der Mikrowelle erwärmen bzw. auftauen und anschließend mit der Glasur überziehen.

NÄHRWERTE (pro Portion)

kcal	F	E	KH	B
427	41,6 g	6,5 g	6,4 g	4,2 g
	88 %	6 %	6 %	

Milchfreier Schokoladensirup

VORBEREITUNG: 5 Minuten
GARZEIT: 10 Minuten
MENGE: ca. 0,5 Liter (1,5 EL pro Portion)

60 g ungesüßte dunkle Kuvertüre, fein zerkleinert

2 EL Kokosöl

180 ml vollfette Kokosmilch aus der Dose

220 g Erythrit

1 TL flüssiger Steviaextrakt

¼ TL feines Meersalz

Mark einer Vanilleschote (ca. 15 cm) oder 1 TL Vanilleextrakt

½ TL Mandelextrakt

1. Kuvertüre und Kokosöl im Wasserbad bei mittlerer Hitze unter ständigem Rühren schmelzen lassen. Kokosmilch, Erythrit, Steviaextrakt und Salz gründlich unterrühren.

2. Weiterhin unter ständigem Rühren den Sirup kurz zum Kochen bringen. Vom Herd nehmen und Vanillemark oder -extrakt sowie den Mandelextrakt unterrühren. Abkühlen lassen, damit der Sirup andickt.

3. Zum Aufbewahren den Sirup in ein luftdicht verschließbares Glas füllen. So hält er sich im Kühlschrank bis zu zwei Wochen.

NÄHRWERTE (pro Portion)

kcal	F	E	KH	B
33	3,1 g	0,4 g	0,9 g	0 g
	84 %	5 %	11 %	

Glasiertes Pfefferminzeis am Stiel

KETO

VORBEREITUNG: 10 Minuten plus 3½ Stunden Gefrierzeit
GARZEIT: 5 Minuten
MENGE: 12 Eis am Stiel (1 Stück pro Portion)

FÜR DIE EISCREME

480 ml ungesüßte, mit Vanille aromatisierte Mandelmilch

110 g Doppelrahmfrischkäse

½ Avocado, grob gewürfelt

1 kleine Handvoll frische Pfefferminzblätter

2 EL Erythrit

1 TL flüssiger Steviaextrakt, nach Belieben mehr

1 TL Pfefferminzextrakt

GESUNDE ZUSÄTZE (NACH BELIEBEN)

1 EL Aloe vera

1 EL L-Glutamin in Pulverform

1 EL Bio-Gelatine

FÜR DIE GLASUR

2 EL ungesalzene Butter oder Kokosöl

30 g ungesüßte dunkle oder hellbraune Kuvertüre, fein zerkleinert

10 EL Crème double (40 % Fett) oder vollfette Kokosmilch aus der Dose

3 EL Erythrit

1 TL flüssiger Steviaextrakt

ZUM GARNIEREN

Frische Pfefferminzblätter

1. Alle Zutaten für die Eiscreme sowie nach Belieben die gesunden Zusätze in den Mixer geben und zu einer sehr glatten Creme pürieren. Die Creme in zwölf Mini-Backförmchen aus Papier füllen und jeweils in die Mitte einen Eisstiel stecken. Die Förmchen auf ein Tablett stellen und dieses mindestens 3 Stunden ins Gefriergerät stellen, bis die Creme gefroren ist.

2. Wenn das Eis gefroren ist, die Glasur zubereiten: Butter oder Kokosöl und die Kuvertüre im Wasserbad bei mittlerer Hitze unter ständigem Rühren schmelzen lassen. Crème double oder Kokosmilch, Erythrit und Steviaextrakt unterrühren. Vom Herd nehmen und weiterrühren, bis die Glasur glatt und angedickt ist.

3. Ein Backblech mit hohem Rand, das ins Gefriergerät passt, mit Backpapier auslegen und am besten ein Kuchengitter daraufsetzen.

4. Das Eis aus dem Gefriergerät holen und die Papierförmchen entfernen.

5. Jedes Eis am Stiel bis auf halbe Höhe von oben in die Glasur tauchen und ein Pfefferminzblatt obenauf legen. Anschließend das Eis schräg auf das Backblech legen bzw. in das Kuchengitter stecken. Mindestens 30 Minuten ins Gefriergerät stellen, bis die Glasur fest ist.

KÜCHENGERÄTE

Mixer | 12 Eisstiele | 12 Mini-Backförmchen aus Papier

NÄHRWERTE (pro Portion)

kcal	F	E	KH	B
96	8,3 g	2,7 g	2,9 g	1,5 g
	78 %	11 %	12 %	

Kürbiseiscreme

KETO **NUSS FREI** **MILCH FREI**

VORBEREITUNG: 20 Minuten
GARZEIT: 10 Minuten
MENGE: ca. 1,2 Liter (120 ml pro Portion)

---

480 ml vollfette Kokosmilch aus der Dose oder (wenn verträglich) Crème double (40 % Fett)

5 Eigelbe von großen Eiern

150 g Erythrit

Mark einer Vanilleschote (ca. 15 cm) oder 1 TL Vanilleextrakt

2 TL Kürbisextrakt

1 TL orangefarbene Lebensmittelfarbe

1 TL Butteraroma oder Butteröl, nach Belieben

½ TL feines Meersalz

½ TL Zimt

¼ TL geriebene Muskatnuss

KÜCHENGERÄTE

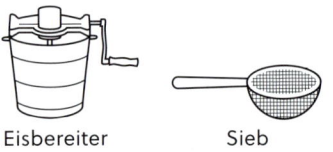

Eisbereiter   Sieb

1. Alle Zutaten in eine große Schüssel geben und gründlich mischen. Die Mischung in einen mittelgroßen Topf geben und 10 Minuten unter ständigem Rühren köcheln lassen, bis sie so angedickt und cremig ist, dass sie an der Rückseite eines Löffels haften bleibt. Vom Herd nehmen und die Creme durch ein Sieb streichen. Kalt werden lassen.

2. Die Creme in der Eismaschine gemäß Gebrauchsanweisung des Herstellers zu Eiscreme verarbeiten.

3. Eiscreme, die nicht gleich verzehrt wird, in einem luftdicht verschließbaren Behälter im Gefriergerät aufbewahren.

NÄHRWERTE (pro Portion)				
kcal	F	E	KH	B
112	11,2 g	1,8 g	1,2 g	0 g
	90 %	6 %	4 %	

Käsetorte mit Zimtspirale

KETO

VORBEREITUNG: 15 Minuten
GARZEIT: 1 Stunde 10 Minuten plus 4 Stunden Ruhezeit
MENGE: 12 Portionen

FÜR DEN BODEN

3½ EL ungesalzene Butter oder Kokosöl

40 g ungesüßte dunkle Kuvertüren, fein zerkleinert

5 EL Erythrit

1 TL flüssiger Steviaextrakt

1 großes Ei, verquirlt

2 TL Zimt

Mark einer Vanilleschote (ca. 15 cm) oder 1 TL Vanilleextrakt

¼ TL feines Meersalz

FÜR DIE KÄSEFÜLLUNG

900 g Doppelrahmfrischkäse

165 g Erythrit

1 TL flüssiger Steviaextrakt

120 ml ungesüßte Mandelmilch

Mark einer Vanilleschote (ca. 15 cm) oder 1 TL Vanilleextrakt

¼ TL Mandelextrakt

¼ TL feines Meersalz

3 große Eier

FÜR DIE ZIMTSPIRALE

6 EL ungesalzene Butter

120 g pulverisiertes Erythrit

½ TL flüssiger Steviaextrakt

Mark einer Vanilleschote (ca. 15 cm) oder 1 TL Vanilleextrakt

1 EL Zimt

¼ TL feines Meersalz

1. Den Backofen auf 160 °C vorheizen. Eine Springform (Durchmesser 26 cm) mit Backpapier auslegen.

2. Für den Boden: Bei Verwendung von Butter diese bräunen, weil es weitaus besser schmeckt. Dazu die Butter in einem Topf auf hoher Stufe unter ständigem Rühren erhitzen, bis sie schäumt und sich braune Flecken bilden. Vom Herd nehmen und 10 Minuten abkühlen lassen.

3. Bei Verwendung von Kokosöl dieses in einem Topf bei mittlerer Hitze schmelzen lassen.

4. Die Kuvertüre in kleinen Portionen unter die Butter oder das Kokosöl rühren, bis sie geschmolzen ist (aufpassen, dass nichts anbrennt). Erythrit und Steviaextrakt unterrühren. Im Kühlschrank kalt werden lassen.

5. Ei, Zimt, Vanillemark oder -extrakt und Salz in die kalte Schokomasse geben und das Ganze zu einem glatten Teig verrühren.

6. Den Teig in die Springform füllen und zu einer gleichmäßigen Schicht verstreichen. Griffbereit beiseitestellen.

7. Alle Zutaten für die Füllung – bis auf die Eier – in eine Schüssel geben und mit dem Handrührgerät (oder in der Küchenmaschine) verrühren. Die Eier eines nach dem anderen gründlich unterrühren.

8. Die Hälfte der Füllung in die Springform auf den Teigboden geben und gleichmäßig verstreichen. Die restliche Füllung kurz beiseitestellen.

9. Für die Zimtspirale die Butter in einem Topf auf hoher Stufe unter ständigem Rühren erhitzen, bis sie schäumt und sich braune Flecken bilden. Erythrit, Steviaextrakt, Vanillemark oder -extrakt, Zimt und Salz gründlich unterrühren. Vom Herd nehmen und etwas abkühlen lassen.

10. Die Hälfte der Butter-Zimt-Mischung mit einem Löffel spiralförmig auf die Füllung in der Springform träufeln und die Linie mit einem breiten Messer nachziehen. Die restliche Füllung hinzufügen und glatt verstreichen. Zum Schluss mit der restlichen Butter-Zimt-Mischung wie beschrieben erneut eine Spirale „zeichnen".

11. Boden und Ring der Springform von außen mit Alufolie so umhüllen, dass kein Wasser eindringen kann. Die Form in eine große Pfanne oder in ein Backblech mit hohem Rand stellen. In den Backofen schieben und so viel heißes Wasser einfüllen, dass es etwa bis zur halben Höhe des Springformrandes reicht.

12. Die Torte 55 Minuten backen. Aus dem Ofen nehmen und im Wasser stehend abkühlen lassen. Anschließend die Torte in der Springform 5 Stunden oder über Nacht in den Kühlschrank stellen – wo sie sich bis zu sieben Tage hält.

KÜCHENGERÄT

Handrührgerät oder
Küchenmaschine

TIPP:

Das Wasserbad hilft, die Torte gleichmäßig durchzubacken. Wenn Sie auf das Wasser verzichten wollen, beachten Sie bitte Folgendes: Die Springform auf ein Blech stellen, das herausrinnende Flüssigkeit auffängt. Um Risse in der Torte zu verhindern, den Ofen nach der Backzeit ausstellen, die Torte im Ofen belassen und bei geschlossener Tür 5 bis 6 Stunden abkühlen lassen.

NÄHRWERTE (pro Portion)

kcal	F	E	KH	B
252	19,7 g	12,2 g	6,8 g	1,3 g
	70 %	19 %	11 %	

Chai-Panna-cotta

 KETO NUSS FREI MILCH FREI

VORBEREITUNG: 7 Minuten plus 2 Stunden Kühlzeit
MENGE: 6 Portionen

---

240 ml stark aufgebrühter Masala chai (indischer Gewürztee)

1 EL Bio-Gelatinepulver

240 ml Kokosnusscreme oder vollfette Kokosmilch aus der Dose oder (wenn verträglich) Crème double (40 % Fett)

Mark einer Vanilleschote (ca. 15 cm) oder 1 TL Vanilleextrakt

5 EL Erythrit

1 TL flüssiger Steviaextrakt

1 EL Zimt

¼ TL feines Meersalz

1. Den Tee in eine große hitzebeständige Schüssel geben. Die Gelatine hineinrieseln lassen und dabei ständig mit dem Schneebesen verquirlen, bis sie sich aufgelöst hat, damit sich keine Klümpchen bilden. Weiterrühren und Kokosnusscreme oder Kokosmilch oder Crème double sowie Vanillemark oder -extrakt gründlich untermischen.

2. Erythrit, Steviaextrakt, Zimt und Salz hinzufügen und das Ganze gründlich mischen.

3. Das Chai-Panna-cotta in Dessertgläser füllen und vor dem Servieren etwa 2 Stunden im Kühlschrank kühlen.

NÄHRWERTE (pro Portion)

kcal	F	E	KH	B
176	16,3 g	3 g	4,1 g	0 g
	83 %	7 %	9 %	

Zitroneneiscreme

KETO | NUSS FREI | MILCH FREI

VORBEREITUNG: 30 Minuten
plus 15 Minuten Ruhezeit

GARZEIT: 12 Minuten

MENGE: 1,4 Liter (120 ml pro Portion)

---

220 g pulverisiertes Erythrit

1 TL flüssiger Steviaextrakt

120 ml Zitronensaft

1 EL abgeriebene Zitronenschale

4 große Eier, verquirlt

120 ml Kokosöl oder 120 g ungesalzene Butter

¼ TL feines Meersalz

360 ml vollfette Kokosmilch aus der Dose oder Crème double (40 % Fett)

1 TL Erdbeerextrakt oder ein anderer Fruchtextrakt, nach Belieben

---

KÜCHENGERÄT

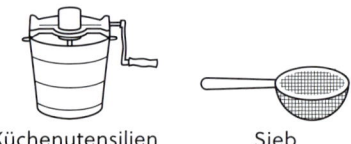

Küchenutensilien   Sieb

1. Erythrit, Steviaextrakt, Zitronensaft und -schale und die Eier – ohne Hitze – in einen mittelgroßen Topf geben und gründlich mischen. Butter und Salz hinzufügen und nun bei mittlerer Hitze die Mischung 12 Minuten rühren, bis sie so andickt und cremig ist, dass sie an der Rückseite eines Löffels haften bleibt. Die Mischung darf nicht aufkochen, sollte aber etwa 75 °C erreichen.

2. Die Zitronencreme durch ein Sieb in eine mittelgroße Schüssel streichen und diese mindestens 15 Minuten in eine größere Schüssel mit Eiswasser stellen. Die Creme zwischendrin umrühren und vollständig abkühlen lassen.

3. Kokosmilch oder Crème double unter die abgekühlte Zitronencreme rühren und nach Belieben einen Fruchtextrakt untermischen.

4. Die Mischung in der Eismaschine gemäß Gebrauchsanleitung des Herstellers zu Eiscreme verarbeiten.

5. Zum Aufbewahren die Zitroneneiscreme in einem luftdicht verschließbaren Behälter ins Gefriergerät stellen und innerhalb von zwei Wochen verbrauchen.

ZEITSPARTIPP:

Die Zitroneneiscreme kann auch einen Tag im Voraus zubereitet werden. So haben Sie am nächsten Tag ein leckeres Dessert ohne Arbeit.

NÄHRWERTE (pro Portion)

kcal	F	E	KH	B
101	10 g	2,3 g	0,5 g	0 g
	89 %	9 %	2 %	

Mandel-Mokka-Torte

KETO

VORBEREITUNG: 40 Minuten
GARZEIT: 50 Minuten
MENGE: 16 Portionen

FÜR DEN TEIG

180 ml Kokosöl oder 180 g ungesalzene Butter

200 g ungesüßte dunkle Kuvertüre, fein zerkleinert

275 g pulverisiertes Erythrit

1 TL Vanilleextrakt

1 TL Mandelextrakt

¼ TL feines Meersalz

6 große Eier, getrennt

FÜR DEN SIRUP

160 ml aufgebrühter koffeinfreier Espresso oder Kaffee

180 ml ungesüßte, mit Vanille aromatisierte Mandelmilch

5 EL Erythrit

½ TL flüssiger Steviaextrakt

1 TL Kahlúa (Kaffeelikör)

¼ TL feines Meersalz

FÜR DIE ESPRESSO-MOUSSE

110 g pulverisiertes Erythrit

1 TL flüssiger Steviaextrakt

60 ml aufgebrühter koffeinfreier Espresso oder Kaffee

2 große Eier

1 EL ungesüßtes Kakaopulver

60 ml Kokosöl oder (wenn verträglich) 60 g ungesalzene Butter

½ TL feines Meersalz

1 TL Vanilleextrakt

½ TL Mandelextrakt

FÜR DIE GLASUR

240 g ungesalzene Butter

3 EL pulverisiertes Erythrit

1 TL flüssiger Steviaextrakt

1. Den Backofen auf 160 °C vorheizen. Zwei kleine Springformen (jeweils 15 cm Durchmesser) mit Backpapier auslegen.

2. Für den Teig Kokosöl oder Butter in einem Topf auf mittlerer Stufe erhitzen und die Kuvertüre in kleinen Portionen unterrühren (aufpassen, dass nichts anbrennt). Erythrit, Vanille- und Mandelextrakt und das Salz untermischen. Die Schokoladenmischung im Kühlschrank handwarm abkühlen lassen.

3. Das Eiweiß in der Küchenmaschine oder mit dem Handrührgerät steif schlagen, bis der Eischnee Spitzen bildet. Die Eigelbe eines nach dem anderen bei niedrigster Geschwindigkeit untermischen.

4. Die abgekühlte Schokoladenmischung mit einem Küchenspatel unter die Eimasse heben. Den Teig gleichmäßig auf die beiden Springformen verteilen und die Oberfläche glatt streichen.

5. Die beiden Kuchen 18 Minuten backen, bis sich der Teig vom Rand löst und an einem hineingestochenen Holzstäbchen nichts mehr hängen bleibt. Auf einem Kuchengitter in den Springformen 30 Minuten abkühlen lassen. Danach die Kuchen auf die Arbeitsfläche stürzen und jeweils waagerecht in der Mitte durchschneiden, sodass vier Kuchenböden entstehen.

6. Inzwischen alle Zutaten für den Sirup in einen kleinen Topf geben und bei mittlerer Hitze zum Kochen bringen. Dabei kräftig rühren. Vom Herd nehmen und beiseite stellen.

7. Für die Mousse Erythrit, Steviaextrakt, Espresso, Eier und Kakaopulver – ohne Hitze – in einen mittelgroßen Topf geben und gründlich mischen. Kokosöl oder Butter und Salz hinzufügen und nun bei mittlerer Hitze die Mousse 12 Minuten rühren, bis sie so andickt und cremig ist, dass sie an der Rückseite eines Löffels haften bleibt. Die Mousse darf nicht aufkochen, sollte aber mindestens 75 °C erreichen.

8. Die Mousse durch ein Sieb in eine mittelgroße Schüssel streichen und Vanille- sowie Mandelextrakt unterrühren. Die Schüssel mindestens 15 Minuten in eine größere Schüssel mit Eiswasser stellen, bis die Mousse vollkommen abgekühlt ist. Zwischendrin umrühren.

9. Für die Glasur die Butter in einem Topf auf mittlerer Stufe unter ständigem Rühren erhitzen, bis sie schäumt und sich die ersten braunen Flecken bilden. Erythrit und Steviaextrakt hinzufügen und 5 bis 8 Minuten weiterrühren, bis sich alle Zutaten gut miteinander verbunden haben. Vom Herd nehmen.

10. Mascarpone oder Doppelrahmfrischkäse, Mandelmilch und Salz mit dem Handrührgerät bei niedriger Geschwindigkeit unterrühren, bis eine glatte Glasur entstanden ist. Abkühlen lassen.

- 225 g Mascarpone oder Doppelrahmfrischkäse
- 120 ml ungesüßte Mandelmilch
- ¼ TL feines Meersalz
- Mandelstifte oder -blättchen, nach Belieben

KÜCHENGERÄTE

Sieb   Küchenmaschine

11. Für die Torte einen Kuchenboden auf eine Tortenplatte legen und mit 2 Esslöffeln Sirup bestreichen. Ein Drittel der Mousse in einer gleichmäßigen Schicht darauf verteilen, dabei am Rand einen Zentimeter frei lassen. Den zweiten Boden auflegen und genauso verfahren, ebenso mit dem dritten. Zum Schluss den vierten Boden auflegen und leicht anpressen.

12. Oberfläche und ringsherum die Seite der Torte gleichmäßig mit Glasur bestreichen. Nach Belieben die Torte an der Seite mit Mandelstiften oder -blättchen garnieren.

ZEITSPARTIPP:

Die Tortenböden schmecken mehr nach „richtigem" Kuchen, wenn man sie über Nacht in den Kühlschrank legt. Man kann sie also einen Tag im Voraus backen. Auch die Mousse können Sie schon am Tag zuvor zubereiten. So brauchen Sie am nächsten Tag nur noch die Glasur zubereiten und die Torten zusammensetzen.

NÄHRWERTE (pro Portion)

kcal	F	E	KH	B
375	36,9 g	6,4 g	4,4 g	2 g
	89%	7%	5%	

DAS KETO-KOCHBUCH

Mokkaeis am Stiel

KETO | NUSS FREI

VORBEREITUNG: 5 Minuten plus 2 Stunden Gefrierzeit
GARZEIT: 5 Minuten
MENGE: 4 Eis am Stiel (1 Stück pro Portion)

FÜR DIE EISCREME

3 EL aufgebrühter koffeinfreier Espresso

110 g Mascarpone, zimmerwarm, oder (bei Milchunverträglichkeit) Kokosnusscreme

180 ml ungesüßte, mit Vanille aromatisierte Mandelmilch oder vollfette Kokosmilch aus der Dose

3 EL pulverisiertes Erythrit

¼ TL flüssiger Steviaextrakt

1 TL Rumextrakt

¼ TL feines Meersalz

FÜR DIE GLASUR

60 ml Kokosöl oder (wenn verträglich) 60 g ungesalzene Butter

30 g ungesüßtes Kakaopulver

2 EL pulverisiertes Erythrit

¼ TL flüssiger Steviaextrakt

1 Prise feines Meersalz

KÜCHENGERÄT

4 Eisstiele | 4 Mini-Backförmchen aus Papier

1. Alle Zutaten für die Eiscreme in eine mittelgroße Schüssel geben und zu einer glatten Creme verrühren.

2. Die Creme in vier Mini-Backförmchen aus Papier füllen und jeweils in die Mitte einen Eisstiel stecken. Die Förmchen mindestens 2 Stunden ins Gefriergerät stellen, bis die Creme gefroren ist.

3. Inzwischen für die Glasur Kokosöl oder Butter in einem Topf bei niedriger Hitze schmelzen lassen. Kakaopulver, Erythrit, Stevia- und Rumextrakt sowie das Salz unterrühren. Weiterrühren, bis die Glasur glatt ist. Auf Zimmertemperatur abkühlen lassen.

4. Die Eiscreme aus dem Gefriergerät holen und die Papierförmchen entfernen.

5. Jedes Eis am Stiel bis auf halbe Höhe von oben in die Glasur tauchen und anschließend schräg auf einen Teller legen. Mindestens 30 Minuten ins Gefriergerät stellen, bis die Glasur fest ist.

NÄHRWERTE (pro Portion)

kcal	F	E	KH	B
251	25,3 g	3,2 g	3,1 g	1,2 g
	91 %	5 %	5 %	

Blitzschnelles Toffee-Eis am Stiel

KETO

VORBEREITUNG: 5 Minuten plus 2 Stunden Gefrierzeit

MENGE: 4 Eis am Stiel (1 Stück pro Portion)

---

240 ml ungesüßte Mandelmilch

60 g Doppelrahmfrischkäse, zimmerwarm

3 EL ungesüßtes Kakaopulver

2 TL pulverisiertes Erythrit oder 1 Tropfen flüssiger Steviaextrakt

1 TL Toffee-Extrakt

1 Prise feines Meersalz

KÜCHENGERÄT

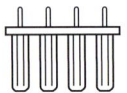

4 Förmchen für Eis am Stiel

1. Alle Zutaten in den Mixer geben und zu einer glatten Creme pürieren oder in einer Schüssel sehr gründlich verrühren. Nach Belieben nachsüßen.

2. Die Creme in die Eisförmchen füllen und diese mindestens 2 Stunden ins Gefriergerät geben, bis die Creme vollkommen gefroren ist.

NÄHRWERTE (pro Portion)				
kcal	F	E	KH	B
46	2,7 g	2,8 g	2,6 g	0 g
	53 %	24 %	23 %	

Chai-„Zucker"

KETO · NUSSFREI · MILCHFREI

VORBEREITUNG: 2 Minuten
MENGE: ca. 250 g (2 EL pro Portion)

- 240 g granuliertes Erythrit
- 2 TL gemahlener Kardamom
- 2 TL Zimt
- ¼ TL Ingwerpulver
- ¼ TL Nelkenpulver
- Mark von 2 Vanilleschoten (je 15 cm)
- ¼ TL feines Meersalz

Dieser Chai-„Zucker" ist ein natürliches Süßungsmittel, das Ihren Tee nicht nur süßt, sondern zugleich aromatisiert. Er eignet sich auch für jedes Rezept, dem Sie eine aromareiche Süße verleihen möchten. Außerdem können Sie daraus leckere Kandisplätzchen (Seite 361) herstellen.

1. Alle Zutaten in einer mittelgroßen Schüssel gründlich mischen.
2. Den „Zucker" in kleine luftdicht verschließbare Gläser abfüllen und an einem dunklen Platz aufbewahren. Er hält sich bis zu sechs Monate.

NÄHRWERTE (pro Portion)

kcal	F	E	KH	B
3	0 g	0 g	0,5 g	0 g
	0 %	0 %	100 %	

Kandisplätzchen aus Chai-„Zucker"

KETO | **NUSS FREI** | **MILCH FREI**

VORBEREITUNG: 2 Minuten
GARZEIT: 15 Minuten
MENGE: 4 Portionen

250 g Chai-„Zucker" (Seite 360)
3 EL Kokosöl

ZUM SERVIEREN (NACH BELIEBEN)
milchfreie Vanilleeiscreme (Seite 322)
milchfreies Schoko-Eis mit Kirschsauce (Seite 324)
Zitroneneiscreme (Seite 352)

1. Den Backofen auf 175 °C vorheizen. Ein Backblech mit Backpapier auslegen.
2. Chai-„Zucker" und Kokosöl mit einer Gabel mischen, bis eine krümelige Masse (eine Art Streusel) entsteht.
3. Die Streusel in einer dünnen, dichten Schicht auf dem Backblech ausbreiten und 12 bis 15 Minuten im Ofen backen, bis der „Zucker" geschmolzen ist. Aus dem Ofen nehmen und zum Aushärten vollkommen abkühlen lassen.
4. Die ausgehärtete „Zucker"-Schicht in ungefähr gleich große Plätzchen zerbrechen.
5. Nach Belieben mit Eiscreme servieren oder pur verzehren.
6. In einem luftdicht verschließbaren Behälter halten sich die Kandisplätzchen bis zu einem Monat.

NÄHRWERTE (pro Portion)

kcal	F	E	KH	B
91	10,2 g	0 g	0,1 g	0 g
	100 %	0 %	0 %	

Toffees mit Schoko-Glasur

KETO | NUSS FREI

VORBEREITUNG: 8 Minuten
plus 15 Minuten Kühlzeit
GARZEIT: 10 Minuten
MENGE: 12 Portionen

FÜR DIE TOFFEES

60 g ungesalzene Butter

220 pulverisiertes Erythrit

1 TL flüssiger Steviaextrakt

Mark einer Vanilleschote (ca. 15 cm) oder 1 TL Vanilleextrakt

FÜR DIE GLASUR

60 ml Crème double (40 % Fett)

3 EL pulverisiertes Erythrit

½ TL flüssiger Steviaextrakt

Mark einer Vanilleschote (ca. 15 cm) oder 1 TL Vanilleextrakt

40 g ungesüßte dunkle Kuvertüre, fein zerkleinert

1. Eine eckige Backform (ca. 20 × 20 cm) mit Backpapier auslegen.
2. Die Butter in einem kleinen Topf auf mittlerer Stufe unter ständigem Rühren erhitzen, bis sie schäumt und braune Flecken bildet. Erythrit, Steviaextrakt und Vanillemark oder -extrakt hinzufügen und 5 Minuten weiterrühren, bis sich alle Zutaten gut miteinander verbunden haben. Vom Herd nehmen und 15 Minuten abkühlen lassen.
3. Die braune Butter (das Toffee) in die Backform füllen und mindestens 15 Minuten in den Kühlschrank stellen.
4. Für die Glasur Crème double, Erythrit, Steviaextrakt und Vanillemark oder -extrakt in einen kleinen Topf geben und bei mittlerer Hitze unter ständigem Rühren zum leichten Köcheln bringen. Vom Herd nehmen.
5. Die Kuvertüre hinzufügen und so lange rühren, bis sie vollkommen geschmolzen und glatt ist. Die Glasur auf das ausgehärtete Toffee träufeln.
6. Zum Servieren das Toffee in Stücke brechen.
7. Zum Aufbewahren das Toffee in einen luftdicht verschließbaren Behälter geben und in den Kühlschrank stellen, wo es sich bis zu zwei Wochen hält.

NÄHRWERTE (pro Portion)				
kcal	F	E	KH	B
60	6 g	0,5 g	1,1 g	0,8 g
	90 %	3 %	7 %	

Pfefferminzpralinen

 KETO — **NUSSFREI**

VORBEREITUNG: 3 Minuten
plus 2 Stunden Kühlzeit

GARZEIT: 5 Minuten

MENGE: 18 Pralinen (1 Stück pro Portion)

Fett für die Backform

240 ml Crème double (40 % Fett) oder (bei Milchunverträglichkeit) vollfette Kokosmilch aus der Dose

150 g pulverisiertes Erythrit

1 TL flüssiger Steviaextrakt

1 TL Pfefferminzextrakt

170 g ungesüßte dunkle Kuvertüre, fein zerkleinert

¼ TL feines Meersalz

1. Eine eckige Backform (ca. 20 × 20 cm) mit Backpapier auslegen und dieses einfetten, damit es sich später leichter entfernen lässt.

2. Crème double, Erythrit, Steviaextrakt und Pfefferminzextrakt in einen kleinen Topf geben und bei mittlerer Hitze unter ständigem Rühren zum leichten Köcheln bringen. Vom Herd nehmen.

3. Kuvertüre und Salz hinzufügen und so lange rühren, bis die Schokolade vollkommen geschmolzen und glatt ist.

4. Die Schoko-Mischung in die Backform geben und zu einer gleichmäßigen Schicht verstreichen. Mindestens 2 Stunden oder über Nacht in den Kühlschrank stellen. Anschließend in 18 Stücke schneiden.

5. Zum Aufbewahren die Pfefferminzpralinen in einen luftdicht verschließbaren Behälter geben und in den Kühlschrank stellen, wo sie bis zu einer Woche halten.

NÄHRWERTE (pro Portion)				
kcal	F	E	KH	B
99	8,2 g	2 g	4 g	3 g
	75 %	8 %	16 %	

Tiramisu-Pralinen

KETO **NUSSFREI**

VORBEREITUNG: 10 Minuten plus 2½ Stunden Kühlzeit

GARZEIT: 5 Minuten

MENGE: 24 Pralinen (1 Stück pro Portion)

FÜR DIE DUNKLE SCHICHT

225 g Crème double (40 % Fett)

225 g Mascarpone oder Doppelrahmfrischkäse, zimmerwarm

60 ml aufgebrühter koffeinfreier Espresso

120 ml pulverisiertes Erythrit

1 TL flüssiger Steviaextrakt

½ TL Rumextrakt oder Kahlúa (Kaffeelikör)

¼ TL feines Meersalz

110 g ungesüßte dunkle Kuvertüre, fein zerkleinert

FÜR DIE HELLE SCHICHT

225 g Mascarpone oder Doppelrahmfrischkäse, zimmerwarm

3 EL pulverisiertes Erythrit

1 TL Espressopulver

½ TL Rumextrakt oder Kahlúa

KÜCHENGERÄT

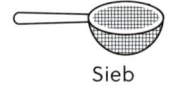

Sieb

1. Eine eckige Backform (ca. 20 × 20 cm) mit Backpapier auslegen und dieses einfetten, damit es sich später leichter entfernen lässt.

2. Für die dunkle Schicht Mascarpone oder Crème double, Espresso, Erythrit, Steviaextrakt, Rumextrakt oder Kahlúa und Salz in einen kleinen Topf geben und bei mittlerer Hitze unter ständigem Rühren zum leichten Köcheln bringen. Vom Herd nehmen.

3. Kuvertüre hinzufügen und so lange rühren, bis sie vollkommen geschmolzen und glatt ist.

4. Die Schoko-Mischung in die Backform geben und zu einer gleichmäßigen Schicht verstreichen. Mindestens 30 Minuten ins Gefriergerät stellen, bis die Masse fest ist.

5. Für die helle Cremeschicht: Mascarpone oder Crème double, Espressopulver, Rumextrakt oder Kahlúa in eine Schüssel geben und gründlich verrühren.

6. Die Creme gleichmäßig auf die gefrorene Schokoladenschicht verstreichen und nach Belieben Kakaopulver darübersieben. Zum Verfestigen mindestens 2 Stunden oder über Nacht in den Kühlschrank geben.

7. Zum Servieren das „Tiramisu" in 24 Stücke schneiden.

NÄHRWERTE (pro Portion)

kcal	F	E	KH	B
113	10,8 g	2,2 g	2,0 g	0 g
	86 %	8 %	7 %	

Tiramisu-Panna-cotta

 KETO · NUSS FREI

VORBEREITUNG: 6 Minuten plus 4 Stunden Kühlzeit

GARZEIT: 3 Minuten

MENGE: 6 Portionen

1 EL Bio-Gelatine

120 ml aufgebrühter koffeinfreier Espresso, vollständig abgekühlt

480 ml Crème double (40 % Fett)

110 g Mascarpone

5 EL pulverisiertes Erythrit

Mark einer Vanilleschote (ca. 15 cm) oder 1 TL Vanilleextrakt

1 TL Kahlúa (Kaffeelikör) oder Rumextrakt

¼ TL feines Meersalz

ungesüßtes Kakaopulver oder milchfreier Schokoladensirup (Seite 342), nach Belieben

Wenn ich Gäste habe, serviere ich diese Panna cotta gerne als Dessert. Es sieht schick aus, schmeckt köstlich und lässt sich schnell zubereiten – und das auch noch bis zu zwei Tage im Voraus. In einem Glas mit Stiel kommt es besonders gut zur Geltung.

1. Den Espresso in einen mittelgroßen Topf geben und – ohne Hitze – die Gelatine unter ständigem Rühren hineinrieseln lassen. Eine Minute stehen lassen, dann die Mischung auf niedriger Stufe erhitzen. Dabei rühren, bis sich die Gelatine aufgelöst hat.

2. Crème double, Mascarpone, Erythrit und Vanillemark oder -extrakt untermischen und eine Minute kräftig rühren. Vom Herd nehmen und Kahlúa oder Rumextrakt und Salz unterrühren.

3. Die Panna-cotta-Mischung auf sechs Stiel- oder Dessertgläser verteilen und auf Zimmertemperatur abkühlen lassen. Mit Frischhaltefolie zudecken und mindestens 4 Stunden oder über Nacht in den Kühlschrank stellen.

4. Zum Servieren nach Belieben mit Kakaopulver bestäuben oder einen Klecks Schokoladensirup obenauf setzen.

NÄHRWERTE (pro Portion)

kcal	F	E	KH	B
105	10,2 g	2,5 g	0,7 g	0 g
	87%	10%	3%	

Informationsquellen

BEZUGSQUELLEN FÜR ZUTATEN

Alle in den Rezepten verwendeten Zutaten sind im Handel erhältlich. Einen Großteil finden Sie in gut sortierten Supermärkte. Gute Einkaufsquellen sind auch Bioläden, Reformhäuser sowie große und spezialisierte Internetshops.

Die Autorin Maria Emmerich hat einen eigenen Internetshop, der nicht im EU-Raum ansässig und englischsprachig ist. Erreichbar ist er unter http://astore.amazon.com/marisnutran05-20. Bitte beachten Sie die Versandbedingungen und vor allem auch die Versandkosten! Auf der Website der Autorin mariamindbodyhealth.com sind weitere englischsprachige Informationen zur ketogenen Ernährung sowie Bezugsquellen im Internet aufgeführt.

WEITERFÜHRENDE LITERATUR

Atkins, Robert C.: *Die neue Atkins-Diät. Abnehmen ohne Hunger*. Goldmann Verlag, 2004.

Atkins, Robert C.: *Forever Young mit der Atkins-Diät: Das revolutionäre Programm für ein längeres, besseres und gesünderes Leben*. Goldmann Verlag, 2004.

Carpender, Dana: *500 Paleo-Rezepte: Natürlich, köstlich, glutenfrei*. Goldmann Verlag, 2015.

Moore, Jimmy, Dr. Eric Westman: *Ketogene Ernährung für Einsteiger: Vorteile und Umsetzung von Low-Carb/High-Fat verständlich erklärt*. Riva Verlag, 2016.

Newport, Dr. Mary: *Alzheimer – vorbeugen und behandeln. Die Keton-Kur: Wie ein natürliches Fett die Erkrankung aufhält*. VAK, 2014.

Noakes, Tim: *Die High-Fat-Revolution: Schlank durch Low-Carb-Ernährung*. Kindle Edition.

Perlmutter, Dr. David: *Dumm wie Brot: Wie Weizen schleichend Ihr Gehirn zerstört*. Mosaik Verlag, 2014.

Pollan, Michael: *Lebens-Mittel. Eine Verteidigung gegen die industrielle Nahrung und den Diätenwahn*. Goldmann, München 2009.

Pollan, Michael: *64 Grundregeln Essen. Essen Sie nichts, was Ihre Großmutter nicht als Essen erkannt hätte*. Goldmann, München 2011; erweiterte und illustrierte Ausgabe: *Essen Sie nichts, was Ihre Großmutter nicht als Essen erkannt hätte. Goldene Regeln für gute Ernährung*. Kunstmann, München 2013.

Sanfilippo, Diane et al.: *Das große Buch der Paläo-Ernährung*. Riva Verlag, 2014.

Volek, Jeff, Phinney, Stephen: *Ketogene Ernährung. Wissenschaftliche Grundlagen, Umsetzung im Alltag und gesundheitliche Vorteile*. Riva Verlag, 2016.

Westman, Eric, Phinney, Stephen D., Volek, Jeff S.: *Die aktuelle Atkins-Diät: Das Erfolgsprogramm von Ärzten optimiert*. Goldmann Verlag, 2011.

WEITERFÜHRENDE ENGLISCHSPRACHIGE LITERATUR

Briffa, John: *Waist Disposal. The Ultimate Fat-Loss Manual for Men*. New York: Hay House, 2011.

Cantin, Elaine: *The Cantin Ketogenic Diet. For Cancer, Type I Diabetes & Other Ailments*. Williston, VT: Elaine Cantin, 2012.

Carlson, Dr. James Genocide: *How Your Doctor's Dietary Ignorance Will Kill You*. James Carlson, 2007.

Davis, Ellen: *Fight Cancer with a Ketogenic Diet. A New Method for Fighting Cancer*, Second Edition 2014, E-Book.

Emmerich, Maria: *Keto-Adapted: Your Guide to Accelerated Weight Loss and Healthy Healing*. Maria and Craig Emmerich, 2013, Kindle Edition.

Groves, Dr. Barry: *Natural Health & Weight Loss*. London: Hammersmith Press, 2007.

Jacoby, Dr. Richard: *Sugar Crush. How to Reduce Inflammation, Reverse Nerve Damage, and Reclaim Good Health*. New York: Harper Collins, 2015.

Kiefer, John: *The Carb Nite Solution: The Physicist's Guide to Power Dieting*. Kiefer Productions, 2005.

Kossoff, Dr. Eric H., Dr. John M. Freeman, Zahava Turner, and Dr. James E. Rubenstein: *Ketogenic Diets: Treat-

ments for Epilepsy and Other Disorders, Fifth Edition New York: Demos Health, 2011.

McCleary, Dr. Larry: *The Brain Trust Program: A Scientifically Based Three-Part Plan to Improve Memory, Elevate Mood, Enhance Attention, Alleviate Migraine and Menopausal Symptoms, and Boost Mental Energy.* New York: Penguin, 2007.

McDonald, Lyle: *The Ketogenic Diet: A Complete Guide for the Dieter and Practitioner.* Lyle McDonald, 1998.

Ottoboni, Fred, Ottoboni, Alice: *The Modern Nutritional Diseases and How to Prevent Them*, Second Edition. Femly, NV: Vincente Books, 2013.

Phinney, Stephen, Volek, Jeff: *The Art and Science of Low Carbohydrate Performance.* Beyond Obesity, 2012.

Seyfried, Dr. Thomas: *Cancer as a Metabolic Disease: On the Origin, Management, and Prevention of Cancer.* Hoboken, NJ: John Wiley & Sons, 2012.

Skaldeman, Sten Sture: *The Low Carb High Fat Cookbook: 100 Recipes to Lose Weight and Feel Great*, New York: Skyhorse Publishing, 2013.

Snyder, Deborah: *Keto Kid: Helping Your Child Succeed on the Ketogenic Diet.* New York: Demos Medical Publishing, 2006.

Taubes, Gary: *Good Calories, Bad Calories: Challenging the Conventional Wisdom on Diet, Weight Control, and Disease.* New York: Anchor Books, 2007.

Taubes, Gary: *Why We Get Fat: And What to Do About It.* New York: Anchor Books, 2011.

Teicholz, Nina: *The Big Fat Surprise: Why Butter, Meat, and Cheese Belong in a Healthy Diet.* New York: Simon & Schuster, 2014.

Wahls, Dr. Terry, Adamson, Eve: *The Wahls Protocol: How I Beat Progressive MS Using Paleo Principles and Functional Medicine.* New York: Penguin, 2014.

Westman, Dr. Eric: *A Low Carbohydrate, Ketogenic Diet Manual: No Sugar, No Starch Diet.* Dr. Eric Westman, 2013.

KETO-BLOGS UND -WEBSITES

Im Internet finden Sie zahlreiche Blogs und Websites, die Informationen zur ketogenen Ernährung bieten und teilweise auch interessante Diskussionsforen bilden.

FILME UND DOKUMENTATIONEN (IN ENGLISCHER SPRACHE)

Carb-Loaded: A Culture Dying to Eat (2014). Von Lathe Poland und Eric Carlsen.

http://carbloaded.com

Cereal Killers. Regie: Yolanda Barker. 2013.

www.cerealkillersmovie.com

Cereal Killers II: Run on Fat. Regie: Yolanda Barker. 2015.

www.cerealkillersmovie.com

Fat Head. Regie: Tom Naughton. 2009.

www.Fathead-movie.com

... First Do No Harm. Regie: Jim Abrahams. 1997. Walt Disney Home Video, 2002.

www.amazon.com/First-Do-No-Harm/dp/B000068MBW

My Big Fat Diet. Regie: Mary Bissell. 2008.

http://mybigfatdiet.net

Ernährungspläne

7-TAGE-PLAN FÜR EINE NUSS- UND MILCHFREIE ERNÄHRUNG, DIE BEIM ABNEHMEN HILFT UND IHRE GESUNDHEIT FÖRDERT

Kurz nach dem Einstieg in die ketogene Ernährung klagen viele Menschen über mangelnde Energie. Für die Umstellung auf diese Ernährungsform benötigt der Körper jedoch zwei bis vier Wochen. In der Zeit setzt die Leber sehr viel Salz und Wasser frei, was bei einer weiteren Reduktion der Kohlenhydratzufuhr anhält. Dadurch kann es zu Dehydration und Defiziten im Elektrolythaushalt kommen, die im Gegenzug Energiemangel sowie Muskel- und Kopfschmerzen verursachen – man nennt das die „Keto-Grippe". Deshalb muss man unbedingt sehr viel Wasser trinken (mindestens 50 Prozent mehr als Ihr normaler Flüssigkeitsbedarf). Von großer Bedeutung ist auch die Ergänzung der Elektrolyte (unter anderem Salz, Kalium und Magnesium). Dieser 7-Tage-Plan enthält weder Nüsse noch Milchprodukte, was wichtig für Ihre Gesundheit ist, falls diesbezüglich Unverträglichkeiten vorliegen.

„Mitte Juni begann ich mit der ketogenen Ernährung und meine Familie tat es mir im Juli gleich. Mein Mann hat 30 Kilogramm abgenommen und kann nun drei Kleidergrößen kleiner tragen. Seine Blutdruck-, Atemdruck- und Cholesterinwerte liegen jetzt in einem gesunden Bereich. Ich bringe 28 Kilogramm weniger auf die Waage und die durch meine Fibromyalgie bedingten Schmerzen sind erträglicher geworden. Bei meiner Tochter hatte man Insulinresistenz und ADHS diagnostiziert. Seit sie sich ketogen ernährt, hat sie 17 Kilogramm abgenommen und die Symptome dieser Gesundheitsstörungen treten nicht mehr auf. Mein Mann ist bereits an seinem Ziel, während ich noch einen langen Weg vor mir habe, aber ich habe ja mit „Keto" den denkbar besten Begleiter. – Amanda

7-TAGE-PLAN, DER IHNEN HILFT, IN KETOSE ZU GELANGEN UND IHR GEWICHT ZU HALTEN ODER ZU STEIGERN

Bei der ketogenen Ernährung geht es keineswegs immer um Gewichtsabnahme, sondern in erster Linie um die Verbesserung der Gesundheit. Und dazu gehört manchmal sogar eine dringend benötigte Gewichtszunahme. Dieser 7-Tage-Plan soll Ihnen helfen, in Ketose zu gelangen, während Sie Ihr Gewicht halten oder sogar steigern. Falls Sie trotzdem abnehmen, können Sie pro Tag die Snacks um ein Himbeer-Schoko-Eistörtchen (Seite 334) aufstocken oder stattdessen die Portionsgröße erhöhen, sodass Sie die in dem Törtchen enthaltenen Makronährstoffe im gleichen Verhältnis (24 g Fett, 0,3 g Eiweiß und 0,9 g Kohlenhydrate) anderweitig verzehren.

„Vor acht Monaten begann ich meiner sechsjährigen Tochter zuliebe, ‚Marias Weg' einzuschlagen. Über Jahre fühlte sie sich nach jedem Essen miserabel und hat unter Magenbeschwerden, Appetitmangel und Wachstumsstörungen gelitten. Ich wollte sie nicht mehr von Arzt zu Arzt schleppen und allen möglichen Versuchen unterziehen, um das Problem zu lösen. An ihrem sechsten Geburtstag wog sie nur 16 Kilogramm! Seit ich für sie ketogen koche, ist sie glücklich und freut sich auf jede Mahlzeit. Zudem hat sie eine Menge über gesunde Nahrungsmittel gelernt und hat jetzt bei der Auswahl das Sagen. Ich bin so stolz auf sie! Und das Wichtigste: Endlich beginnt sie zu wachsen! Maria, ich danke Ihnen aus tiefstem Herzen! – Melissa

7-TAGE-PLAN FÜR EINE SCHNELLE KETO-KÜCHE

Mitunter geht es in unserem Alltag so hektisch zu, dass wir nur schwer Zeit fürs Kochen finden. Für solche Phasen ist dieser 7-Tage-Plan gedacht, damit Sie Ihr ketogenes Essen schnell zubereiten können und weder zunehmen noch die Förderung Ihrer Gesundheit auf der Strecke bleibt. Wenn Sie häufig unter Zeitmangel leiden, sollten Sie am Wochenende auf Vorrat kochen und die Gerichte in einzelnen Portionen einfrieren oder im Kühlschrank aufbewahren. So brauchen Sie unter der Woche die benötigte Menge einfach nur aufzuwärmen.

„Mit Worten lässt sich gar nicht ausdrücken, wie dankbar ich bin, dass ich Sie und Ihre Rezepte gefunden habe. Im Mai 2013 habe ich mit der glutenfreien Ernährung begonnen und zunächst nur mäßig abgenommen. Doch nach sechs bis sieben Monaten konnte ich erstaunliche gesundheitliche Verbesserungen feststellen. Meine Magenbeschwerden, die Müdigkeit

und Gelenkschmerzen waren verschwunden. Ich probierte die ketogene Ernährung aus und nun ging es auch mit dem Abnehmen voran und ich trage statt der Kleidergröße 42 nun die Größe 38 mit Tendenz zur 36. Davon konnte ich über Jahre nur träumen. Ich fühle mich einfach rundum wohl! – Dawn

7-TAG-PLAN FÜR VEGETARIER

Vegetarier können ebenfalls von den zahlreichen Vorteilen der ketogenen Ernährung profitieren. Die Gerichte auf diesem 7-Tage-Plan enthalten jede Menge gesunde Fette und sorgen für eine maßvolle Eiweißzufuhr. Er hilft Ihnen, Ihre Gesundheit zu verbessern und schnell abzunehmen.

„*Erst seit fünf Tagen ernähre ich mich nach Ihrem 7-Tage-Plan für Vegetarier, aber ich möchte Ihnen nur schnell etwas über meinen juckenden Ausschlag auf meinen Beinen erzählen. In der Badewanne oder unter der Dusche war es am schlimmsten. Durch das warme Wasser hat er sich immer so intensiv gerötet, dass er noch stärker auffiel als sonst. Heute Abend habe ich ein Bad genommen und überglücklich festgestellt, dass der Ausschlag fast völlig verschwunden ist. Sie haben im wahrsten Sinn des Wortes meine Haut gerettet und dafür danke ich Ihnen sehr. – Malorie*

ERNÄHRUNGSPLÄNE

7-Tage-Plan für eine nuss- und milchfreie Ernährung, die beim Abnehmen hilft und Ihre Gesundheit fördert

		Kcal	Fett (g)	Eiweiß (g)	Kohlenhydrate (g)	% Fett	% Eiweiß	% Kohlenhydrate
Tag 1	Frühstück: Omelett mit Schinken (Seite 122)	552	48	25	4,9	78 %	18 %	4 %
	Mittags: Speckkörbchen mit Rucolasalat (Seite 154)	274	25	10	3	82 %	15 %	4 %
	Abends: Asiatische Hackfleischbällchen (Seite 170)	403	28	33,2	3,1	63 %	33 %	3 %
	Snack: Kürbiseiscreme (Seite 346)	112	11,2	1,8	1,2	90 %	6 %	4 %
	Tag gesamt	1341	112,2	70	12,2	75 %	21 %	4 %
Tag 2	Frühstück: Milchfreie Frühstückspizza (Seite 94)	571	53,5	19,5	5,8	84 %	14 %	4 %
	Mittags: Salatwraps mit Hackfleischfüllung (Seite 206)	350	28,8	18,3	5,3	74 %	21 %	6 %
	Abends: Gegrilltes Steak mit Chimichurri (Seite 178)	391	27,5	31,7	2,8	63 %	32 %	3 %
	Snack: Himbeerpralinen (Seite 330)	153	16,3	1,1	0	96 %	3 %	0 %
	Tag gesamt	1465	126,1	70,6	13,9	77 %	19 %	4 %
Tag 3	Frühstück: Omelett mit Zwiebeln und Pilzen (Seite 126)	461	38,8	24	3,9	76 %	21 %	3 %
	Mittags: Lamm tikka masala (Seite 194)	489	37,8	29,7	6,8	70 %	24 %	6 %
	Abends: Gegrillter Lachs mit Sesam-Orange-Sauce (Seite 262)	531	42,8	25,6	11,5	73 %	19 %	9 %
	Snack: Zitroneneiscreme (Seite 352)	101	10	2,3	0,5	89 %	9 %	2 %
	Tag gesamt	1582	129,4	81,6	22,7	74 %	21 %	6 %
Tag 4	Frühstück: Mit Ei gefüllte Avocado (Seite 110)	490	45,8	10,7	11,6	84 %	9 %	9 %
	Mittags: Gumbo (Seite 234)	330	25,3	20,1	5,7	69 %	24 %	7 %
	Abends: Geräucherte Schweinekoteletts mit Apfelglasur (Seite 202)	418	36,6	19	3	79 %	18 %	3 %
	Snack: Himbeer-Schoko-Eistörtchen (Seite 334)	220	24	0,3	0,9	98 %	1 %	2 %
	Tag gesamt	1458	131,7	50,1	21,2	81 %	14 %	6 %
Tag 5	Frühstück: Zimt-Vanillepudding (Seite 134)	327	31	6,9	5,2	85 %	8 %	6 %
	Mittags: Reuben-Sandwich (Seite 184)	291	23,6	10,6	9,1	73 %	15 %	13 %
	Abends: Rollbraten mit Pilzen und Teriyaki-Sauce (Seite 180)	821	66	45,9	8	72 %	22 %	4 %
	Snack: Chai-Panna-cotta (Seite 350)	176	16,3	3	4,1	83 %	7 %	9 %
	Tag gesamt	1615	136,9	66,4	26,4	76 %	16 %	7 %
Tag 6	Frühstück: Omelett mit Lachs und Schnittlauch (Seite 124)	357	27,6	26,1	2	70 %	29 %	2 %
	Mittags: Asiatische Nudeln mit Rinderhack (Seite 176)	286	18,1	23,4	6,9	57 %	33 %	10 %
	Abends: Pikant gepökelter Schweinebauch (Seite 208)	350	28,8	18,3	5,3	74 %	21 %	6 %
	Snack: Schoko-Pfefferminz-Plätzchen (Seite 332)	304	28,6	5,9	7,3	85 %	8 %	10 %
	Tag gesamt	1297	103,1	73,7	21,5	72 %	23 %	7 %
Tag 7	Frühstück: Mogel-Porridge mit Apfel und Zimt (Seite 116)	528	51,9	13,4	2,6	88 %	10 %	? %
	Mittags: Krakauer mit gedünstetem Weißkohl (Seite 204)	351	26,1	17,1	12,2	67 %	19 %	14 %
	Abends: Hackbraten (Seite 168)	569	36,8	48,9	8,4	58 %	34 %	6 %
	Snack: Himbeerpralinen (Seite 330)	153	16,3	1,1	0	96 %	3 %	0 %
	Tag gesamt	1601	131,1	80,5	23,2	74 %	20 %	6 %

Weitere Speisepläne, u. a. fürs Intervallfasten, mit wöchentlichen Einkaufslisten, Schulungsvideos sowie Ernährungstipps und vieles mehr finden Sie auf Marias Serviceseiten (auf Englisch) unter http://mariamindbodyhealth.com/my-services/.

7-Tage-Plan, der Ihnen hilft, in Ketose zu gelangen und Ihr Gewicht zu halten oder zu steigern

		Kcal	Fett (g)	Eiweiß (g)	Kohlenhydrate (g)	% Fett	% Eiweiß	% Kohlenhydrate
Tag 1	Frühstück: Frühstücks-Sushi (Seite 102)	717	63	28	10,3	79 %	16 %	6 %
	Mittags: Gefüllte Chorizo im Speckmantel (Seite 214)	764	66,7	36,6	2,4	79 %	19 %	1 %
	Abends: Gegrilltes Steak mit Chimichurri (Seite 178)	391	27,5	31,7	2,8	63 %	32 %	3 %
	Snack: Blitzschnelles Toffee-Eis am Stiel (Seite 358)	46	2,7	2,8	2,6	53 %	24 %	23 %
	Tag gesamt	1918	159,9	99,1	18,1	75 %	21 %	4 %
Tag 2	Frühstück: Milchfreier Limettenshake (Seite 106)	397	40,8	8,1	1,8	92 %	8 %	2 %
	Mittags: Lasagne-Röllchen (Seite 218)	467	25,7	50	9,3	50 %	43 %	8 %
	Abends: Pizza mit pikantem Hühnchen (Seite 222)	610	41,2	55,2	6	61 %	36 %	4 %
	Snack: Krautsalat mit Speck und Tomaten (Seite 301)	258	20,7	5,5	14,4	72 %	9 %	22 %
	Snack: Mandel-Mokka-Torte (Seite 354)	375	36,9	6,4	4,4	89 %	7 %	5 %
	Tag gesamt	2107	165,3	125,2	35,9	71 %	24 %	7 %
Tag 3	Frühstück: Mini-Quiches mit Schinken und Käse; 2 Portionen (Seite 108)	506	32,2	43,8	9,6	57 %	35 %	8 %
	Mittags: Querrippe aus dem Schongarer (Seite 258)	749	68,6	28,4	1,8	82 %	15 %	1 %
	Abends: Gegrillte Forelle (Seite 258)	369	21	41,6	3,8	51 %	45 %	4 %
	Snack: Pilze in brauner Butter (Seite 298)	262	22,8	6	9,6	78 %	9 %	15 %
	Snack: Tiramisu-Panna-cotta (Seite 368)	210	20,4	5	1,4	87 %	10 %	3 %
	Tag gesamt	2096	165	124,8	26,2	71 %	24 %	5 %
Tag 4	Frühstück: Mit Ei gefüllte Avocado (Seite 110)	490	45,8	10,7	11,6	84 %	9 %	9 %
	Mittags: Entenconfit (Seite 232)	675	57,8	29	5,5	77 %	17 %	3 %
	Abends: Steak mit Sauce béarnaise aus brauner Butter (Seite 172)	761	60	52	0	71 %	28 %	0 %
	Snack: Milchfreies Schoko-Eis mit Kirschsauce (Seite 324)	249	25,3	3,5	2,1	91 %	6 %	3 %
	Tag gesamt	2175	188,9	95,2	19,2	78 %	17 %	4 %
Tag 5	Frühstück: Dutch Baby Pancake mit Apfel-Karamell-Sauce (Seite 114)	698	67	23	3,5	86 %	13 %	2 %
	Mittags: Avocados mit pikanter Hühnchenfüllung (Seite 220)	475	40	23	8	76 %	19 %	7 %
	Abends: Gefüllte Portobellos mit milchfreier Nacho-Sauce (Seite 188)	651	57	31	5	79 %	19 %	3 %
	Snack: Pfefferminzpralinen (Seite 364)	113	10,8	2,2	2	86 %	8 %	7 %
	Tag gesamt	1937	174,8	79,2	18,5	81 %	16 %	4 %
Tag 6	Frühstück: Frühstückslasagne (Seite 120)	423	29,5	34,5	4,9	63 %	33 %	5 %
	Mittags: Gegrillter Heilbutt mit Avocado-Creme (Seite 244)	525	28,8	60	4,9	49 %	46 %	4 %
	Abends: Querrippe aus dem Schongarer (Seite 186) (übrig geblieben von Tag 3)	749	68,6	28,4	1,8	82 %	15 %	1 %
	Snack: Brownies (Seite 340)	427	41,6	6,5	6,4	88 %	6 %	6 %
	Tag gesamt	2124	168,5	129,4	18	71 %	24 %	3 %
Tag 7	Frühstück: Frühstückstortillas mit Spiegelei (Seite 132)	524	39	35	9,5	67 %	27 %	7 %
	Mittags: Hühnchen mit Zucchini-Spaghetti (Seite 238)	358	28,1	21,1	6,1	71 %	24 %	7 %
	Abends: Lamm tikka masala (Seite 194)	489	37,8	29,7	6,8	70 %	24 %	6 %
	Snack: Himbeer-Schoko-Eistörtchen (Seite 334)	220	24	0,3	0,9	98 %	1 %	2 %
	Tag gesamt	1811	152,9	86,4	24,2	76 %	19 %	5 %

ERNÄHRUNGSPLÄNE

7-Tage-Plan für eine schnelle Keto-Küche

		Kcal	Fett (g)	Eiweiß (g)	Kohlenhydrate (g)	% Fett	% Eiweiß	% Kohlenhydrate
Tag 1	Frühstück: Keto-Frühstückseier (Seite 118)	260	20,5	17,9	1,4	71%	28%	2%
	Mittags: Asiatische Hackfleischbällchen (Seite 170)	403	28	33,2	3,1	63%	33%	3%
	Abends: Einfache Mortadella-Ravioli (Seite 200)	677	55,6	34,7	9,1	74%	21%	5%
	Snack: Zitroneneiscreme (Seite 352)	101	10	2,3	0,5	89%	9%	2%
	Tag gesamt	1441	114,1	88,1	14,1	71%	24%	4%
Tag 2	Frühstück: Zimt-Vanillepudding (Seite 134)	332	31	6,9	5,2	84%	8%	6%
	Mittags: Asiatische Nudeln mit Rinderhack (Seite 176)	286	18,1	23,4	6,9	57%	33%	10%
	Abends: Steak mit Sauce béarnaise aus brauner Butter (Seite 172)	761	60	52	0	71%	28%	0%
	Snack: Zitroneneiscreme (Seite 352) (übrig geblieben vom Vortag)	101	10	2,3	0,5	89%	9%	2%
	Tag gesamt	1480	119,1	84,6	12,6	72%	23%	3%
Tag 3	Frühstück: Milchfreier Limettenshake (Seite 106)	397	40,8	8,1	1,8	92%	8%	2%
	Mittags: Hühnchen mit Rotkohl (Seite 230)	459	37,6	24,7	5,9	74%	22%	5%
	Abends: Barramundi à la Großpapa Joe (Seite 254)	580	44	43,9	1,5	68%	30%	1%
	Snack: Gebackener Kohl (Seite 292)	191	14,2	3,1	13	67%	6%	27%
	Tag gesamt	1627	136,6	79,8	22,2	76%	20%	5%
Tag 4	Frühstück: Cremiger Frühstücksshake (Seite 104)	213	18,6	6,4	5,3	79%	12%	10%
	Mittags: Querrippe aus dem Schongarer (Seite 186)	749	68,6	28,4	1,8	82%	15%	1%
	Abends: Asiatische Hackfleischbällchen (Seite 170) (übrig geblieben von Tag 1)	403	28	33,2	3,1	63%	33%	3%
	Snack: Brownies (Seite 340)	427	41,6	6,5	6,4	88%	6%	6%
	Tag gesamt	1792	156,8	74,5	16,6	79%	17%	4%
Tag 5	Frühstück: Keto-Bagels; 2 Portionen (Seite 100)	336	25,6	18,6	9,4	69%	22%	11%
	Mittags: Hühnchen mit Rotkohl; 2 Portionen (Seite 230) (übrig geblieben von Tag 3)	918	75,2	49,4	11,8	74%	22%	5%
	Abends: Asiatische Nudeln mit Rinderhack (Seite 176) (übrig geblieben von Tag 2)	286	18,1	23,4	6,9	57%	33%	10%
	Snack: Blitzschnelles Toffee-Eis am Stiel; 2 Portionen (Seite 358)	92	5,4	5,6	5,2	53%	24%	23%
	Tag gesamt	1632	124,3	97	33,3	69%	24%	8%
Tag 6	Frühstück: Französische Rühreier (Seite 93)	476	37	32	4,4	70%	27%	4%
	Mittags: Einfache Mortadella-Ravioli (Seite 200) (übrig geblieben von Tag 1)	677	55,6	34,7	9,1	74%	21%	5%
	Abends: Kelpnudeln mit Pesto und frittiertem Basilikum (Seite 284)	359	34,1	9,4	2,6	85%	10%	3%
	Snack: Zitroneneiscreme (Seite 352) (übrig geblieben von Tag 1)	101	10	2,3	0,5	89%	9%	2%
	Tag gesamt	1613	136,7	78,4	16,6	76%	19%	4%
Tag 7	Frühstück: Mini-Quiches mit Schinken und Käse (Seite 108)	253	16,1	21,9	4,8	57%	35%	8%
	Mittags: Kelpnudeln mit Pesto und frittiertem Basilikum (Seite 284) (übrig geblieben vom Vortag)	359	34,1	9,4	2,6	85%	10%	3%
	Abends: Querrippe aus dem Schongarer (Seite 186) (übrig geblieben von Tag 4)	749	68,6	28,4	1,8	82%	15%	1%
	Snack: Gebackener Kohl (Seite 292) (übrig geblieben von Tag 3)	191	14,2	3,1	13	67%	6%	27%
	Tag gesamt	1552	133	62,8	22,2	77%	16%	6%

7-Tage-Plan für Vegetarier

		Kcal	Fett (g)	Eiweiß (g)	Kohlenhydrate (g)	% Fett	% Eiweiß	% Kohlenhydrate
Tag 1	Frühstück: Schwimmende Eierinseln; 2 Portionen (Seite 96)	361	28	21	3	71 %	23 %	4 %
	Mittags: Weißkohl mit Käsesauce (Seite 270)	241	23,3	7,5	1,8	87 %	12 %	3 %
	Abends: „Mini-Windbeutel" mit Eiersalat; 2 Portionen (Seite 280)	433	36	23,5	4	75 %	22 %	4 %
	Snack: Milchfreies Schoko-Eis mit Kirschsauce (Seite 324)	249	25,3	3,5	2,1	91 %	6 %	3 %
	Tag gesamt	1284	113	55,5	11,3	79 %	17 %	4 %
Tag 2	Frühstück: Chai-Muffins (Seite 130)	218	21,6	3,7	3,2	88 %	7 %	6 %
	Mittags: Gelbe Tomatensuppe mit Käsesandwiches (Seite 274)	463	37	26,3	8	72 %	23 %	7 %
	Abends: Mini-Pizza mit „Honig"-Dressing (Seite 282)	493	38	29,7	6,8	69 %	24 %	6 %
	Snack: Himbeerpralinen (Seite 330)	153	16,3	1,1	0	96 %	3 %	0 %
	Tag gesamt	1327	112,9	60,8	18	77 %	18 %	5 %
Tag 3	Frühstück: Keto-Pfannkuchen mit Sirup (Seite 92)	170	15	8,2	0,6	79 %	19 %	1 %
	Mittags: Pizza mit Pilzen (Seite 276)	506	47	17,4	5	84 %	14 %	4 %
	Abends: Tomaten-Burrata-Salat mit „Honig"-Dressing; 2 Portionen (Seite 272)	562	48,2	24	8	77 %	17 %	6 %
	Snack: Schoko-Himbeer-Kuchen (Seite 336)	177	15,6	7	2,8	79 %	16 %	6 %
	Tag gesamt	1415	125,8	56,6	16,4	80 %	16 %	5 %
Tag 4	Frühstück: Französische Rühreier (Seite 93)	476	37	32	4,4	70 %	27 %	4 %
	Mittags: Toast mit Brie und Tomaten (Seite 273)	310	27	13,5	2,7	78 %	17 %	3 %
	Abends: Mini-Pizza mit „Honig"-Dressing (Seite 282) (übrig geblieben von Tag 2)	493	38	29,7	6,8	69 %	24 %	6 %
	Snack: Milchfreie Vanilleeiscreme (Seite 322)	176	16,3	3	4,1	83 %	7 %	9 %
	Tag gesamt	1455	118,3	78,2	18	73 %	21 %	5 %
Tag 5	Frühstück: Zucchinipuffer mit Sauce hollandaise (Seite 98)	436	46	3	2,3	95 %	3 %	2 %
	Mittags: Pizza Margherita (Seite 278)	199	12,8	17	5	58 %	34 %	10 %
	Abends: Pizza mit Pilzen (Seite 276) (übrig geblieben von Tag 3)	506	47	17,4	5	84 %	14 %	4 %
	Snack: Staudensellerie-Schiffchen (Seite 148)	192	17,2	7	3,2	81 %	15 %	7 %
	Tag gesamt	1333	123	44,4	15,5	83 %	13 %	5 %
Tag 6	Frühstück: Omelett mit Zwiebeln und Pilzen (Seite 126)	455	38,8	24	3,9	77 %	21 %	3 %
	Mittags: Tomaten-Parmesan-Burger (Seite 268)	209	19	7	2,3	82 %	13 %	4 %
	Abends: Kelpnudeln mit Pesto und frittiertem Basilikum (Seite 284)	359	34,1	9,4	2,6	85 %	10 %	3 %
	Snack: Cake Pops (Seite 328)	325	30,5	6,3	5,3	84 %	8 %	7 %
	Tag gesamt	1348	122,4	46,7	14,1	82 %	14 %	4 %
Tag 7	Frühstück: Omelett mit Ziegenkäse und Kräutern (Seite 125)	445	35,9	28,8	2,2	73 %	26 %	2 %
	Mittags: Tomaten-Burrata-Salat mit „Honig"-Dressing (Seite 272)	281	24,1	12	4	77 %	17 %	6 %
	Abends: Kelpnudeln mit Pesto und frittiertem Basilikum (Seite 284) (übrig geblieben von Tag 6)	359	34,1	9,4	2,6	85 %	10 %	3 %
	Snack: Pilze in brauner Butter (Seite 298)	131	11,4	3	4,8	78 %	9 %	15 %
	Tag gesamt	1216	105,5	53,2	13,6	78 %	18 %	4 %

Weitere Speisepläne, Videos und Kochbücher finden Sie (auf Englisch) unter http://mariamindbodyhealth.com/my-services/.

Dank

Jimmy

Nach dem großen Erfolg meines Buches Keto Clarity *(Dank an alle, die dieses Projekt unterstützt haben), das auch ins Deutsche übersetzt wurde (*Ketogene Ernährung für Einsteiger: Vorteile und Umsetzung von Low-Carb/High-Fat verständlich erklärt, *Riva Verlag, München 2016), bat mein Verleger mich, ein Kochbuch mit Rezepten für ketogene Gerichte zu schreiben. Ich fragte ihn, ob ich mit jemandem zusammenarbeiten könnte, der sich mit dem Schreiben von Rezeptanleitungen auskennt und zugleich köstliche, nährstoffreiche Low-Carb/High-Fat-Gerichte kreieren kann. Als ich grünes Licht bekam, konnte ich mir niemanden Besseren vorstellen als die wunderbare Maria Emmerich, die schon selbst sieben Bücher im Eigenverlag veröffentlicht hatte. Als sie zusagte, war ich hellauf begeistert, dass wir mit vereinten Kräften das Keto-Kochbuch realisieren konnten. In der Keto-Community gehört Maria zu den Koryphäen und für mich ist es eine große Ehre und ein Privileg, dass ich mir ihr zusammenarbeiten durfte und wir Ihnen nun eine unbezahlbare Quelle für ketogene Kochideen vorlegen dürfen.*

Ich danke meiner Frau Christine, die mich über drei Jahre beim Verfassen dieses Buchs intensiv unterstützt hat. (Ich verspreche dir, mein Schatz, dass ich ein Jahr lang nur für dich da sein werde!) Ich bin ihr so unendlich dankbar für die beständige Unterstützung meiner Arbeit und ihre Anteilnahme an meiner Passion, den Menschen die hochwertigen Informationen zu geben, die sie am meisten brauchen. Außerdem hat sie maßgeblich an der Erstellung der Nährwertangaben zu den einzelnen Rezepten mitgearbeitet. Danke dir, Christine!

Ganz besonders dankbar bin ich all den Medizinexperten, die sich nicht nur in der wissenschaftlichen Welt kompetent für die ketogene Ernährung einsetzen, sondern sie auch in der Praxis bei ihren Patienten anwenden. Mein Dank gilt vor allem Dr. Eric Westman (Koautor zweier meiner Bücher), Dr. Steve Phinney, Dr. Jeff Volek, Dr. Jeffry Gerber, Dr. Adam Nally, Dr. Ann Childers, Dr. Jay Wortman, Dr. Peter Attia, Gary Taubes, Nina Teicholz, Prof. Tim Noakes, Dr. David Perlmutter, Dr. Terry Wahls, Dr. Dominic D'Agostino, Dr. Thomas Seyfried, Dr. William Davis, Dr. Andreas Eenfeldt.

Sehr dankbar bin ich auch jenen Menschen, die nicht der Wissenschaftswelt angehören und mit großem Engagement im Internet über die ketogene Ernährung informieren und Anleitungen dazu geben, zum Beispiel Ellen Davis, Emily Maguire, Stephanie Person, Luis Villasenor, Leanne Vogel, Katie Coleman, Amy Berger, Miriam Kalamian und viele andere.

Ein besonderer Dank gilt den Verlagsmitarbeitern Erich, Michele, Erin, Holly und allen anderen, die im Victory Belt Verlag hinter den Kulissen arbeiten. Ihnen danke ich für das große Privileg, dass ich innerhalb von drei Jahren mein drittes großes Buch schreiben durfte. Diese Bücher haben dazu beigetragen, dass sich das Leben vieler Menschen zum Besseren gewendet hat, aber ich schulde auch großen Dank all den Bloggern und Podcastern, die unermüdlich Wissen vermitteln und andere ermutigen und inspirieren, selbst die größtmögliche Gesundheit anzustreben.

Maria

Mir sagte mal jemand: „Wenn du Gott zum Lachen bringen willst, dann erzähle ihm, was du vorhast." Nichts passt besser zu den noch gar nicht so lange zurückliegenden drei Jahren meines Lebens als dieser Spruch. Ich war ein Planertyp, aber je mehr ich versuchte, die Fäden in der Hand zu behalten, desto mehr Frust kam in mir auf. Mein Mann verlor seinen Job und in meinem Job als Kletterführerin verdiente ich nicht genug, um unsere Rechnungen zu bezahlen. Außerdem kämpften wir darum, eine Familie zu gründen. All diese Widrigkeiten inspirierten mich, meine Praxis für Ernährungsberatung zu eröffnen. Auf meinem steinigen Weg unterstützten mich wunderbare Menschen, denen ich großen Dank schulde.

Rebecca Oberle: Erinnerst du dich noch, dass wir uns zum ersten Mal in einem Bodypump-Studio begegnet sind? Danken möchte ich dir für dein wundervolles künstlerisches Talent, mit dem du die Cake Pops und die Mandel-Mokka-Torte für dieses Buch garniert hast. Und danke für all deine Unterstützung und deinen Zuspruch.

Micah und Kai Emmerich: Wir waren füreinander bestimmt. Ich weiß, es klingt verrückt, aber wir sind Seelenverwandte. Du, Micah, willst immer irgendetwas bewegen. Craig schaut mich häufig an und meint: „Oje, er kommt ganz nach dir." Und du, Kai, bist genauso gerne wie ich draußen in der Natur. Mit euch ist mein Leben voller Glück. Ideal sind für mich die Tage, an denen ich von früh bis spät für euch kochen kann und höre: „Mami, probieren." Ja, ihr probiert beide gerne meine neuen kulinarischen Kreationen.

Jamie Schultz: Ich danke dir, dass du mir beim Start meines Blogs geholfen hast. Damit hast du mir in der schwierigsten Zeit meines Lebens geholfen, morgens überhaupt aufzustehen. Außer dir hat niemand daran geglaubt, dass meine Rezepte jemals veröffentlicht würden.

Craig Emmerich: Meine große Liebe und mein bester Freund. Ohne deine technischen Fähigkeiten, deine Hilfe beim Text, deinen Zuspruch und deinen Appetit (!) wäre nichts geschehen, was geschehen ist. Smiley!

Jimmy Moore: Ich erinnere mich gut an unseren ersten Kontakt vor ungefähr sechs Jahren, als du mich um einen Podcast gebeten hast. Damals erstarrte ich förmlich vor Ehrfurcht. Deine Arbeit und dein Engagement hatte ich schon immer bewundert. Nicht viel anders erging es mir, als du mich später fragtest, ob ich mit dir zusammen ein Kochbuch machen möchte. Unglaublich, dass ich die Auserwählte war! Du bist wirklich ein wahrer Segen, nicht nur für meine Familie, sondern auch für all die Diäthalter, die froh und glücklich sind, dass es so einen zuverlässigen und respektierten Pionier wie dich gibt.

Dem ganzen Team des Victory Belt Verlags möchte ich meinen Dank aussprechen. Mit so viel erstaunlicher Unterstützung und Freundlichkeit seitens aller Verlagsmitarbeiter hätte ich niemals gerechnet.

Erich, dein fröhliches Wesen und dein Zuspruch haben dieses Buch zu einem spannenden Abenteuer gemacht und die gesamte Arbeit war jede noch so harte Mühe wert. Noch freitagabends hast du mich angerufen, nur um zu fragen, wie es mir geht, und um meine neuen Fotos zu loben. Damit hast du mich sehr glücklich gemacht!

Sean und Michele, ich weiß eure Zeit, die ihr mir geschenkt habt, um mir zu helfen, bessere Fotos zu machen, hoch zu schätzen. Euch beide kennenzulernen war mir ein großes Vergnügen.

Holly und Erin, ich weiß gar nicht, wie ich euch für die harte Arbeit danken kann, die ihr beim Redigieren geleistet habt. Euer scharfer Blick fürs Detail ist bemerkenswert. Und danke für die Treffen am frühen Morgen in der Zeit, als ich mit den Rezepten voll zu Gange war.

Bill und Haley, ich fühle mich geehrt, dass ihr die Fotos für den Buchumschlag angefertigt habt. Ich bin schon seit Langem ein Fan von euch. Mein erstes Kochbuch aus dem Victory Belt Verlag war euer Buch *Gather*. Danke, dass ihr euch die Zeit genommen habt, für Umschlagfotos meine Rezepte nachzukochen.

Rezeptregister

Würzmittel, Dressings, Brühe und andere Basics

48 Knochenbrühe

50 Butterersatz mit Kräutern

52 Gerösteter Knoblauch

53 Milchfreie Sauce hollandaise

54 Hausgemachter Senf (in Varianten)

58 Sauce tartare

59 Honigsüße Würzsauce

60 Milchfreies Avocado-Ranch-Dressing

61 Ranch-Dressing aus Frischkäse

62 Milchfreies Thousand-Island-Dressing

64 Salatdressing „Fatburner"

66 Griechisches Salatdressing

67 Tomatensauce

68 Gelbe Marinarasauce

70 Keto-Ketchup

71 Bacon-Mayonnaise

72 Milchfreie Nacho-Sauce

74 Keto-Grillsauce

76 Sauce béarnaise aus brauner Butter

78 Braune Butter

80 Fatburner-Sauce Chimichurri

82 Enchilada-Sauce

84 Taco-Gewürz

85 Gewürz für Fisch und Meeresfrüchte

86 Kräuter konservieren

88 Braune-Butter-Sirup

Frühstück

92
Keto-Pfannkuchen mit Sirup

93
Französische Rühreier

94
Milchfreie Frühstückspizza

96
Schwimmende Eierinseln

98
Zucchinipuffer mit Sauce hollandaise

100
Bagel mit Gravlax

102
Frühstücks-Sushi

104
Cremiger Frühstücksshake

106
Milchfreier Limettenshake

108
Mini-Quiches mit Schinken und Käse

110
Mit Ei gefüllte Avocado

112
Erdbeer-Popovers mit Erdbeer-„Butter"

114
Dutch Baby Pancake mit Apfel-Karamell-Sauce

116
Mogel-Porridge mit Apfel und Zimt

118
Keto-Frühstückseier

120
Frühstückslasagne

122
Omelett (in Varianten)

128
Frühstücks-Burger mit Ahornsiruparoma

130
Chai-Muffins

132
Frühstückstortillas mit Spiegelei

134
Zimt-Vanillepudding

REZEPTREGISTER

Vorspeisen

138
Lachsdip mit Lauchzwiebeln

140
Antipasti-Teller

142
Carpaccio

144
Chicoreé-Schiffchen mit Curryhühnchen

146
Gegrillter Halloumi mit Schinken und Pesto

147
Käsesticks in Knusperschinken

148
Staudensellerie-Schiffchen

150
Schinkensalat

152
Gefüllte Käsekörbchen

154
Speckkörbchen mit Rucolasalat

156
Nirvana-Fleischbällchen

158
Schnelle griechische Häppchen

160
Frühlingsrollen

162
Speck-Käse-Röllchen

164
Knusprige Käsestangen

Gerichte mit Rind und Lamm

168
Hackbraten

170
Asiatische Hackfleischbällchen

172
Steak mit Sauce béarnaise aus brauner Butter

174
Zucchini bolognese

176
Asiatische Nudeln mit Rinderhack

178
Gegrilltes Steak mit Chimichurri

180
Rollbraten mit Pilzen und Teriyaki-Sauce

182
Schwedische Fleischbällchen

184
Reuben-Sandwich

186
Querrippe aus dem Schongarer

188
Gefüllte Portobellos mit milchfreier Nacho-Sauce

190
Taco-Salat in knuspriger Käseschale

192
Geschmorte Lammhaxen mit Pilzen

194
Lamm tikka masala

196
Auflauf mit Zucchini-Muffins und Hackfleisch

Gerichte mit Schweinefleisch

200 Einfache Mortadella-Ravioli

202 Geräucherte Schweinekoteletts mit Apfelglasur

204 Krakauer mit gedünstetem Weißkohl

206 Salatwraps mit Hackfleischfüllung

208 Pikant gepökelter Schweinebauch

210 Stromboli

212 Mini-Salatwraps

214 Gefüllte Chorizo im Speckmantel

Gerichte mit Geflügel

218 Lasagne-Röllchen

220 Avocados mit pikanter Hühnchenfüllung

222 Pizza mit pikantem Hühnchen

224 Pizza mit Hühnchen und Knoblauch

226 Hühnchen-Enchiladas

228 Kräuter-Ricotta-Rotolo

230 Hühnchen mit Rotkohl

232 Entenconfit

234 Gumbo

236 Hühnchen mit Zucchini

238 Hühnchen mit Zucchini-Spaghetti

240 Auflauf mit Hühnchen, Ei und Zucchini

Gerichte mit Fisch und Meeresfrüchten

244 Gegrillter Heilbutt mit Avocado-Creme

246 Ketogenes Baguette mit Shrimps

248 Selbst gebeizter Gravlax

250 Gravlax-Sushi

252 Salat mit Fisch und Meeresfrüchten

254 Barramundi à la Großpapa Joe

256 Gegrillte Makrele

258 Gegrillte Forelle

260 Eingekochter Lachs

262 Gegrillter Lachs mit Sesam-Orange-Sauce

264 Scampi mit Kohl-„Nudeln"

Vegetarische Gerichte

268 Tomaten-Parmesan-Burger

270 Weißkohl mit Käsesauce

272 Tomaten-Burrata-Salat mit „Honig"-Dressing

273 Toast mit Brie und Tomaten

274 Gelbe Tomatensuppe mit Käsesandwiches

276 Pizza mit Pilzen

278 Pizza Margherita

280 „Mini-Windbeutel" mit Eiersalat

282 Mini-Pizza mit „Honig"-Dressing

284 Kelpnudeln mit Pesto und frittiertem Basilikum

Beilagen

 288 Keto-Brot
 290 Keto-Naan-Brot
 291 Gedünsteter Mangold
 292 Gebackener Kohl
 294 Kohl-„Pasta" aus dem Schongarer

 296 Zucchini-„Pasta"
 298 Pilze in brauner Butter
 300 Krautsalat mit Mayonnaise
 301 Krautsalat mit Speck und Tomaten
 302 Zwiebelringe im Speckmantel
 303 Avocado-Sticks im Speckmantel

 304 Frittierte Gewürzgurken
 306 Pikant gefüllte Eier
 308 Eier mit Käse-Speck-Füllung
 310 Spinat-Dip
 312 Zucchini-Muffins

REZEPTREGISTER

Desserts und andere süße Leckereien

316 Tipps für ketogene Desserts

318 Schokoladen-Ingwer-Plätzchen

320 Lebkuchenhaus

322 Milchfreie Vanilleeiscreme

324 Milchfreies Schoko-Eis mit Kirschsauce

326 Einfache Mokka-Trüffel

328 Cake Pops

330 Himbeerpralinen

332 Schoko-Pfefferminz-Plätzchen

332 Himbeer-Schoko-Eistörtchen

336 Schoko-Himbeerkuchen

338 Apfel-Karamellbonbons mit Apfelgeschmack

339 Milchfreier Schoko-Eiershake

340 Brownies

342 Milchfreier Schokoladensirup

344 Glasiertes Pfefferminzeis am Stiel

346 Kürbiseiscreme

348 Käsetorte mit Zimtspirale

350 Chai-Panna-cotta

352 Zitroneneiscreme

354 Mandel-Mokka-Torte

356 Mokkaeis am Stiel

358 Blitzschnelles Toffee-Eis am Stiel

360 Chai-„Zucker"

361 Kandisplätzchen aus Chai-„Zucker"

362 Toffees mit Schoko-Glasur

364 Pfefferminzpralinen

366 Tiramisu-Pralinen

368 Tiramisu-Panna-cotta

Index

Acetoacetat 14 f.
Aceton 14
Aloe vera 39
Antipasti-Teller 140
Apfel-Karamellbonbons 338
Aromen 41
Atemtest 15
Atkins-Diät 8, 17, 24
Auflauf mit Hühnchen, Ei und Zucchini 240
Auflauf mit Zucchini-Muffins und Hackfleisch 196
Avocado, Mit Ei gefüllte 110
Avocado-Creme 244
Avocado, selber ziehen 110
Avocado-Ranch-Dressing, Milchfreies 60
Avocados mit pikanter Hühnchenfüllung 220
Avocado-Sticks im Speckmantel 303

Bagels, Keto- 100
Baguette mit Shrimps, Ketogenes 246
Banting, William 17
Barramundi à la Großpapa Joe 254
Beilagen 287 ff.
Beta-Hydroxybutyrat 14, 23
Bluttest 24
Blutzucker 22 f.
Blutzuckerspiegel 22 f., 29, 44
Braune Butter 78
Braune Butter bérnaise 76
Braune-Butter-Sirup 88
Brot, Keto- 288, 290
Brötchen, ketogene 288
Brownies 340 f.
Brühe 48
Butter, braune 78
Butter, ungesalzene 38
Butterersatz mit Kräutern 50

Cake Pops 328 f.
Carpaccio 142
Chai-„Zucker" 360
Chai-Muffins 130
Chai-Panna-cotta 350
Chicorée-Schiffchen mit Curryhühnchen 144
Chilisauce 42
Chimichurri 80
Chorizo, Gefüllte im Speckmantel 214
Coconut aminos 39
C-reaktives Protein (CRP) 24 f.
Crème double 42

Dahlqvist, Annika 19 f.
Darmgesundheit 48 f.
Desserts 315 ff.
Diabetes 17 ff.
Dijonsenf 55
Dressings 58 ff.
Dutch Baby Pancake mit Apfel-Karamell-Sauce 114

Eenfeldt, Andreas 20
Eier mit Käse-Speck-Füllung 308
Eier, Pikant gefüllte 306
Eierinseln, Schwimmende 96
Eis am Stiel 106
Eiscreme 322, 324, 344, 346, 352, 356
Eistörtchen 334
Eiweiß 21 f., 24, 27, 30 f., 38, 42 f., 45
Eiweiß-Fett-Kohlenhydrat-Verhältnis 30 f., 34, 37, 41
Emmerich, Maria 9-13
Enchilada-Sauce 82
Entenconfit 232
Entzündungen 22 ff.
Erdbeer-Popovers mit Erdbeer-„Butter" 112
Ernährungspläne 373 ff.

Ernährungspyramide 19
Erythrit 44 f., 316
Extrakte 41

Fatburner-Sauce Chimichurri 80
Fette 31, 38
Fette, gesättigte 19, 27, 37
Fette, gesunde 38, 38
Fett-Eiweiß-Kohlenhydrat-Verhältnis 30 f., 34, 37, 41
Fettsäuren 19
Fettverbrennung 15, 24
Fisch, Rezepte 244-266
Fischgewürz 85
Fischsauce 41
Fleischbällchen, Nirvana- 156
Fleischbällchen, Schwedische 182
Flüssigrauch 42
Forelle, Gegrillte 258
Frühlingsrollen 160
Frühstück 91 ff.
Frühstücks-Burger mit Ahornsiruparoma 128
Frühstückseier 93, 96, 110, 118
Frühstückslasagne 120
Frühstückspizza 94
Frühstücksshake, Cremiger 104
Frühstücksspeck, Rezepte 128, 147, 154, 270, 302 f.
Frühstückstortillas mit Spiegelei 132
Garam masala, selbstgemachtes 194

Geflügel, Rezepte 218 ff.
Gelatine 49
Gelenke 49
Gemüse, ketogenes 27 ff.
Gewürz für Fisch und Meeresfrüchte 85
Gewürzgurken, Frittierte 304
Glasur, ketogene 320
Glucomannane 42
Glykämischer Index von Süßungsmitteln 45
Gravlax, Selbst gebeizter 248
Gravlax-Sushi 250
Grillsauce, Keto- 74
Grillsenf 56

Guarkernmehl 41
Gumbo 234

Hackbraten 168
Hackfleischbällchen, Asiatische 170
Halloumi mit Schinken und Pesto, Gegrillter 146
Häppchen, Schnelle griechische 158
Harcombe, Zoë 27
Heilbutt mit Avocado-Creme, Gegrillter 244
Himbeerpralinen 330
Himbeer-Schoko-Eistörtchen 334
Hot Sauce 42
Hühnchen mit Rotkohl 230
Hühnchen mit Zucchini 236
Hühnchen mit Zucchini-Spaghetti 238
Hühnchen-Enchiladas 226
Hühnerfleisch, Rezepte 218-240

Ingwer, eingelegter 250
Insulin 22 ff., 29
Insulinresistenz 22 f., 29, 33 f., 373

Kakaobutter 39
Kalorien 15
Kandisplätzchen aus Chai-„Zucker" 361
Käsekörbchen, Gefüllte 152
Käsesauce 270
Käsestangen, Knusprige 164
Käsesticks in Knusperschinken 147
Käsetorte mit Zimtspirale 348
Kelpnudeln 42
Kelpnudeln mit Pesto und frittiertem Basilikum 284
Kennedy-Spaien, Kevin 9
Ketchup, Keto- 68
Ketoazidose 24
Keto-Brot 288, 290
Ketogene Ernährung, Geschichte 17 ff.
Ketogene Nahrung 27 ff.
Ketogene Zutaten 39 ff.
Ketogenes Gemüse 27 ff.
Ketogenes Kochen 35 ff.
Keto-Meter 30

Ketone 14, 17 f., 33 f.
Ketonkörper 18, 24, 31
Ketose 15, 17, 22, 24 f., 29 ff., 42, 44, 373, 376
Ketose-Atemtest 15
Ketose-Test 15
Knoblauch, Gerösteter 52
Knoblauchbrot 288
Knochenbrühe 48
Knochenbrühe, Gesundheitseffekte 49
Kohl, Gebackener 292
Kohl-„Pasta" 264, 294
Kohl-„Pasta" aus dem Schongarer 294
Kohlenhydrate 15, 17, 19 f., 22 f., 29, 33 f., 38, 42 f., 210, 288
Kohlenhydrat-Fett-Eiweiß-Verhältnis 30 f., 34, 37, 41
Kokosessig 39
Kokosmehl 210
Kopfsalat 38
Krakauer mit gedünstetem Weißkohl 204
Kräuter einfrieren 86
Kräuter, in Öl einlegen 86
Kräuter, trocknen 86
Kräuterbutter 50
Kräuter-Ricotta-Rotolo 228
Krautsalat mit Mayonnaise 300
Krautsalat mit Speck und Tomaten 301
Kuchen 336, 340, 348, 354
Kürbiseiscreme 346

Lachs, Eingekochter 260
Lachs, Gegrillter, mit Sesam-Orange-Sauce 262
Lachsdip mit Lauchzwiebeln 138
Lalonde, Mathieu 30
Lamm tikka masala 194
Lammfleisch 192, 194
Lammhaxen, Geschmorte mit Pilzen 192
Lasagne-Röllchen 218
LCHF-Ernährung 8 ff., 19 f.,
Lebkuchenhaus 320
L-Glutamin-Pulver 42
Limettenshake, Milchfreier 106
Low-Carb/High-Fat 8 ff., 19 f.,

Low-Carb/High-Fat-Revolution 19 f.
Low-Fat-Lüge 18 f.

Makrele, Gegrillte 256
Makronährstoffe 30 f., 37 f., 373
Mandelmilch 38
Mandel-Mokka-Torte 354
Mangold 291
Mangold, Gedünsteter 291
Marinarasauce, Gelbe 68
Mayonnaise, Bacon- 71
MCT-Öl 34, 42
Meeresfrüchte 30, 38
Meersalz 43, 316
Mineralstoffe 30, 48 f.
Mokkaeis am Stiel 356
Mokka-Trüffel, Einfache 326
Moore, Jimmy 6 ff.
Mortadella-Ravioli 200
Muffins 41, 130, 196, 312
My Plate 19, 27

Naan-Brot, Keto- 290
Nacho-Sauce, Milchfreie 72
Nährstoffdichte 30
Naughton, Tom 372
Noakes, Tim 20, 371
Nudeln, Asiatische, mit Rinderhack 176

Obst 27 ff.,
Öl 38
Omelett mit Lachs und Schnittlauch 124
Omelett mit Schinken 122
Omelett mit Ziegenkäse und Kräutern 125
Omelett mit Zwiebeln und Pilzen 126

Paläo-Ernährung 32 ff., 42
Pesto, selbst gemachter 284
Pfannkuchen Keto- 92
Pfefferminzeis am Stiel, Glasiertes 344
Pfefferminzpralinen 364
Phinney, Stephen 15, 371 f.

INDEX

Pilze 38, 41, 44
Pilze in brauner Butter 298
Pilztipps 299
Pizza 94, 222, 224, 276, 278, 282
Pizza Margherita 278
Pizza mit Hühnchen und Knoblauch 224
Pizza mit pikantem Hühnchen 222
Pizza mit Pilzen 276
Pizza, Mini-, mit „Honig"-Dressing 282
Pizzaboden 94
Pizzasauce 67
Plätzchen 318, 332, 361
Porridge mit Apfel und Zimt 116
Portobellos, Gefüllte, mit milchfreier Nacho-Sauce 188
Pralinen 330, 364
Proteine 21 f., 24, 27, 30 f., 38, 42 f., 45
Proteinpulver 42 f.

Querrippe aus dem Schongarer 186
Quiches mit Schinken und Käse 108

Ranch-Dressing aus Frischkäse 61
Rauch, flüssiger 42
Ravioli 200
Reuben-Sandwich 184
Rindfleisch, Rezepte 168-197
Rollbraten mit Pilzen und Teriyaki-Sauce 180
Rosmarin-Thymian-Senf 56
Rotkohl 230
Rührei, Französische 93

Sahne 38, 42, 337
Salat mit Fisch und Meeresfrüchten 252
Salatdressing „Fatburner" 64
Salatdressing, Griechisches 66
Salate 150, 154, 190, 206, 212, 252, 272, 280, 300 f.
Salatwraps Mini- 212
Salatwraps mit Hackfleischfüllung 206
Salz 43, 316, 322, 373
Sanfilippo, Diane 32, 371
Sauce béarnaise 76

Sauce hollandaise, Milchfreie 53
Sauce tartare 58
Scampi mit Kohl-„Nudeln" 264
Schalotten 206
Schinkensalat 150
Schlagsahne 38, 42, 337
Schoko-Eiershake, Milchfreier 339
Schoko-Eis mit Kirschsauce, Milchfreies 324
Schoko-Himbeerkuchen 336
Schokolade, Rezepte mit 318, 324, 332, 334, 336, 339, 342, 354, 364, 366
Schokoladen-Ingwer-Plätzchen 318
Schokoladensirup, Milchfreier 342
Schoko-Pfefferminz-Plätzchen 332
Schweinebauch, Pikant gepökelter 208
Schweinefleisch, Rezepte 202, 208
Schweinekoteletts mit Apfelglasur, Geräucherte 202
Senf, Hausgemachter 54
Shakes 104, 106
Shirataki-Nudel 42
Sieben-Länder-Studie 18 f.
Speck-Käse-Röllchen 162
Speckkörbchen mit Rucolasalat 154
Speisepläne 373 ff.
Spinat-Dip 310
Spiralschneider 296
Staudensellerie-Schiffchen 148
Steak mit Sauce béarnaise 172
Steak, Gegrilltes, mit Chimichurri 178
Steviaextrakt 44 f., 316
Stromboli 210
Sushi 102, 250
Sushi, Gravlax 250
Süßungsmittel 44 f., 316

Taco-Gewürz 84
Taco-Salat in knuspriger Käseschale 190Thousand-Island-Dressing, Milchfreies 62
Tiramisu-Panna-cotta 368
Tiramisu-Pralinen 366
Toast mit Brie und Tomaten 273
Toffee-Eis am Stiel, Blitzschnelles 358

Toffees mit Schoko-Glasur 362
Tomaten 28, 38, 43
Tomaten-Burrata-Salat mit „Honig"-Dressing 272
Tomaten-Parmesan-Burger 268
Tomatensauce 67
Tomatensorten 43
Tomatensuppe, Gelbe, mit Käsesandwiches 274
Tortillas 132

ungesalzene Butter 39
Urintest 15

Vanille 41, 45
Vanilleeiscreme, Milchfreie 322
Vanillemark 41, 45
Vanillepudding 134
Vegetarische Gerichte 138- 165
Verdauung 39, 44, 48 f.
Volek, Jeff 15, 20, 371 f.
Vorspeisen 138-

Wasserbad 349
Weißkohl 204, 270
Weißkohl mit Käsesauce 270
Westman, Eric C. 9, 29, 371 f.

Wilder, Russell 18
Windbeutel mit Eiersalat 280
Woodyatt, Rollin Turner 17 f., 21
Würzmittel 47 ff.
Würzsauce, Honigsüße 59

Xanthan 41
Xylitol 42, 44 f.

Yacón-Sirup 44

Zimt-Vanillepudding 134
Zinkspiegel 172
Zitroneneiscreme 352
Zucchini bolognese 174
Zucchini-„Pasta" 238, 296
Zucchini-Muffins 196, 312
Zucchinipuffer mit Sauce hollandaise 98
Zucchini-Spaghetti 238, 296
Zucker 22, 29, 45
Zucker, ketogener 44 f., 316, 360
Zutaten für die ketogene Küche 39 ff.
Zwiebelringe braten 206
Zwiebelringe im Speckmantel 302

352 Seiten
19,99 € (D) | 20,60 € (A)
ISBN 978-3-86883-971-5

Jimmy Moore, Eric Westman
Ketogene Ernährung für Einsteiger
Vorteile und Umsetzung von Low-Carb/High-Fat verständlich erklärt

Halten Sie eine kohlenhydratarme Ernährung einfach nur für eine Möglichkeit, um Gewicht zu verlieren? Was wäre, wenn Sie erfahren würden, dass eine ketogene Ernährung, die kohlenhydratarmes und fettreiches Essen kombiniert, eine kraftvolle therapeutische Komplettlösung für viele Krankheitsbilder wie Depressionen, Diabetes Typ 2 oder Alzheimer darstellt? Jimmy Moore, der weltweit führende Blogger und Podcaster zu ketogener Ernährungsweise, und der niedergelassene Internist und Forscher Dr. Eric C. Westman geben Ihnen die notwendigen Informationen, um zu verstehen, warum sie für Ihre Gesundheit das fehlende Puzzleteil sein kann. Die Einkaufslisten, über 25 ketofreundliche Rezepte und ein dreiwöchiger Menüplan machen *Ketogene Ernährung für Einsteiger* zu einem unverzichtbaren Handbuch für alle, die von den Vorteilen der Low-Carb/High-Fat-Diät profitieren möchten.

288 Seiten
24,99 € (D) | 25,70 € (A)
ISBN 978-3-86883-798-8

Anja Leitz

Better Body – Better Brain

Das Handbuch zur Selbstoptimierung von Körper und Geist

Unser moderner Lebensstil hat uns unserem natürlichen Biotop entrissen. Wir verbringen den ganzen Tag vor dem Computer, am Smartphone, ernähren uns von reichlich Kohlenhydraten, schlafen unregelmäßig und rennen gehetzt von Termin zu Termin. Auf die veränderten Umwelt- und Lebensbedingungen reagieren wir mit physiologischen Fehlfunktionen wie Hormonstörungen, Übergewicht und einer Vielzahl an Autoimmun- und Zivilisationskrankheiten. In diesem umfassenden Selbstoptimierungsbuch gibt Ihnen die Neurofeedback-Therapeutin Anja Leitz das nötige Wissen an die Hand, um diese gefährliche Entgleisung zu stoppen. Mit einem 4-Wochen-Reset-Programm können Sie Ihre volle körperliche und geistige Funktions- und Leistungsfähigkeit wiederherstellen und zu Ihrem optimalen Naturzustand zurückfinden.

432 Seiten
24,99 € (D) | 25,70 € (A)
ISBN 978-3-86883-480-2

Diane Sanfilippo, Bill Staley, Robb Wolf

Das große Buch der Paläo-Ernährung

Nie war es leichter, sich ohne Kalorienzählen, Diätkost oder Hungergefühl gesund zu ernähren und dabei abzunehmen, ohne das Gefühl zu haben, etwas entbehren zu müssen. Dieses Buch erklärt Ihnen den Zusammenhang zwischen gesundem Aussehen und dauerhaftem Gewichtsverlust und wie Sie beides ganz leicht erreichen kann. Das Rezept ist einfach: Man vermeidet industriell verarbeitete Nahrungsmittel und Produkte wie Getreide, Hülsenfrüchte und pasteurisierte Milch. Mehr noch: Dadurch erhöht man die Chance, Symptome häufiger Krankheiten zu lindern oder ganz zu beseitigen! Nichts anderes ist die Paläo-Ernährung, die auch oft als Steinzeiternährung bezeichnet wird. *Das große Buch der Paläo-Ernährung* enthält viele leckere Rezepte und alle Antworten auf Fragen zur Paläo-Ernährung und ist die Bibel für alle, die diese Ernährungsform für sich entdeckt haben.

Auch als E-Book erhältlich

432 Seiten
29,99 € (D) | 30,90 € (A)
ISBN 978-3-86883-665-3

Sarah Ballantyne
Die Paläo-Therapie
Stoppen Sie Autoimmunerkrankungen mit der richtigen Ernährung und werden Sie wieder gesund

Mehr als vier Millionen Deutsche leiden an einer Autoimmunkrankheit und die Zahl nimmt stetig zu. Bis heute weiß man weder, was genau der Auslöser für diese Erkrankung ist, noch kann man den genauen Verlauf vorhersagen. Nur eines ist sicher, geheilt werden kann sie nicht. Bestenfalls kann die Medizin zur Linderung der Symptome beitragen. Aber genau dies hat auch Sarah Ballantyne mit der Paläo-Therapie geschafft. Angeregt durch ihre eigene Autoimmunkrankheit hat sie sich intensiv mit dem Thema beschäftigt und zeigt, wie auch Sie mithilfe einer ausgewogenen Ernährung die Symptome dauerhaft lindern und nahezu beschwerdefrei leben können.

304 Seiten
19,99 € (D) | 20,60 € (A)
ISBN 978-3-86883-640-0

Dave Asprey

Die Bulletproof-Diät

Verliere bis zu einem Pfund pro Tag, ohne zu hungern, und erlange deine Energie und Lebensfreude zurück

Mit Mitte 20 war Dave Asprey ein erfolgreicher Unternehmer im Silicon Valley und Multimillionär. Doch er wog auch 140 Kilo, und das obwohl er der Empfehlung seiner Ärzte folgte. Als sein Übergewicht ihm zunehmend die Sinne zu vernebeln begann, fing Asprey an, die Technologien, mit denen er reich geworden war, selbst zu nutzen, um seine eigene Biologie zu »hacken«. Bulletproof – auf Deutsch »unverwundbar« – nennt er den Status, in dem man konstante Höchstleistung bringen kann. Asprey gelang es, seinen IQ um mehr als 20 Punkte zu erhöhen, sein biologisches Alter zu senken und ohne Kalorienzählen oder Sport 50 Kilo abzunehmen. Seine vielfältigen Erkenntnisse versammelt er in diesem Buch. Die Bulletproof-Diät hemmt entzündliche Prozesse im Körper, sorgt für schnellen, hungerfreien Gewichtsverlust und höchste Leistungsfähigkeit.

240 Seiten
19,99 € (D) | 20,60 € (A)
ISBN 978-3-86883-866-4

Dave Asprey

Das Bulletproof-Kochbuch

125 Rezepte für die Bulletproof-Diät

Mit seiner *Bulletproof-Diät* hat Dave Asprey konventionelle Ernährungsweisheiten auf den Kopf gestellt. Der Unternehmer und Biohacker hat mit diesem Programm seine eigene Biologie »gehackt«, seine Gesundheit enorm verbessert und dabei über 50 Kilogramm abgenommen. Anstelle eines Frühstücks gibt es bei der Bulletproof-Diät den berühmten Bulletproof-Kaffee mit Kokosöl und Butter. Kalorienzählen ist nicht nötig, und auch mit weniger Sport und einer höheren Aufnahme an gesättigten Fettsäuren baut man Muskeln auf und sieht das überschüssige Fett nur so dahinschmelzen. Das *Bulletproof-Kochbuch* enthält 125 Rezepte, die perfekt auf die Bulletproof-Diät abgestimmt sind – von Salaten über Hauptmahlzeiten mit und ohne Fleisch bis hin zu Desserts, mit denen man bulletproof leben kann, ohne sich langweilen oder quälen zu müssen.

Jetzt online registrieren und gratis E-Book sichern!

Sie wollen über interessante Neuerscheinungen und ähnliche Produkte informiert werden?

Sie wollen wissen, wann Sie Ihren Lieblingsautor auf Lesungen und im TV sehen oder bei Autogrammstunden treffen können?

Dann registrieren Sie sich unter: **www.m-vg.de/news** und geben Sie dort den einmaligen **Gutschein-Code 883-851-075** ein.

Wir halten Sie per E-Mail auf dem aktuellsten Stand zu unserem Programm und allen Terminen!

Tragen Sie sich jetzt ein und sichern Sie sich eines dieser beiden E-Books als Willkommensgeschenk:

riva

Wenn Sie **Interesse** an **unseren Büchern** haben,

---

z. B. als Geschenk für Ihre Kundenbindungsprojekte, fordern Sie unsere attraktiven Sonderkonditionen an.

Weitere Informationen erhalten Sie bei unserem Vertriebsteam unter +49 89 651285-154

oder schreiben Sie uns per E-Mail an:

vertrieb@rivaverlag.de

riva